A SONG FOR YOU
MOJE ŻYCIE Z
WHITNEY HOUSTON

ROBYN CRAWFORD

Tytuł oryginału: *A Song for You. My Life with Whitney Houston*
Redakcja: Dorota Wodecka, Paweł Sajewicz
Korekta: Hanna Trubicka
Projekt graficzny okładki: Tomasz Majewski
Zdjęcie na okładce: © Rob Verhorst/Redferns/Getty
Opracowanie graficzne, skład: Elżbieta Wastkowska, ProDesGraf
Redaktor prowadząca: Magdalena Kosińska

Wydawnictwo Agora

ul. Czerska 8/10, 00-732 Warszawa

Copyright © 2019 by Robyn Crawford.

This edition published by arrangement with Dutton, an imprint of Penguin Publishing Group, a division of Penguin Random House LLC.

Copyright © Agora SA, 2022

Copyright © for the Polish translation by Krzysztof Kurek 2022

Wszelkie prawa zastrzeżone
Warszawa 2022

ISBN: 978-83-268-4055-5
Druk: Drukarnia OZGraf

 Książka, którą nabyłeś, jest dziełem twórcy i wydawcy. Prosimy, abyś przestrzegał praw, jakie im przysługują. Jej zawartość możesz udostępnić nieodpłatnie osobom bliskim lub osobiście znanym. Ale nie publikuj jej w internecie. Jeśli cytujesz jej fragmenty, nie zmieniaj ich treści i koniecznie zaznacz, czyje to dzieło. A kopiując ją, rób to jedynie na użytek osobisty.

Szanujmy cudzą własność i prawo!
Polska Izba Książki

A SONG FOR YOU

MOJE ŻYCIE Z

WHITNEY HOUSTON

ROBYN CRAWFORD

Przełożył Krzysztof Kurek

*Mojej mamie Janet; bratu Marty'emu; siostrze Robinie
– za Waszą niewzruszoną miłość.
Zawsze jesteście przy mnie.*

*Najbardziej niesamowitym istotom, moim dzieciom:
Gillian i Jeremiemu. Jesteście moją największą miłością.
Sprawiacie, że każdy dzień jaśnieje.*

*I wreszcie mojej jedynej. Tej, z którą wiodę zuchwałe życie,
przy której nocą składam głowę i przy której budzę się
o świcie. Mojej bezgranicznej miłości, Lisie. Od pierwszej
chwili naszego spotkania, kiedy owinęłam ci wokół szyi mój
szalik, wciąż widzę twoją twarz. Jesteś wszystkim.*

Spis treści

WSTĘP	9
rozdział 1. Pierwsze spotkanie z Whitney Elizabeth Houston	13
rozdział 2. Jak anioł	34
rozdział 3. Miłość = miłość	49
rozdział 4. Lęk separacyjny	71
rozdział 5. Przyszłość jest teraz	86
rozdział 6. *Nobody Loves Me Like You Do*	99
rozdział 7. *You Give Good Love*	122
rozdział 8. Debiut	135
rozdział 9. The Greatest Drug Tour	155
rozdział 10. *The Moment of Truth*	169
rozdział 11. Donieś tylko na siebie	180
rozdział 12. Pędząc z podwójną prędkością	190
rozdział 13. *Can I Be Me?*	202

rozdział 14. Od Atlantyku po Pacyfik	221
rozdział 15. *I Will Always Love You*	233
rozdział 16. The Bodyguard World Tour	248
rozdział 17. Słowo na cztery litery	252
rozdział 18. Kłopoty z aniołami	264
rozdział 19. Czekając na miłość	270
rozdział 20. S.O.S.	289
rozdział 21. *My Love Is Your Love*	302
rozdział 22. 2000	314
rozdział 23. *California Dreamin'*	321
rozdział 24. Życie	334
EPILOG	370
PODZIĘKOWANIA	374

WSTĘP

Dlaczego teraz? Dlaczego zdecydowałam się napisać tę książkę, skoro mogłam zachować milczenie przez resztę moich dni, zostawiając wszystkie wspomnienia tylko dla siebie? Jeżeli jesteś fanką lub fanem Whitney Houston, to zapewne kojarzysz moje nazwisko. W wyszukiwarce Google wśród materiałów z różnych wydarzeń z jej życia odnajdziesz zdjęcia mojej twarzy, a w wielu artykułach – moje nazwisko.

Poznałyśmy się jako nastolatki i spędziłyśmy razem dwadzieścia dwa lata. W tym czasie Whit stała się jedną z najpopularniejszych na świecie i najbardziej uwielbianych artystek naszego pokolenia. Znajomość z nią nadała kształt mojej młodości, zarówno pod względem zawodowym, jak i osobistym. Nasza historia to opowieść o lojalności i zaufaniu – o dwóch kobietach, które zawarły pakt, by chronić siebie nawzajem i wspierać. Miałyśmy wspólne marzenie, a ono przerodziło się w podróż, która wiodła z East Orange w stanie New Jersey do Nowego Jorku, a potem przez cały świat, gdzie nie tylko zwiedzałyśmy, ale też poznawałyśmy supergwiazdy i głowy państw.

Jest to opowieść o manipulacji, kontroli, głodzie władzy, niedoświadczeniu, kwestiach rasowych, AIDS, chorobie psychicznej, presji, jaką przemysł rozrywkowy wywiera na kobiety, więziach rodzinnych oraz o tym, jak ważne jest stawianie siebie na pierwszym miejscu. Ponad wszystko jednak jest to opowieść o trwałej przyjaźni.

Zdaniem niektórych osób doświadczyłam w życiu aż nazbyt wielu strat. Kiedy mu się przyglądam, powraca mnóstwo wspomnień, zarówno pięknych, jak i bolesnych. Pisanie tej książki zmusiło mnie do skonfrontowania się z rzeczywistością śmierci i ponownego przeżycia straty mojej matki, mojego brata i mojej najlepszej przyjaciółki. Ten proces pozwolił mi – i pomógł – przeżyć żałobę, zmierzyć się ze smutkiem, stawić czoła wszystkiemu, co wcześniej usilnie starałam się zagrzebać głęboko w sobie. Stał się dla mnie również sposobnością do lepszego zrozumienia bliskich mi osób i docenienia tego, czego nauczyłam się od każdej z nich.

Wierzcie mi, robiłam, co w mojej mocy, żeby trzymać się poza blaskiem reflektorów, pozostawać w cieniu. To inni malowali obrazy przedstawiające mnie i nas. Przez dziewiętnaście lat, od chwili rozstania z Whitney, uparcie nakłaniano mnie, żebym podzieliła się własną wersją naszej historii. Po jej śmierci oraz po śmierci jej córki byłam smutna i sfrustrowana tym, jak fałszywie przedstawiano życie i spuściznę Whit.

Poczytuję za swój obowiązek oddać honor mojej przyjaciółce i wyjaśnić wiele nieścisłości dotyczących mnie samej oraz tego, kim była Whitney. Czuję się zobligowana przypomnieć ludziom o jej wielkości i podjąć jej wybitne dziedzictwo. Whitney, jaką znam, miała wielkie serce, była pełna determinacji, wielkoduszna, tajemnicza, zabawna i pokładała ufność w swoich talentach.

Mam nadzieję, że pomogę czytelnikom rozpoznać i lepiej zrozumieć autentyczną osobę kryjącą się za jej głosem i publicznym wizerunkiem. Tak, jej koniec był tragiczny, ale jej marzenie i droga na szczyt były piękne. Jestem winna mojej przyjaciółce, by opowiedzieć naszą historię. I mam nadzieję, że dzięki temu uwolnię nas obie.

rozdział 1

Pierwsze spotkanie z Whitney Elizabeth Houston

Latem 1980 roku jechałam na moim czarnym dwudziestodwubiegowym rowerze Kabuki przez East Orange. Telefon wyrwał mnie z łóżka, a teraz rozbudzał mnie wiejący w twarz wiatr. Kiedy trenerka Clark, która w szkole średniej uczyła mnie koszykówki, zadzwoniła, by powiedzieć, że ma dla mnie pracę w lokalnym ośrodku rozwoju społecznego, kilka minut później byłam już za drzwiami domu. Jesienią rozpoczynałam drugi rok studiów i miałam wobec niej dług wdzięczności. Mogła zatrudnić do tej pracy kogokolwiek, ale wiedziała, że na mnie może liczyć. Pomknęłam na Main Street. Letnie słońce pulsowało już ciepłem na przejrzystym niebie.

Pędem dojechałam do budynku ze szklaną fasadą, zeskoczyłam z roweru i weszłam do słabo oświetlonej sali pełnej ludzi, stolików i krzeseł rozstawionych pod ścianami. Odnalazłam trenerkę Clark, a ona uśmiechnęła się, uściskała mnie i wręczyła mi stertę papierów do rozdania.

Czułam się naprawdę atrakcyjnie w trawiastozielonych szortach, jasnozielonym T-shircie, białych tenisówkach Nike i podkolanówkach o nieskazitelnej bieli. Byłam trochę próżna na punkcie swoich włosów. W tamtym okresie często upraszałam moją młodszą siostrę, Robinę, zdrobniale nazywaną Biną, żeby po ich umyciu zaplotła mi je w warkocz. Kiedy indziej nawijałam je na różowe piankowe wałki, po zdjęciu których miałam loki. Trzeciego dnia moje afro wyglądało niesamowicie, a dzień, o którym opowiadam, był właśnie dniem trzecim.

Chodziłam po sali, trzymając stertę formularzy zgłoszeniowych dla opiekunów półkolonijnych i ściskając w dłoni garść długopisów. Nagle natknęłam się na dziewczynę, której nigdy wcześniej nie widziałam. Początkowo jej nie zauważyłam, ponieważ siedziała z tyłu, pod ścianą. Ale kiedy wręczałam jej dokument, zatrzymałam się na dłużej: było w niej coś, co po prostu kazało mi przystanąć.

Miała na sobie jedwabną bluzkę w czerwono-niebiesko- -szarą kratkę, obcisłe szorty do kolan i tenisówki Adidas Gazelle z czerwonymi paskami. Na szyi nosiła złoty zegarek na łańcuszku, a rudawo-brunatne włosy zaczesała do tyłu i przykryła daszkiem przeciwsłonecznym opatrzonym emblematem Czerwonego Krzyża. Miała ciemnobrzoskwiniową karnację i oczy, w których pobłyskiwało tajemnicze światło.

– Jak masz na imię? – zapytałam.

– Whitney Elizabeth Houston – odparła.

Uznałam jej odpowiedź za zabawną i nietypową. Kto przedstawia się, podając dwoje imion i nazwisko? Zapytałam, gdzie mieszka. Okazało się, że w Doddtown, naprzeciwko lokalu McDonald's. Pracowałam w tym McDonaldzie w pierwszym roku nauki w szkole średniej. Moi kuzyni mieszkali niedaleko, często u nich nocowałam. Tego samego dnia dowiedziałam się, że Whitney chodzi do prywatnej szkoły dla dziewcząt i śpiewa. Jej matka założyła Sweet Inspirations, zespół wokalistów wykonujących chórki dla tak wielkich gwiazd jak Elvis Presley i Aretha Franklin. Jej kuzynką była Dionne Warwick.

Zanim poszłam dalej, spojrzałam na nią raz jeszcze i powiedziałam, że będę miała na nią oko. Nie wiem, dlaczego poczułam potrzebę, by to powiedzieć. Jak to możliwe, że nigdy wcześniej jej nie widziałam ani o niej nie słyszałam?

• • •

Opiekunowie zabierali dzieci na rozmaite zajęcia organizowane latem w parkach w East Orange. Wybrałam pracę z dziećmi w wieku od sześciu do jedenastu lat w Columbian Park, który znajdował się w pobliżu mojej szkoły średniej, w części miasta, w której mieszkała Whitney. Przypadek sprawił, że ona wybrała te same zajęcia. Pracowałam w sesji porannej, przekazywałam Whitney uczestników półkolonii, po czym zajmowałam się własnymi sprawami. Grywałam w koszykówkę i inne gry zespołowe organizowane w tamtejszym parku. Gdy kończyłam mecze, ona rozsyłała półkolonistów do domów, więc siłą rzeczy zaczęłyśmy spędzać razem czas.

Miałam dziewiętnaście lat, Whitney prawie siedemnaście. Nie zdawałam sobie sprawy, dokąd zaprowadzi nas ta znajomość, ale wiedziałam, że lato 1980 roku układa się w jakiś cudowny czas. Whitney Elizabeth była miła i powściągliwa, ale zarazem pociągająca. Zachowywała się z wdziękiem i śmiałością, jednak za tymi pozorami kryła się dziewczyna taka sama, jak wszystkie w jej wieku. Była nieświadoma swojego uderzającego piękna, zawsze krytykowała swój wygląd. Nie potrafiłam zrozumieć, skąd brał się w niej ten brak pewności siebie.

Któregoś dnia, na początku naszej znajomości, podjechałam do białego, średniej wielkości domu jej matki na Cape Cod. Gdy zaparkowałam przed nim auto mojej mamy, Whitney już czekała na szczycie schodów. Smukła, w przewiewnym T-shircie, z bawełnianym sweterkiem owiniętym wokół szyi i w najbardziej obciachowych dżinsach, jakie widziałam w życiu. Wąskie u góry i rozszerzające się od kolan w dół. Z całą pewnością zauważyła, że się uśmiecham i kiedy wsiadła do samochodu, rzuciła:

– No co?

Starannie ważyłam każde słowo, nie chcąc jej urazić.

– Wow – powiedziałam. – Te dżinsy. Są w porządku, ale... czemu je nosisz?

Zaczęła dociskać, o co mi chodzi, aż w końcu wydusiłam z siebie:

– Musimy znaleźć ci jakieś dżinsy.

– A jakie dżinsy powinnam sobie sprawić? – spytała.

– Z prostymi nogawkami.

I wtedy Whitney zaczęła mi opowiadać, że jej tułów jest za krótki, a talia zbyt wysoka, a do tego koślawią się jej kolana, więc ma iksowate nogi. Snuła tak bez końca, a ja czułam się nieswojo, słuchając, jak mówi o sobie w ten sposób. Zaledwie miesiąc wcześniej wspomniała mi, że razem z mamą stały na rogu alej Pięćdziesiątej Siódmej i Siódmej, przed gmachem Carnegie Hall, kiedy podszedł do nich jakiś mężczyzna i powiedział:

– Agencja modelingu z tego budynku szuka właśnie takiej dziewczyny jak ty.

Ludzie z Click Model Management zatrudnili ją jeszcze tego samego dnia.

Teraz, siedząc w samochodzie, powiedziałam:

– Jesteś młodą modelką. Nie widziałaś Cheryl Tiegs? Albo tej reklamy perfum Charlie z Shelley Hack w ciemnych rurkach, stawiającej chyba ze trzymetrowe kroki? Przecież to właśnie ty!

Whitney uśmiechnęła się i chyba także rozluźniła. Jej uśmiech przypominał rozbłysk światła. Cieszyłam się, że zdołałam go wywołać. Zawsze kiedy przeglądałam czasopisma modowe mojego brata Marty'ego, natrafiałam w nich na uśmiechniętą Cheryl Tiegs, która sprawiała wrażenie szczęśliwej, pewnej siebie, świeżej. Ludzie opisywali ją jako dziewczynę z sąsiedztwa. Cheryl nie mieszkała w mojej okolicy, ale Whitney owszem i chciałam, żeby czuła się tak piękna, jak piękna rzeczywiście była.

Chwilę później jechałyśmy już po pierwszą parę wąskich dżinsów dla Whitney. W tamtych czasach popularne były marki Jordache, Sergio Valente czy Gloria Vanderbilt. Większość znajomych dziewczyn decydowała się na wymyślne projekty spodni, lecz ja nigdy nie podążałam za modą. Byłam raczej zwolenniczką prostych wzorów, takich jak Levi's 501 albo dżinsy Lee i Wrangler, które kupowałam w galerii Universal Uniform Sales przy Broad Street w śródmieściu Newark. Zabrałam Whitney do sklepu Gap w centrum handlowym Willowbrook Mall i wyszukałam dla niej osiem par dżinsów z prostymi nogawkami. Wybrałyśmy najciemniejsze z nich, granatowe, na tyle długie, by zostawić jedynie wąski pasek odsłoniętego ciała tuż powyżej jej adidasów Gazelle. Kupiłyśmy też jaśniejszą parę, którą nosiła niemal bez przerwy. Whitney Houston, wielka, ubierająca się w połyskliwe suknie gwiazda, jaką poznał świat, w rzeczywistości lubiła wygodę i była prostolinijną, bezpretensjonalną miłośniczką dżinsów, T-shirtów, rozpinanych swetrów i tenisówek.

• • • •

To był dla mnie szczęśliwy czas – wypełniony zabawą z moją nową przyjaciółką, pracą, grą w koszykówkę. A nie zawsze tak było, zwłaszcza we wczesnym dzieciństwie. Od drugiego do szóstego roku życia mieszkałam z rodziną w Kalifornii. Zdarzały się tam trudne chwile, mimo iż Los Angeles miało spełnić marzenie mojej matki o domku z białym drewnianym płotem. Zdecydowała się na wyjazd w ślad za bratem i jego żoną, którzy opuścili Newark. Tata pełnił wtedy służbę wojskową (od 1958 do 1963 roku) i przez pewien czas służył w jednostce spadochroniarskiej w Wietnamie, o czym nigdy z nami nie rozmawiał. Wkrótce po zwolnieniu ze służby dołączył do mamy w Los Angeles i niebawem jej marzenie przerodziło się w koszmar. Zaczął ją zdradzać i zachowywać się agresywnie, a ponadto stracił posadę. No i jeszcze szczeniak...

Ten incydent był moim pierwszym doświadczeniem bolesnej straty. W Boże Narodzenie rozpakowywaliśmy z Biną i Martym prezenty, kiedy nasz ojciec sięgnął do kieszeni swojej marynarki American Airlines i wyciągnął z niej maleńkiego, wierzgającego szczeniaka o jasnobrązowej sierści. Wrzeszczeliśmy z radości. Miałam wtedy pięć lat.

Nazajutrz bawiliśmy się z dzieciakami z sąsiedztwa za naszym domem. Szczeniaczek dokazywał i wdrapywał się na każdego z nas. Tata wychodził właśnie do pracy. Wsiadł do swojego białego pontiaca bonneville i tuż przed zatrzaśnięciem drzwi zawołał, byśmy usunęli się z drogi. Zrobiliśmy, co kazał, ale żadne z nas nie pomyślało, żeby złapać małego psiaka. Chwilę potem zobaczyłam najokropniejszą scenę: tata wrzucił bieg wsteczny i niczego nieświadomy rozjechał Pup-Pupa. Czuł się z tym strasznie. Zawołał mamę, żeby zabrała nas do środka, a on mógł posprzątać szczątki.

Rodzice wprowadzili się do jednokondygnacyjnego domu z trzema sypialniami i białą sztukaterią, która w ostrym słońcu lśniła oślepiającym blaskiem. Mój brat, Marty, miał własny pokój we frontowej części domu, a ja dzieliłam pokój z malutką siostrą Biną. Sądziłam, że nasi rodzice są zamożni – do chwili, gdy któregoś dnia moja matka podsłuchała, jak opowiadam jednej z koleżanek o tym, co mamy, i krzyknęła na mnie z okna:

– Przestań! Jadamy z jednego garnka!

Pewnego dnia matka zabroniła nam wychodzić z domu. Serwisy informacyjne w kółko podawały wiadomości o zamieszkach w Watts. Tata powiedział, że wybiera się tam razem z wujkiem. Chcieli się przekonać, czy uda im się jakoś skorzystać na panującym chaosie. Matka nie chciała, by wychodził.

– Nie chcę tu zostać sama z dziećmi – przekonywała. Marty miał osiem lat, ja – pięć, a Bina, jedyne kalifornijskie dziecko moich rodziców, zaledwie dwa.

– Wrócę – zapewnił i wyszedł w ciemną noc.

Mama zamknęła drzwi i zaprowadziła nas do pokoju Marty'ego, gdzie mieliśmy poczekać na powrót ojca. Panowały ciemności, ale widzieliśmy czarno-białe policyjne wozy patrolowe przemykające po osiedlowej ulicy. Nie ruszaliśmy się z pokoju Marty'ego, przykucnięci, wyglądając przez okno i wyczekując ojca.

– Dennis powinien tu być – rzuciła matka. Kiedy się denerwowała, zazwyczaj cała drżała i teraz też wyraźnie trzęsły się jej ręce. Przytuliłam ją, by pomóc jej się uspokoić. Kiedy ojciec i wuj w końcu wrócili, wciąż panowały ciemności. Ich łup składał się z opon, kilku odbiorników radiowych i ośmiościeżkowego odtwarzacza kaset. Na matce nie zrobił wielkiego wrażenia, ale poczuła ulgę. Tamtej nocy wszyscy spaliśmy w jednym pokoju.

Rodzice często kłócili się o pieniądze i o niewierność taty. Ojciec nierzadko bił mamę.

Kiedy miałam sześć lat, stłukł ją metalową rurą od odkurzacza. Policja po przybyciu na miejsce wezwała karetkę, a ta zawiozła mamę do szpitala. Wróciła do domu z zasiniaczonym okiem i wielką blizną na kolanie, która została jej do końca życia. Już w domu poprosiła, byśmy zbliżyli się z Marty'm do jej łóżka, po czym zapytała, czy nie chcielibyśmy odwiedzić babci.

Kilka dni później wczesnym świtem wymknęliśmy się ukradkiem z domu i polecieliśmy z powrotem do Newark. Kiedy dotarliśmy na miejsce, ojciec zadzwonił do matki z przeprosinami. Niedługo potem przyjechał swoim białym pontiakiem bonneville, zatrzymując się po drodze wyłącznie na tankowanie. Przyjęła go. I znów ją bił.

Moja rodzina przeżyła również zamieszki w Newark. Ojciec tym razem został w domu. Gwardia Narodowa uzbrojona w karabiny stała pod naszym blokiem, przeszukiwała korytarze i dziedziniec budynku, a nam nie wolno było wychodzić na dwór po godzinie szesnastej trzydzieści, gdy zapalały się uliczne latarnie.

Wszystkie tamte obrazy zabitych teksturą witryn sklepowych i wypalonych budynków zeszły na drugi plan, gdy niedługo potem byłam świadkiem, jak ojciec rzuca mamę na podłogę i wlecze ją przez korytarz mieszkania. Wciąż widzę jej twarz i słyszę, jak prosi:

– Zadzwońcie po policję.

A potem znika nam z oczu.

I znów uciekaliśmy od ojca w środku nocy, ale wtedy matka odeszła od niego po raz ostatni.

Martin Luther King Junior stwierdził: „Bunt jest językiem niewysłuchanych". Ktoś mógłby zapewne powiedzieć, że agresja mojego ojca brała się z dyskryminacji i rażącej niesprawiedliwości, podobnie jak złość i frustracja, jakie doprowadziły do wybuchu zamieszek w Los Angeles czy Newark. Może jest w tym trochę prawdy, jednak nie mogę zaakceptować takiego tłumaczenia. Nigdy nie zapomnę strachu, jaki słyszałam w głosie mojej matki i wyrazu jej oczu, kiedy ojciec wybuchał – kopiąc w drzwi, szarpiąc ją i rzucając na podłogę, klnąc i krzycząc – a Marty i ja błagaliśmy go, by przestał. Malutka Bina, zdezorientowana i przerażona, wyciągała rączki, by któreś z nas ją przytuliło i ukoiło. Większość widocznych blizn mamy z biegiem czasu się zagoiła, ale te niewidzialne pozostały na zawsze w niej, w moim bracie, w mojej siostrze i we mnie.

Janet Marie Williams Crawford rozpoczęła przebudowę swojego życia, idąc na studia, i w końcu uzyskała stopień magistra.

Kiedy miałam jedenaście lat, przenieśliśmy się do nowego miejsca w New Jersey. Mama z ekscytacją przyjęła wiadomość o budowie apartamentowców z ogrodami w Kuzuri-Kijiji – był to wówczas największy zespół mieszkaniowy realizowany przez firmę budowlaną należącą do Afroamerykanów. Rozpowiedziała o nim wszystkim swoim przyjaciółkom, w większości samotnym matkom z dziećmi. Wiele z nich również się tam przeprowadziło. W języku suahili nazwa osiedla znaczy tyle co „Piękna Osada".

• • • •

Dorastając, zdawałam sobie sprawę, że jestem inna niż rówieśniczki, ale to było w porządku. Bina jako nastolatka chodziła na imprezy, nosiła makijaż i flirtowała z chłopcami, a ja zupełnie się tym nie interesowałam. Jedyną częścią mojego ciała, której w ogóle byłam świadoma, były moje chude nogi; przez nie jednak pewien facet przezwał mnie kiedyś „Panną Twiggy".

Kiedy poskarżyłam się matce, odpowiedziała:

– Chodzisz na tych nogach, prawda? Biegasz na tych nogach, i to szybko, prawda? Powinnaś być im wdzięczna.

W dniu, w którym miałam pójść do fotografa, albo przy innych okazjach, kiedy nosiłam rozpuszczone, opadające na ramiona włosy, mężczyźni spoglądali na mnie z takim pożądaniem, że aż się wzdrygałam. Co za dewianci! Przecież byłam dzieckiem. Do szkoły zazwyczaj zbierałam włosy w kucyk.

Nie chciałam stać się taka jak ojciec, ale wystarczyło spojrzeć mi w oczy, by wiedzieć, że byłam córeczką tatusia. Zdarzało się, że dorośli mężczyźni przechadzający się po ulicy, prowadzący ciężarówki albo dostarczający pocztę, przystawali na mój widok i pytali:

– Jesteś córką Dennisa Crawforda, tak?

Mój ojciec w szkole średniej był wybitnym sportowcem, który jako *tailback* prowadził do ataku drużynę stanu New Jersey. Kiedy stało się jasne, że mój brat, Marty, nie interesuje się sportem, to ja oglądałam z ojcem mecze futbolu amerykańskiego i napełniałam mu szklankę piwem – co zresztą uwielbiałam, bo wymagało to wskoczenia na krzesło, przesunięcia w dół dźwigni barku piwnego, nachylenia szklanki, a czasem nawet upicia odrobiny przelewającej się pianki. Jako kibic Miami Dolphins ojciec tłumaczył mi, że długo trwało, zanim Giants zatrudnili czarnoskórego biegacza, a także dzielił się wieloma innymi obserwacjami na temat afroamerykańskich zawodników i niektórych dyscyplin sportu. Odziedziczyłam po nim również w znacznej mierze skłonność do rywalizacji i sportowe uzdolnienia, więc gry zespołowe były czymś, w czym od razu się odnalazłam.

W 1974 roku rozpoczęłam naukę w publicznej szkole średniej Barringer High School w Newark. Rano na ogół nastawiałam radio na WABC, licząc, że usłyszę *Bohemian Rhapsody* Queen, arcydzieło, które doprowadzało mnie do szaleństwa. Po szkole wracałam do domu pieszo. Pokonywałam wiele kilometrów po Park Avenue, a drobne na bilet autobusowy przeznaczałam na słodycze. W miejscu, gdzie Newark graniczy z East Orange, w pobliżu sklepu monopolowego Cooper's Liquors & Deli, gromadziło się wielu popijających mężczyzn. Rzucali za mną coś w stylu: „Hej, dziecinko. Chodź tu, słodziutka". Nie zatrzymywałam się. Zaglądałam za to do jadłodajni, gdzie właścicielka sprzedawała przepyszny placek ze słodkimi ziemniakami. Od chwili kiedy go spróbowałam, stałam się bywalczynią tego lokalu. Nie miał koloru pomarańczowego, ponieważ – jak wyjaśniała – sporządzała go z prawdziwych słodkich ziemniaków, a nie z batatów.

W sobotnie poranki wstawałam wcześnie i uprawiałam jogging, pokonując trasę z East Orange do dzielnicy North Ward w Newark, kierując się potem do Branch Brook Park, skąd wracałam. Jeździłam na rowerze tak daleko, jak tylko pozwalały na to moje nogi. Najpierw na damce z czarnym siodełkiem typu banan, a potem na ukochanym czarnym Kabuki ze złotymi napisami. Jeździłam nim wszędzie, żeby mój świat wydawał się większy.

• • • •

Spoglądając wstecz na moje dzieciństwo, pamiętam, że pojęcie miłości powodowało u mnie dezorientację. Wiedziałam, że mama i tata mnie kochają, ale uczucie między nimi w żadnym razie nie było inspirujące. Potrzebowałam czegoś więcej niż wzorce, jakie dawała mi własna rodzina, więc modliłam się i dążyłam do tego, by wieść inne życie i poznać inny rodzaj miłości.

Moje modlitwy zostały wysłuchane, przynajmniej w takim sensie, w jakim to się przydarza nastolatkom, gdy pierwszy raz ujrzałam Raynarda Jeffersona. Bawiłam się na huśtawce pod moim domem, kiedy przechodził obok. Nasze spojrzenia się spotkały, a ja zdołałam odczytać z jego ust pytanie, które skierował do swojego kuzyna Draytona:

– Kto to?

I to wystarczyło.

Miałam piętnaście lat, a Raynard był moją pierwszą miłością. Miał w sobie dużo spokoju, był przystojny i mojego wzrostu, a jego usta smakowały słodko. Był trzecim, najmłodszym z braci Jeffersonów.

Poznaliśmy się niedługo po tym, jak jeden z jego rodzeństwa został zamordowany. Raynard wciąż przeżywał tę stratę, a ja zjawiłam się w samą porę, by pomóc złagodzić jego smutek. Chodził do prywatnej szkoły ogólnokształcącej Seton Hall Preparatory School w West Orange, odległej o wiele kilometrów, zatem każdego ranka wstawałam trochę wcześniej, by móc odprowadzić go na stację kolejową, oddaloną o pięć minut drogi od mojego domu. Każdego popołudnia, w drodze ze szkoły do domu, wpadałam do domu Raynarda. Spędzaliśmy większość czasu w jego pokoju na drugim piętrze, przeglądając sprośne czasopisma, prezentujące najlepsze pozycje seksualne, i rozprawiając o ucieczce do Kalifornii. Raynard był piękny: dotykał mnie i traktował z ogromną czułością i pełnym szacunkiem. Kochałam go i troszczyłam się o niego, i tamta piętnastoletnia „ja" będzie kochała go już zawsze.

Mama podchodziła bez entuzjazmu do naszej rodzącej się relacji. Twierdziła, że jestem nazbyt emocjonalna i że Raynard przypomina jej mojego ojca, a ja nie wiedziałam pod jakim niby względem. Tym niemniej pozwalała mi samodzielnie dokonywać wyborów, a ja wolałam nadal się z nim spotykać. Kiedy zapytała mnie, czy potrzebuję środków antykoncepcyjnych, odparłam:

– Kiedy będę na nie gotowa, to będę też gotowa na dziecko.

Nigdy nie poszliśmy z Raynardem „na całość", ponieważ obawiałam się zajścia w ciążę. Kiedy okazało się, że moja matka w wieku siedemnastu lat spodziewa się dziecka, babcia od strony ojca uparła się, żeby jej syn, wtedy osiemnastolatek, wziął z mamą ślub.

Skutków tego doświadczyliśmy na własnej skórze. Ich małżeństwo miało uchronić reputację obu rodzin, zapewnić im stabilizację i jednocześnie zadośćuczynić za grzech seksu przedmałżeńskiego. Zamiast tego przez ponad dekadę matka była poniżana, fizycznie maltretowana i zdradzana. Trwała w związku z mężczyzną, którego dobrowolnie nigdy nie wybrałaby na męża.

Szczęśliwie mój związek z Raynardem nie był toksyczny, a poza tym miałam wiele innych spraw, na których skupiałam uwagę. Moja szkoła średnia była prawdziwą kuźnią obiecujących młodych sportowców, a uczelnie wyższe chętnie rekrutowały zawodników z naszych drużyn futbolowej, koszykarskiej i baseballowej. Andre Tippett, należący dziś do galerii sław Narodowej Ligi Futbolowej, chodził ze mną na zajęcia z edukacji zdrowotnej; raz nawet dałam mu skopiować moje wypracowanie.

Należałam do aktywnych dzieci – zawsze na rowerze albo z piłką do koszykówki, i zawsze w biegu – ale nie byłam maniaczką sportu. Marty – który grał na klarnecie, wiolonczeli i saksofonie tenorowym – stanowił dla mnie inspirację, a ja, jak każda rozgorączkowana młodsza siostra, chciałam być taka jak on. Podjęłam więc naukę gry na cymbałkach, które nazywaliśmy „dzwoneczkami", a z czasem znalazłam miejsce w orkiestrze marszowej. To było pełnoetatowe zajęcie ponadprogramowe. W dni meczowe albo podczas parad świątecznych dało się słyszeć wibrowanie perkusji z odległości kilku kilometrów. Gdy nadciągaliśmy – morze niebiesko--białych strojów, liczące dwieście pięćdziesiąt kołyszących się rytmicznie osób – budziliśmy dreszcze rozchodzące się po chodnikach miasta i trybunach Newark Schools Stadium.

Moje życie biegło rutynowo i nie miałam ambicji, bo cokolwiek w nim zmieniać, aż do drugiego roku nauki w szkole średniej, kiedy trójka starszych dziewczyn z reprezentacji koszykarskiej zaczepiła mnie w szatni. Mówiły o zbliżających się kwalifikacjach i o tym, że podjęły się misji zwerbowania nowego talentu. Widziały, jak gram w kosza w sali gimnastycznej. Uznały, że powinnam spróbować gry w drużynie.

– Pójdziesz na kwalifikacje – oznajmiła mi liderka, nawet nie pytając mnie o zdanie.

– Jasne, w porządku – uśmiechnęłam się i podniosłam swoje rzeczy z ławki.

Przemyślałam ich propozycję i doszłam do wniosku, że nie mam nic do stracenia. Stawiłam się w sali gimnastycznej, dołączając do szkolnej reprezentacji.

Trenerka Carol Yvonne Clark, która załatwiła mi pracę wtedy, kiedy poznałam Whitney, przyglądała się, jak gram przeciwko jej drużynie, a jakiś czas później przyjechała do mojego domu, żeby się przedstawić.

– Jestem główną trenerką w Clifford J. Scott High School w East Orange. Wiesz, możesz grać naprawdę dobrze. Myślałaś o studiach? Jeżeli przejdziesz do mojej szkoły, z całą pewnością staniesz się bardziej widoczna i będziesz miała większe szanse dostać się na tę uczelnię, na której ci zależy.

Wydała mi się całkiem przekonująca, zaczęłam więc planować przeniesienie do Clifford J. Scott High School, począwszy od drugiego kwartału jedenastej klasy.

Kiedy podzieliłam się tą dobrą wiadomością z Raynardem, pierwszą rzeczą, jaką powiedział, było:

– Stracę cię. Proszę, nie przenoś się.

Zaskoczył mnie, ale miał rację. Nie pamiętam, kiedy i jak dokładnie zaczęliśmy się od siebie oddalać, ale niedługo po moim transferze nasz związek się rozpadł.

Tego roku błyszczałam! W pierwszym sezonie zdobyłam ponad tysiąc punktów i poprowadziłam drużynę do zwycięstwa w naszej lidze, choć niewiele brakowało, byśmy odpadły w półfinałach. Matka dużo pracowała i nie miała czasu, by przychodzić na mecze. Ojciec był generalnie nieobecny, lecz perorował do mnie w taki sposób, jakby znał się na koszykówce. Przypuszczam, że śledził moje postępy w „Star Ledger" i innych gazetach z New Jersey. Przyszedł na jeden z meczów w ramach rozgrywek okręgowych, a kiedy spotkał się ze mną po ostatnim gwizdku, stwierdził:

– Musisz być bardziej wredna.

Po zakończeniu nauki w szkole średniej rozpoczęłam grę w słynnej lidze Rucker Park w Harlemie i podróżowałam po całym kraju razem z New Jersey Big Heads, ekipą najlepszych koszykarzy reprezentujących stan. To był świetny sezon – grałam jeszcze lepiej niż przedtem, a w drużynie poznałam bliską przyjaciółkę, Val Walker.

Zostałam zwerbowana do gry na Uniwersytecie Seton Hall, który wówczas należał do dywizji drugiej[*]. Skłaniałam się ku

---

[*] Chodzi o koszykarską drugą ligę uniwersytecką (*Division II*) według klasyfikacji Narodowego Stowarzyszenia Sportów Akademickich (National Collegiate Athletic Association), regulującego rozgrywki międzyuczelniane w Stanach Zjednoczonych. (Jeśli nie zaznaczono inaczej, ten i kolejne przypisy pochodzą od tłumacza).

temu, żeby pójść tam na studia, ale tamtego lata Uniwersytet Stanowy Montclair organizował letni turniej ligowy, na który przybywali zawodnicy z trzech pobliskich stanów, by zaprezentować swoje talenty. W tamtym roku należałam do zawodniczek zdobywających najwięcej punktów w lidze. Grałam obok Val, która potem, już na studiach, została wybrana do składu honorowej koszykarskiej drużyny wszechamerykańskiej (*All-American*).

Razem z Val zostałam również zwerbowana przez C. Vivian Stringer z Uniwersytetu Pensylwanii w Cheyney, jedną z najbardziej utytułowanych trenerek w dziejach uniwersyteckiej koszykówki kobiecej. Po części dlatego, że już uczęszczałam do szkoły dla Afroamerykanów, odrzuciłam tę propozycję i wybrałam Uniwersytet Stanowy Montclair, który należał do dywizji pierwszej, plasował się na trzecim miejscu w kraju i miał rozbudowany plan wyjazdów sportowych.

Po latach intensywnej gry i zdobyciu ogromnej liczby punktów, wiedziałam, że jestem gotowa, lecz kiedy rozpoczął się oficjalny sezon, trenerka nie pozwalała mi grać. Miałam szczęście, jeśli wpuściła mnie na boisko na dwie czy trzy minuty. Tkwiłam z tyłkiem przyklejonym do ławki. Kiedy trenerka marszczyła brwi, zakładała ręce i sfrustrowana przechadzała się tam i z powrotem przed ławką rezerwowych, miałam ochotę wstać i krzyknąć jej prosto w twarz:

– Ty kretynko, jestem tutaj!

Wychodziłam z siebie. Nie rozumiałam jej decyzji i po każdym spotkaniu wylewałam piekące, gniewne łzy. Ponadto gdy siedzisz tak długo na ławce, to niemal zapominasz, jak się gra. Carol Yvonne Clark i moja mama przyszły na jeden z moich meczów i obie stwierdziły, że trenerka mojej drużyny jest rasistką. Wydaje mi się, że nie przywykła do pracy z Afroamerykankami. Byłam pierwszą niebiałą dziewczyną, która trafiła do drużyny, i to na pierwszym roku studiów.

Moim azylem były korporacje ciemnoskórych studentek na kampusie: AKA, Phi Beta Sigma i Deltas. To były moje starsze siostry, zawsze gotowały coś dobrego i karmiły mnie, kiedy byłam głodna. Obdarzyły mnie przyjaźnią. W ich towarzystwie czułam, że mam wsparcie i jestem rozumiana. Znajdowałam wśród nich poczucie koleżeństwa, którego brakowało w drużynie koszykarskiej.

Na domiar złego na początku drugiego roku użyto mnie w roli wabika dla czarnoskórych zawodniczek: Tracey Brown, Sharon Ross i Bonity Spence. Wprawdzie trzymałyśmy się razem, ale już wtedy myślałam o tym, by odejść.

Szczęśliwie trenerka z Uniwersytetu Monmouth poprosiła mnie, żebym dołączyła do jej drużyny, więc po pierwszym semestrze drugiego roku studiów odeszłam z Montclair. Jedynym problemem było to, że nie mogłam otrzymać stypendium wiosną, zatem postanowiłam znaleźć pracę i oszczędzać pieniądze aż do jesieni. Bonita Spence, która pochodziła z Atlantic City, powiedziała mi, że otwierają tam kasyna i szukają pracowników. I że mogę zatrzymać się u jej matki. Skorzystałam z jej rady i znalazłam zatrudnienie w Bally's Park Place jako ochroniarka.

Zaczęłam przemierzać kasyno w typowym uniformie z szarego poliestru, ale nie trwało to długo, bo po trzech tygodniach zaczepił mnie dobrze ubrany mężczyzna, przedstawił się, powiedział, że mi się przyglądał i chce, bym jako agentka w cywilu dołączyła do jego jednostki detektywistycznej. Miałam ubierać się wedle własnego upodobania lub zależnie od okoliczności. Niekiedy uchodziło mi na sucho noszenie luźnych spodni i bluzy, ale w barze musiałam wyglądać tak jak inne kobiety i zakładać sukienkę. Dostawałam dietę, więc mogłam łatwo wmieszać się w tłum, siedzieć i gawędzić z klientami, popijając rozwodnione koktajle.

Jednostka detektywistyczna miała siedzibę pod rampą dostawczą, za solidnymi drzwiami, które kryły biuro wyposażone w mnóstwo monitorów i kamer wideo. Do moich zadań należało wyszukiwanie hazardzistów, którzy liczyli karty, wyłapywanie naciągaczy i porównywanie twarzy klientów ze zdjęciami z opasłego katalogu oszustów. Czasem kierowano mnie do konkretnej sali kasyna, w której rozpoznano na monitorze poszukiwanego człowieka. Kiedy indziej zakładałam słuchawki, wsłuchiwałam się w rozmowy w jednym z hotelowych pokoi wyposażonych w urządzenia podsłuchowe i spisywałam wszystko, co usłyszałam. Pracowałam szesnaście godzin na dobę, spałam w ciągu dnia, a długie i późne godziny pracy powodowały, że nie miałam kiedy wydawać mojego hojnego wynagrodzenia. Lubiłam zadania związane z tą wymagającą stałej czujności pracą.

Po sześciu miesiącach wróciłam do East Orange z pokaźnym plikiem banknotów. Nie potrzebowałam letniej roboty w ośrodku rozwoju społecznego, ale przecież nigdy nie zawadzi mieć trochę więcej pieniędzy. Ponadto wiele zawdzięczałam trenerce Clark, zatem kiedy zadzwoniła z prośbą o przysługę, nawet się nie zawahałam. Nie mogłam przewidzieć, że jej poranny telefon na zawsze odmieni moje życie.

◆ ◆ ◆ ◆

Po kilku dniach od spotkania Whitney na letnich półkoloniach wybrałyśmy się na lunch. Wyszłyśmy z lokalu i uszłyśmy może kilkanaście kroków, kiedy z kieszeni na piersi wyjęła papierosa. Przypuszczam, że na mojej twarzy malowało się zdziwienie.

– Tak, palę – przyznała, po czym wyciągnęła jeszcze jointa.

Teraz już byłam w szoku. Nie wyglądała na kogoś, kto lubi się upalić.

– Och, a masz coś innego? – rzuciłam.

Whitney zaśmiała się i włożyła jointa z powrotem do kieszeni.

Paliłam trawkę kilka razy na studiach, ale na tym kończyły się moje doświadczenia z narkotykami. W szkole średniej moja nauczycielka angielskiego odesłała mnie na koniec klasy za gadanie na lekcji. Usiadłam w ostatnim rzędzie obok dzieciaka, który rozdzielał trawę do woreczków i otrzymałam od niego propozycję skromnej franczyzy. Miałam sprzedawać cheerleaderkom marihuanę opakowaną w małe różowe woreczki. Zarobiłam trzysta dolarów, ale skończyłam z tym po dwóch tygodniach. Klienci byli chętni, a pieniądze przychodziły łatwo, ale bałam się, że zostanę przyłapana i moja ciężko pracująca matka któregoś dnia wróci do domu i dowie się, że zostałam aresztowana.

• • • •

– Możesz mi mówić Nippy – oznajmiła Whitney. Wyjaśniła, że taki przydomek nadał jej ojciec i że pochodzi on od psotnej postaci z pewnego komiksu.

Dowiadywałam się o niej coraz więcej. Nip zwierzyła mi się, że ma chłopaka o imieniu Craig, którego matka należała do pierwszego składu Sweet Inspirations. Ale nigdy go z nią nie widziałam.

W tamtym czasie nie spotykałam się z nikim, choć miałam kłopot z jedną z dziewczyn z drużyny koszykarskiej. Była bardzo zaborcza. Wymieniłyśmy kilka pocałunków, ale nie sądziłam, że kryje się za tym coś więcej, do chwili, aż oświeciła mnie jedna z moich współlokatorek; byłam ślepa i nieświadoma tego, co działo się wokół mnie. Mama też za nią nie przepadała i jasno wyrażała swoje niezadowolenie:

– Robyn, ta dziewczyna próbuje cię omotać – orzekła.

Pamiętam, co jej odpowiedziałam:

– Ale, mamo, jeśli chce prasować mój uniform, to mogę jej na to pozwolić!

Wkrótce jednak zrozumiałam, co dostrzegała mama.

Dziewczyna miała ogromną potrzebę kontroli, a ja czym prędzej musiałam znaleźć sposób, by skłonić ją do poluzowania uścisku. Któregoś dnia tamtego lata wybrałam się do niej na drugi koniec naszego osiedla. Utknęłam w jej mieszkaniu na kilka godzin, bo nie chciała mnie z niego wypuścić. Blokowała drzwi, mimo że umówiłam się, że Val, Paulette i jeszcze jedna dziewczyna z drużyny Big Heads wpadną zabrać mnie na mecz. W końcu odeszła od drzwi, a ja zdołałam wybiec na zewnątrz. Złapała mnie jednak za rękę, a ja zatoczyłam się, uderzyłam w ceglaną ścianę i stłukłam sobie głowę do krwi.

Opowiedziałam tę historię Whitney, która stwierdziła, że mam się nie przejmować.

– Wyciągnę cię z tego – zapewniła.

Nie zapytałam jej, co ma na myśli; wiele rzeczy pozostawiałyśmy niedopowiedzianych. Ale rzeczywiście dokonała tego. Dziewczyna zniknęła z mojego życia, podczas gdy Whitney i ja stawałyśmy się sobie coraz bliższe.

• • • •

Ludzie obserwujący nas z zewnątrz mogli dojść do przekonania, że jesteśmy zżyte, ale pomiędzy nami rozwijało się coś głębszego. Stałyśmy się nierozłączne. Jeżeli nie siedziałyśmy w moim domu, to byłyśmy u niej. W jej pokoju panował chaos. Rzeczy leżały w nieładzie, sterty ubrań zalegały na podłodze, łóżko miała stale nieposłane, a plecaki, szkolne mundurki i portmonetki walały się wszędzie. Kiedyś usłyszałyśmy dziwne chrupanie. Okazało się, że w jednej z jej toreb siedzi mysz i zajada się chipsami Lay's.

Kilka tygodni po pierwszym spotkaniu Nippy znów zaprosiła mnie do siebie. Nieśpiesznie przechadzałyśmy się po okolicy, a kiedy się zmęczyłyśmy, weszłyśmy do jej domu i usiadłyśmy na podłodze w salonie, wsparte plecami o sofę. Gadałyśmy bez końca, gdy nagle nasze twarze znalazły się bardzo blisko siebie. Ten pierwszy pocałunek był długi i ciepły jak płynny miód. Kiedy przestałyśmy się całować i nasze spojrzenia się spotkały, czułam, jak budzą się moje emocje, a serce wali jak oszalałe. Co się teraz stanie? Co ona powie? Może się rozzłości? Nie wiedziałam, ale ewidentnie między nami zaiskrzyło.

A Whit rzuciła tylko:

– Gdybym wiedziała, o której wrócą moi bracia, to bym ci coś pokazała.

To było totalnie łobuzerskie. Ale Nip potrafiła wpakować cię we wszelkie kłopoty, jeśli tylko miała ku temu sposobność. Trafnie ujęła to moja mama, kiedy pierwszy raz ją spotkała:

– Wyglądasz jak anioł, ale wiem, że nim nie jesteś.

rozdział 2

Jak anioł

Whitney nie była osobą, która obnosiłaby się ze swoim talentem i śpiewała wszędzie, gdzie się pojawi. To zupełnie nie było w jej stylu. Ale naszego pierwszego lata, czy to w domu, czy w samochodzie, czy na frontowej werandzie, śpiewała utwory z nowego albumu Chaki Khan. Od początku do końca, a zwłaszcza *Clouds*, *Our Love's in Danger* i *Papillon* (vel *Hot Butterfly*). W powstaniu tej płyty mieli swój udział Luther Vandross, Whitney i jej matka, Cissy, która była legendarną wokalistką wspierającą. Ilekroć rozbrzmiewały te piosenki, Whitney śpiewała wszystkie chórki, przytrzymując słuchawki swojego walkmana, zupełnie tak, jakby była w studiu. Publicznie zachowywała się bardziej powściągliwie, pozwalając sobie niekiedy na zaśpiewanie po cichu jednego czy dwóch wersów.

Muzyka przenikała każdą cząstkę jej ciała; Whit uwielbiała ją i łaknęła jej. Zapowiadała, że zostanie zawodową piosenkarką i powtarzała to niczym mantrę od dwunastego roku życia. Skupiała na tym całą swoją uwagę i planowała wszystkie kroki niezbędne, by osiągnąć upragniony cel.

Pracowała nad stworzeniem zespołu i repertuaru, który umożliwiłby jej zaprezentowanie swojego talentu. Przebywanie z kimś tak całkowicie zaprzątniętym sobą jest odurzające, ale w Whitney Elizabeth Houston było coś więcej.

Uwielbiała opowiadać mi o swoim pierwszym pobycie w studiu z Chaką Khan. Chaka usłyszała jej głos i przerwała sesję, by powiedzieć Whitney:

– Przysuń się bliżej do mikrofonu.

Whitney poczuła się w pewnym sensie namaszczona, więc potem we własnym ogródku chodziła z włączonym walkmanem i śpiewała:

Chanson papillon, we were very young
Like butterflies, like hot butterfly*.

– Posłuchaj Chaki! Posłuchaj, co teraz robi – pouczała. – Co oni tu wyprawiają. Posłuchaj. Właśnie teraz, w tym momencie.

Puszczała ten utwór w kółko, a ja byłam jej pilną uczennicą. Whitney tłumaczyła, że frazowanie Chaki jest genialne, a jej głos jest niczym instrument. Kiedy śpiewała wysokie dźwięki, przypominał brzmieniem trąbkę albo saksofon tenorowy. Moja przyjaciółka była również pod ogromnym wrażeniem jej artykulacji.

– To jest katolicka prymuska. Można zrozumieć każde słowo, które wyśpiewuje.

Poprzedniego lata Val zadeklarowała, że kocha Chakę, ale wtedy w ogóle tego nie odnotowałam. Teraz jednak słuchałam jej uważnie i rzeczywiście każde słowo rozbrzmiewało wyraźnie niczym dźwięk dzwonu.

---

* „*Chanson papillon*, byliśmy bardzo młodzi / Jak motyle, jak seksowny motyl".

– Ludzie nie doceniają Chaki w wystarczającym stopniu – mawiała Whitney, która zdekonstruowała dla mnie każdy wers piosenki, a ja zaczęłam pojmować wielki dar tej wokalistki.

Oprócz rozkładania na czynniki pierwsze geniuszu innych śpiewających kobiet, Whitney odnajdywała wielką przyjemność w zapoznawaniu mnie z nagraniami swojej matki. Ewidentnie przesłuchała każdy album wielokrotnie i znała każdą wyśpiewaną przez nią nutę. Gdy tylko odtwarzałyśmy płytę, na której śpiewała jej matka, Nippy wypowiadała się o niej tonem pełnym czci, zastrzeżonym dla gwiazd takich jak Aretha. Mimo iż Cissy występowała jedynie w chórkach, Whitney zachowywała się tak, jakby to jej matka była główną wokalistką.

– Chcę, żebyś usłyszała wszystko, co zrobiła moja matka – powiedziała pewnego dnia Whit, po czym włączyła mi każdą piosenkę, w której pojawiła się Cissy, z dumą demonstrując, dlaczego płacono jej trzykrotność normalnej stawki.

Daydreamin' and I'm thinking of you
Look at my mind floating away[*].

Początek utworu *Day Dreaming* Arethy zawsze działał na mnie hipnotyzująco, ale po sesji słuchania płyt z Whitney zdałam sobie sprawę, że to głos Cissy odpowiadał za jego słodycz. Do dziś mam wszystkie albumy, na których śpiewała, i potrafię zidentyfikować jej głos w piosenkach takich jak *I Know It's You* Donny'ego Hathawaya, *Roll Me Through the Rushes* Chaki czy *You're the Sweetest One* Luthera.

---

[*] „Śnię na jawie i myślę o tobie / Spójrz, jak mój umysł odpływa".

Po godzinach zgłębiania dyskografii Cissy Nippy podarowała mi egzemplarz solowego albumu jej matki (szczególnie spodobał mi się utwór *Things to Do*). Patrzyłam na okładkowe zdjęcie uśmiechniętej Cissy Houston ubranej w jaskrawo pomarańczową bluzkę z kołnierzykiem, rozrywającej dłońmi warstwę szarego papieru, i starałam się dopasować wizerunek kobiety o szklistym głosie do postaci matki, przy której Whitney, jak sama mówiła, czuła się taka mała.

Opowiadała mi o latach spędzonych przez Cissy w zespole Sweet Inspirations. Dzieliła się ze mną historiami o tym, że w lokalach na Południu muzycy musieli wchodzić na występy tylnymi lub kuchennymi drzwiami, bo wciąż obowiązywała tam segregacja rasowa i osoby o ciemnej skórze miały zakaz korzystania z drzwi frontowych. Whitney powiedziała, że jej matka często rozwodziła się nad tym, jak przystojnym i uprzejmym człowiekiem był Elvis, który życzliwie się nimi opiekował. Jedną z najcenniejszych rzeczy należących do Cissy była drobna biżuteria, którą jej podarował.

Podobnie jak większość afroamerykańskich rodzin, moja także żyła muzyką. Ojciec słuchał Johnny'ego Mathisa i Phyllis Hyman; matka była wielką fanką Tony'ego Bennetta, Barbry Streisand i Morgany King. Mój brat, Marty, przepadał za Black Ivory, Dr. Buzzard's Original Savannah Band, Motown oraz muzyką klubową, bo uwielbiał tańczyć. Kiedy miałam dwanaście lat, Marty, moi kuzyni i ja założyliśmy zespół o nazwie 5 Shades of Soul. Do czasu aż poświęciłam całą uwagę koszykówce, odgrywaliśmy na rodzinnych grillach i zawodach sportowych na terenie Newark *Natural High* grupy Bloodstone i *Ooh Child* Five Stairsteps.

Whitney zaczęła zabierać mnie na spotkania ze swoją kuzynką Felicią i „kuzynem" Larrym, który tak naprawdę był po prostu jej bliskim przyjacielem. Trzymali się razem niczym Trzej Muszkieterowie. Wykonywali w miejscowym chórze kościelnym wiązanki utworów, więc niekiedy wybierali jakąś piosenkę z radia i śpiewali ją we troje.

Przyznałam się Whitney, że zawsze chciałam należeć do chóru kościelnego, ale nigdy nie było mi to dane. W dzieciństwie chodziłam z rodziną do Sali Królestwa w śródmieściu, gdzie moja prababcia pełniła funkcję starszej zboru, ale tam nie wychwalali Boga śpiewem ani tańcem. Brakowało rytmu, brakowało prawdziwej celebracji. Moja matka, osoba poszukująca własnej drogi duchowej, spędziła wiele lat na odwiedzaniu różnych ośrodków kultu, z nadzieją odnalezienia swojego miejsca. Jako dziecko chodziłam do kościoła, ale w wieku nastoletnim tak bardzo pochłaniała mnie koszykówka, że rzadko udawało mi się tam dotrzeć. Bina i Marty w większym stopniu podążyli śladem mamy. Najbardziej zależało jej na tym, żeby jej dzieci zrozumiały, iż istnieje siła większa od nas, co z czasem się stało. Nie słuchaliśmy w domu muzyki gospel, lecz jeśli wsłuchać się w utwory Arethy Franklin, łatwo rozpoznać w nich ten gatunek muzyki.

Śpiewanie w chórze było dla Whitney ważne, ale zdarzało się, że nie miała ochoty chodzić do kościoła wspólnoty, do której należała jej rodzina. Twierdziła, że to miejsce „sztuczne i pełne hipokryzji". Któregoś wieczoru, kiedy miałyśmy się spotkać, zadzwoniła i zwierzyła mi się, że matka zmusiła ją do wspólnego wyjścia z ich pastorem, wielebnym doktorem C.E. Thomasem, i jego synem. Whitney odniosła wrażenie, że była to podwójna randka obmyślona tak, by zapewnić przykrywkę jej matce i żonatemu pastorowi. Nigdy nie widziałam, żeby wychodzili razem z sypialni Cissy, ale spotykałam go w jej domu, gdy siedział w bieliźnie na blacie kuchennym. Whitney powiedziała, że nie czuje się komfortowo, realizując plany matki, ale usłyszała, że tak właśnie mają postępować córki. Wytrącona z równowagi, zawiedziona i zirytowana, poszła na to spotkanie.

Zobaczyłam się z nią nazajutrz.

– Spodobałam się mu, ale on mnie nie interesuje – oświadczyła.

O ile wiem, nigdy więcej nie wydarzyła się podobna historia.

Mimo iż było lato, Whitney chodziła do kościoła co najmniej trzy razy w tygodniu. W czwartkowe wieczory miała próby i bez względu na to, co i gdzie robiłyśmy, zawsze na nie pędziła. Prowadziła je jej matka, która była kierowniczką chóru. Whitney była córką Cissy Houston, więc nie mogła się spóźniać. Rozumiałam to. W moim przekonaniu próby chóru przypominały trening koszykarski: jeśli nie przychodzisz na czas, wstrzymujesz całą drużynę.

Whitney, Larry i Felicia rozmawiali o swoich utworach i solówkach, tak jakby przygotowywali się do meczu. W pewnym sensie tak właśnie było; w East Orange i Newark chóry cieszyły się równie wielką popularnością co drużyny koszykarskie. Konkurowały ze sobą i odwiedzały się nawzajem. Whitney była głównym atutem Chóru Młodzieżowego z Baptystycznego Kościoła Nowej Nadziei. Pobliskie zbory również miały własne gwiazdy. W odległości niespełna ośmiu kilometrów dalej, przy Chancellor Avenue w Baptystycznym Kościele Misyjnym Emmanuel śpiewała młodziutka Faith Evans.

• • • •

Kiedy Whitney skończyła układanie z kuzynami strategii na najbliższy koncert, zwróciła się do mnie:

– Robyn, chcę, żebyś przyszła.

W Baptystycznym Kościele Nowej Nadziei miało się odbyć nabożeństwo muzyczne z udziałem miejscowych chórów. Członkowie wspólnoty byli przyzwyczajeni do gości, ale zapowiedziano akurat nadzwyczaj popularny program i nie ulegało wątpliwości, że przyciągnie on tłumy. Byłam jedyną osobą zaproszoną przez Whitney i ekscytowałam się z tego powodu, podobnie jak ekscytowałam się okazją do posłuchania jej śpiewu.

Chociaż nie chodziłam do kościoła regularnie, byłam zaznajomiona z Pismem Świętym i wierzyłam w prawdę zawartą w jego księgach. Mój brat i moja siostra byli ochrzczeni, ale mojej głowy jakoś nigdy nie skropiono wodą święconą. Podejrzewam, że stało się tak dlatego, że podróżowałam na odległe mecze lub treningi, więc rzadko bywałam w domu w niedziele. Mimo wszystko pragnęłam samodzielnie poznać Słowo Boże i kiedy miałam piętnaście lat, przeczytałam całą Biblię od Księgi Rodzaju po Apokalipsę, czując się przy tym tak, jakbym przeniosła się wehikułem czasu w przeszłość. Okropny opis Sodomy i Gomory pozostawił we mnie trwałe piętno i ilekroć zgrzeszyłam, wiedziałam, że potrzebuję, by Jezus okazał mi łaskę i miłosierdzie. Wierzyłam, że jego historia jest prawdziwa i że jest całkiem prawdopodobne, iż rzeczywiście dokonał wszystkich dobrych i cudownych czynów, jakie przypisuje mu Biblia.

Whitney znała Pismo Święte od podszewki. Na kartach Biblii występowało kilka potężnych kobiet, których historie sobie przyswoiła. Opowiadała mi na przykład o Rut i o Esterze, która udała się przed oblicze króla, by wstawić się za swoim narodem. Jezusa uznawała za uosobienie wszystkiego, do czego ludzie powinni dążyć. Kochała go.

Przyjęłam jej zaproszenie od razu, co zrodziło dwa dylematy. Po pierwsze, musiałam założyć sukienkę i wyglądać reprezentacyjnie. Moja matka uważała, że kiedy się idzie do kościoła, trzeba ubrać się dla Boga. Na szczęście było lato. Za jasną cholerę nie chciałam zakładać pończoch, nie znosiłam ich. Obawiałam się też założenia sukienki, ale warto było ponieść taką ofiarę, żeby usłyszeć, jak Nip śpiewa na żywo. Zanurkowałam na dnie mojej szafy i znalazłam prosty lawendowy pulower z krótkimi rękawami, który w dolnej części trochę się rozszerzał. Włożyłam go. Ponownie założyłam sukienkę z własnej woli na pogrzeb matki.

Po drugie, wkraczałam w świat matki Nip. Ekscytowałam się tym, że usłyszę śpiewającą Whitney, jednak kościół był w istocie terytorium jej matki, a ja nie byłam zbyt szczęśliwa z tego powodu. Ilekroć przychodziłam do domu po Whitney, odczuwałam wrogość Cissy. Whitney przestrzegła mnie, że jej matka nigdy nie polubiła nikogo, kogo ona sprowadziła do domu.

– Moja matka potrafi być szorstka, ale jest jaka jest – skwitowała.

W niedzielę pożyczyłam od mamy samochód i pojechałam do Baptystycznego Kościoła Nowej Nadziei, który znajduje się przy tej samej ulicy co osiedle mieszkaniowe Baxter Terrace. Wnętrze świątyni z czerwonej cegły było nieco podniszczone, ale wierni – i ci biedni, i ci zamożni – dotarli tam w pierwszą niedzielę sierpnia tłumnie. Budynek był wypełniony po brzegi.

Nie chciałam siadać zbyt blisko, ale nie mogłam też trzymać się za daleko, bo zależało mi, by Whitney mnie widziała. Usiadłam w siódmym rzędzie, nieco po lewej stronie. Ława z twardego drewna zmuszała mnie do siedzenia prosto, na baczność. Miałam pełną świadomość, że znajduję się w domu Cissy Houston. To tutaj ona i jej krewni założyli zespół Drinkard Singers (było to jeszcze, zanim Cissy utworzyła Sweet Inspirations). Niewielka mosiężna tabliczka z napisem „Lee Warwick" przypomniała mi, że kościół Nowej Nadziei był również zborem, do którego należały kuzynki Whitney – Dee Dee i Dionne. Przez to miejsce przeszła cała jej rodzina, co było onieśmielające. Czułam się niczym outsiderka.

Wielebny Thomas poprosił o powstanie wszystkich gości i nowych członków wspólnoty, więc i ja się podniosłam. Kiedy nas witał, nie mogłam oprzeć się wspomnieniu tego, co Whitney powiedziała mi o nim i o Cissy.

Prezentując Chór Młodzieżowy, oznajmił:

– Ludzie chcą słuchać mojego nauczania, ale Pan lubi być wychwalany.

– Amen – odpowiedzieli zgromadzeni.

Morze młodych ludzi w czerni i bieli napłynęło z tylnej części świątyni i nawami przelało się do przedniej części budynku. Whitney przeszła obok, ale mnie nie zauważyła. Miała na sobie prostą czarną spódnicę i białą zapinaną na guziki koszulę, włosy zebrane w niewielki kok, a na twarzy naturalnie wyglądający makijaż z podkładem Fashion Fair i jasnoróżową szminką. Gdy zajęła miejsce w jednej z ław stojących przy mównicy, spojrzała na mnie, ale się nie uśmiechnęła. Przybrała pokerową minę. Była skupiona. Pomógł mi się zrelaksować uśmieszek na twarzy Larry'ego, bo dowodził, że są wciąż dzieciakami i nawet przyjmując pozę powagi, zachowują się nonszalancko. Widziałam już, jak Whitney, Larry i Felicia przekomarzają się i cicho żartują ze sobą, podczas gdy pięćdziesięcioro dziewcząt i chłopców zajmowało swoje miejsca.

Matka Whitney stanęła przed chórem ubrana w ziemisty kostium, który złagodził jej wygląd. Jej brat, Larry Drinkard, organista, nosił pokaźne, grube okulary, które sprawiały, że jego oczy wydawały się malutkie. Ale naprawdę umiał grać!

– W porządku. Czy wszyscy są gotowi? – rzuciła Cissy.

Chór powstał i zaczął śpiewać. Niektóre pieśni rozpoznawałam, ale nie znałam ich słów. Trzeba regularnie chodzić do kościoła, żeby znać wszystkie teksty. Głosy rozbrzmiewały potężnie, niczym gigantyczne kolumny głośnikowe, a ja czułam dudnienie w piersi. Nieliczni członkowie zgromadzenia zaczęli podawać rytm, uderzając dłońmi o swoje uda; inni dołączyli do nich, lekko klaszcząc w dłonie. Przez pewien czas w podobny sposób klaskała i Cissy, ale potem zaczęła kierować chórem. Lewą dłoń trzymała uniesioną w powietrzu, podczas gdy prawą poruszała w górę i w dół, dyrygując tak, by na jej komendę głosy wznosiły się lub opadały. Byli niesamowici.

Larry, Felicia i Whitney wyszli przed chór. Felicia śpiewała altem, Larry falsetem, a Whitney altem i sopranem, tworząc urzekający miks. Ich głosy brzmiały przyjemnie, zachęcająco, tak że przez moment miałam ochotę wstać, podejść i przyłączyć się do nich. Czułam w ich śpiewie moc, która nie objawiała się, kiedy się wygłupiali. Gdy zaczęli śpiewać *Oh Mary Don't You Weep*, strzelali palcami, klaskali, a Whitney i Felicia kołysały się w przód i w tył, podając kolejne wersy:

Mary...
Oh, Mary...
Oh, Mary, don't you weep
Tell Martha not to moan[*].

---

[*] „Maryjo / O Maryjo / O Maryjo, nie płacz / Powiedz Marcie, by nie rozpaczała".

– Amen – odpowiedzieli zgromadzeni.

Trio rozdzieliło się i na przedzie stanęła Whitney. Miała na sobie długą do ziemi białą szatę. Zanim jeszcze otworzyła usta, dosłyszałam szmer głosów; członkowie kongregacji szykowali się na jej występ. Gdy tylko zbliżyła się do mikrofonu, zapanowała cisza. Whitney przymknęła oczy i przy delikatnym akompaniamencie pianina zaczęła śpiewać pierwsze słowa:

When Jesus hung on Calvary,
People came from miles to see...[*]

– Śpiewaj, Nip – zachęcał Larry.
– Śmiało, Nip – dodała Felicia.
Nawet wielebny Thomas do nich dołączył:
– Zaśpiewaj, Whitney.

I nagle coś przeniknęło miejsce, w którym byliśmy. Twarz Whitney promieniała, jej usta poruszały się w przejęciu, a głos wraz z kolejnymi frazami wznosił się coraz wyżej.

Rozpoczęła wysoko, a potem jeszcze bardziej podniosła głos. Była pod wpływem natchnienia i wierzący zaczęli wychwalać Pana i otwierać się na Ducha Świętego, głośno zawodząc.

– Chwalmy Pana!

Ludzie nie byli w stanie się opanować. Jej śpiew był przestrzenny i delikatny, anielski i potężny. Tamtego dnia siedziałam w kościele i przyglądałam się, jak jej drobne ciało ubrane w białą suknię wypełnia swoim głosem całą świątynię. Nip poruszała się łagodnie; nie kołysała się, tylko przenosiła ciężar ciała z lewej nogi na prawą i odwrotnie.

---

[*] „Gdy Jezus wisiał na krzyżu Kalwarii / Z dala ściągały tłumy, żeby go zobaczyć".

Lekko. Subtelnie. Starannie artykułowała każde słowo. Ręce miała swobodnie zwieszone, a wyraz jej twarzy zmieniał się w zależności od tekstu. Oczy miała zamknięte. Ludzie zawodzili, wrzeszczeli i odlatywali.

> *They said, „If you be the Christ,*
> *Come down and save your life".*
> *Oh but Jesus, my sweet Jesus,*
> *He never answered them,*
> *For He knew that Satan was tempting Him.*
> *If He had come down from the cross,*
> *Then my soul would still be lost***.

Śpiew Whitney przybierał na sile. W połowie pieśni częściowo otworzyła powieki. Rozejrzała się po sali, spojrzała w moją stronę, po czym znów zamknęła oczy. Całkowicie oddała się chwili. Była w niej całą sobą i to się czuło. Tamtego dnia głosiła słowo.

> *He would not come down*
> *From the cross just to save Himself;*
> *He decided to die!***

Whitney błagała nas, żebyśmy zrozumieli, jak ogromnie wdzięczni powinniśmy być za cierpienia, jakie poniósł Chrystus, by odpokutować za nasze grzechy i dać nam nowe życie. Spędziłam niejedną niedzielę w kościele, ale to, co przeżyłam wtedy, było dla mnie zupełnie nowym

---

* „Powiedzieli: «Jeśli jesteś Chrystusem, / Zejdź i ocal swoje życie». / Och, ale Jezus, mój słodki Jezus, / Nawet im nie odpowiedział, / Wiedział bowiem, że kusi go szatan. / Gdyby zszedł z krzyża, / Moja dusza byłaby zgubiona".

** „Nie zszedłby z krzyża, / Tylko po to, by się ocalić. / Postanowił umrzeć".

doświadczeniem. Czułam się, jakbym doznała jakiegoś uwolnienia. Nie trzeba było mnie przekonywać o istnieniu siły wyższej – już w nią wierzyłam – ale poczułam się bliżej Boga i bliżej Whitney.

Wstałam z mojego miejsca i wpatrywałam się w nią. Sądziłam, że ją znam, ale w tym kościele ujrzałam inne jej oblicze. Nagle, w jednej chwili, uprzytomniłam sobie, że Whitney Elizabeth Houston była kimś wyjątkowym; w jej ciele objawiały się wielkość i siła.

Usiadłam i zobaczyłam nieznajomą kobietę ekstatycznie biegającą w przejściu między rzędami ław i wychwalającą Pana śpiewem w jakimś sobie tylko znanym języku. Chwilę później usłyszałam również innych ludzi przemawiających nieznanymi językami.

Whitney nie poruszała się i nie przestawała śpiewać. Zachowywała spokój pośród burzy, którą sama wywołała. Była niesamowita.

Nie patrzyłam na zebranych wokół mnie, ale ich wyczuwałam. Można było chłonąć energię emanującą w tym pomieszczeniu i wydawało się oczywiste, że to właśnie Whitney ją rozbudziła. Doprowadziła nas do punktu kulminacyjnego, wykorzystując pełną moc swojego głosu, po czym dała z siebie wszystko, uniosła nas jeszcze wyżej i przeciągnęła końcową nutę tak długo, że czas przestał płynąć, a cały kościół wibrował.

He decide to die...
Just to save... me*.

Kiedy skończyła, a pogłos tego ostatniego niemożliwie długiego dźwięku jeszcze niósł się w powietrzu, Whitney

---

* „Postanowił umrzeć, / żeby ocalić mnie".

otworzyła oczy i wróciła na swoje miejsce na podwyższeniu dla chóru. Ktoś wręczył jej wachlarz, a ona otarła twarz białą chusteczką, osuszając kropelki potu z nasady nosa i czoła.

Zgromadzeni jednak wciąż byli poruszeni. Jedna z kobiet zemdlała i dwie krzepkie sanitariuszki wachlowały ją, by pomóc jej wrócić do świadomości. Po twarzach wielu kobiet i kilku mężczyzn płynęły łzy. To cud, że ściany nie rozsunęły się i wszystko się nie rozpadło. Była wprost cudowna.

• • • •

Po nabożeństwie Whitney machnęła do mnie, dając znak, żebym podeszła z boku sceny. Larry, który do nas dołączył, powiedział mi, że ładnie wyglądam. Nip uśmiechnęła się do mnie. Schodami zeszłam za nią na przyjęcie w podziemiach. Przez chwilę wydawała się onieśmielona, co stało w sprzeczności z tym, czego przed chwilą doświadczyłam.

– Rany, Nip, jakie to było uczucie dla ciebie, tam na górze? – zapytałam. – Ludzie byli tak poruszeni.

– Och, nie myślę o tym. Nie patrzę na nich. Na tyłach kościoła jest zegar i skupiam wzrok na nim, a potem zamykam powieki i po prostu robię, co do mnie należy.

– Ale przecież to czujesz! – upierałam się. – Niektórzy ludzie kompletnie odlatywali. Inni podnosili się z miejsc.

– Powinni być poruszeni, powinni – stwierdziła tonem nie chełpliwym, ale pełnym przekonania, jakby chciała wyjaśnić, że nie chodziło wcale o nią, ale o treść pieśni, którą śpiewała.

Ale byłam pewna, że myśli inaczej. Dobrze wiedziała, że ma moc wzruszania ludzi śpiewem. Tamtego dnia też to poczułam. Nie ulegało najmniejszej wątpliwości, że stanęłam w obliczu prawdziwego geniuszu.

Na przyjęciu było mnóstwo ludzi i każdy chciał z nią zamienić parę słów. Wtedy jeszcze nie zależało im na tym, by zdobyć jej autograf, bo ona po prostu należała do nich. Larry i Felicia rozmawiali z innymi członkami Chóru Młodzieżowego.

Nip spytała, czy jestem głodna, i posłała kogoś po talerz z jedzeniem. Jakaś kobieta wręczyła mi styropianowy talerzyk ze smażonym kurczakiem, warzywami, mac'n'cheese i kawałkiem chleba kukurydzianego. Podziękowałam jej, zaszyłam się w kącie i zjadłam w samotności. Mogłam poczekać.

rozdział 3

Miłość = miłość

Tamtej niedzieli po nabożeństwie poszłam z Whitney i Larrym do jego samochodu. Szepnęła do mnie:
– Spędzimy noc u Larry'ego.

Pojechałam do domu, by przebrać się w szorty i koszulkę. Whitney podjechała po mnie taksówką. Mimo że na lusterku wstecznym wisiało nieduże drzewko zapachowe, nic nie mogło zniwelować odoru ciała kierowcy, więc obie, śmiejąc się, wychylałyśmy się przez okna, by złapać oddech.

Polubiłam Larry'ego. Mówił szybko, przechodząc od lekkiego jąkania się do śmiechu. Kiedy dotarłyśmy pod ceglany blok, w którym mieszkał przy Munn Avenue w East Orange, przywitał nas, ale wkrótce potem zostawił, mówiąc:
– W porządku, dziewczyny! Czujcie się jak w domu.

W końcu byłyśmy same.

Kawalerka Larry'ego składała się z jednego pokoju z łóżkiem, aneksem kuchennym i niewielką przestrzenią do siedzenia. Rozgościłyśmy się. Zjadłyśmy jakiś fast food z sieci Roy Rogers i zapaliłyśmy jointa, którego przyniosła

Nip. Kiedy umościłyśmy się na kozetce Larry'ego, wzięła Biblię i zaczęła ją czytać. Przeszła do fragmentów o Jezusie, przytaczając każdą opowieść, w której padało jego imię. W końcu przerwała lekturę i rzuciła:

– On jest super, co? Chciałabym poznać tego człowieka.

Zaciągnęła się jeszcze raz czy dwa, a może trzy czy cztery, i podała mi jointa. Na kozetce było trochę ciasno, więc rozłożyłyśmy składane łóżko.

Byłam nieco zdenerwowana. Chciałam, żeby z Whitney dobrze wyszło. Nie zamierzałam jej do niczego namawiać. Pragnęłam przyjaźni i to było najważniejsze. Obawiałam się, że Whitney nagle zniknie, a to, co nas łączy, jest zbyt piękne, by mogło być prawdziwe. Z pewnością to, co się między nami wydarzyło, spadło na nas tego lata jak grom z jasnego nieba. Zupełnie się tego nie spodziewałam. Myślałam po prostu, że jest przyjaciółką, o jaką się modliłam.

Ale zaczynałam rozumieć, że kiedy Whitney chciała coś zrobić, po prostu to robiła. I tym razem nie było inaczej. Pooglądałyśmy trochę telewizję i zaczęłyśmy się całować. Zdjęłyśmy ubrania. Po raz pierwszy dotykałyśmy się nawzajem. Whitney miała pod T-shirtem stanik w cielistym kolorze – ale o barwie niezupełnie takiej jak jej karnacja – który rozpinał się z przodu z cichym kliknięciem.

Była dokładnie taka, jak sobie wyobrażałam po pierwszym pocałunku. Wciąż pamiętam smak jej warg. Paliła newporty, tak jakby jadła cukierki, ale nie czuć było od niej papierosów; jakimś sposobem łagodny posmak tytoniu na jej wargach zamieniał się w słodycz. Poznawałam dotykiem jej ciało i swoje własne. Pieszczenie jej i kochanie się z nią było niczym najpiękniejszy sen.

Wszelka energia, jaka krążyła między nami tamtej nocy, znalazła ujście za sprawą naszych ciał. To, co robiłyśmy, było swobodne i autentyczne. Czułe i pełne miłości. Obie pragnęłyśmy się dotykać i poznawać nawzajem, więc robiłyśmy to do chwili, aż zapadłyśmy w swoich objęciach w sen.

• • • •

Obudziłam się pierwsza i przypatrywałam się śpiącej Whitney. Uśmiechałam się. Po chwili zauważyłam na ręce i na pościeli ślady krwi. Potrząsnęłam Whit i z ulgą zobaczyłam, że się budzi. Usiadłyśmy na łóżku, dochodząc źródła plam i wkrótce zdałyśmy sobie sprawę, że to miesięczne krwawienie Nippy. Próbowałam postawić się na jej miejscu i wyobraziłam sobie, że mogła czuć się zawstydzona. W takich chwilach sprawiała wrażenie małego bezbronnego dziecka. Obróciłyśmy tę sytuację w żart, a ja przejęłam kontrolę.

Mieszkanie należało do mężczyzny, więc nie było w nim żadnych podpasek ani tamponów. Poleciłam Whitney, żeby owinęła się prześcieradłem w sposób, który przypominał połączenie togi z pieluchą, i nie ruszała się z miejsca. Następnie wybiegłam do sklepu i kupiłam wszystko, co trzeba. Przed wyjściem włożyłyśmy zaplamioną pościel do worka i wrzuciłyśmy ją do pieca w spalarni znajdującej się w budynku.

• • • •

Trzymałyśmy się razem przez całe lato. Byłyśmy nierozłączne. Nikomu nie zdradzałyśmy, co się wydarzyło, ale nie sposób było nie dostrzec łączącej nas więzi. Wyczuwało się ją. Tamtego dnia w kościele zdałam sobie sprawę, że stoję wobec czegoś potężnego i wielkiego, ale już znacznie wcześniej dostrzegłam, że jest nam przeznaczone iść przez życie razem. Byłyśmy partnerkami. Nie miałam pojęcia, jak długo nasza więź może trwać, ale wiedziałam, że jest nam pisana.

Nigdy nie posługiwałyśmy się etykietkami, takimi jak „lesbijki" czy „homoseksualizm". Po prostu żyłyśmy własnym życiem, a ja miałam nadzieję, że taki stan będzie trwać wiecznie. Od wczesnej młodości uwielbiałam pięknych ludzi. Niekiedy piękno przykuwające moją uwagę przybierało postać męską, a niekiedy żeńską – oddziaływała na mnie i jedna, i druga.

Nasze wzajemne uczucie rozkwitało niezauważalnie, choć się z nim nie kryłyśmy. Tak jak inne dziewczyny siadałyśmy blisko siebie albo trzymałyśmy się za ręce. Kiedy rozmawiałyśmy w parku, zdarzało się, że Whitney siadała na moich kolanach albo na ziemi między moimi nogami i kładła mi głowę na udzie. Bywało, że nieopodal nas w podobny sposób spędzała czas inna para dziewczyn, które czesały sobie włosy albo leżały obok siebie, powierzając sobie swoje sekrety. Wiele młodych kobiet nawiązywało intymne relacje, udając osoby dorosłe i ucząc się sztuki uwodzenia. Niektóre, tak jak my, eksperymentowały z narkotykami. Wszystkie usiłowałyśmy odzyskać własne ciała po tym, jak w dzieciństwie wmawiano nam, żebyśmy trzymały nogi razem, mocno ściskały kolana i unikały zwracania uwagi mężczyzn, gdy jednocześnie byłyśmy przygotowywane do tego, by pewnego dnia tych mężczyzn uwodzić.

Tamtego lata Whitney przychodziła na moje ligowe mecze koszykarskie, jeździłyśmy na przejażdżki lub spędzałyśmy czas u niej lub u mnie w domu. Nip często wpadała do mnie bez uprzedzenia i szłyśmy razem na plażę. Pływała jak ryba i musiałam się pogodzić z tym, że kochała ocean. Dla mnie dni plażowania, wbiegania do wody bez sprawdzenia temperatury należały do przeszłości, a przesiadywanie na słońcu wśród tysięcy ludzi mnie nie bawiło. Ale dla Nip to był raj i tak długo, jak długo byłyśmy razem, godziłam się dla niej na wszystko.

Moja matka pracowała, ale jeśli mogłam pożyczyć jej samochód, zawoziłam Whitney do Nowego Jorku na castingi dla modelek, nazywane „przesłuchaniami". Częściej wsiadała do autobusu i jechała do miasta sama. Niekiedy jeździłyśmy na plażę pociągiem albo przeprawiałyśmy się autobusem na drugą stronę Mostu Waszyngtona i szłyśmy do Sugar Hill w Harlemie, żeby kupić działkę.

W czwartkowe wieczory mknęłam autem mojej matki, żeby zabrać Nip do kościoła Nowej Nadziei na próbę chóru. Kiedy indziej w godzinach szczytu przedzierałam się przez korek w Tunelu Lincolna, a Whitney ściągała dżinsy i przebierała się w sukienkę. Modliłyśmy się o zielone światło, pędząc Dziesiątą Aleją do klubu nocnego Sweetwater, gdzie śpiewała w przedstawieniu własnej matki. Opowiadała mi, jak to jest siedzieć przy jednym stole z producentem Arifem Mardinem. O muzyce mówiła z pasją i przekonaniem.

W niektóre dni tygodnia jechała do miasta z matką, która pracowała z producentem i kompozytorem Michaelem Zagerem. Michael zawsze podkreślał, że Whitney jest świetna. Kiedy miała czternaście lat, zaprosił ją do występu w dyskotekowym utworze *Life's a Party*. Innymi razy zdarzało się, że odwiedzałyśmy w domu jej pierwszego dyrektora muzycznego, Johna Simmonsa, z którym Nip mogła swobodnie rozmawiać o piosenkach i założeniu zespołu.

Kiedy John rozpoczął współpracę z Whitney, przekonał się, że nie tylko potrafi świetnie śpiewać, ale też wykazuje się wrażliwością ponad swój wiek i głębokim rozumieniem muzyki. Jakimś sposobem wiedziała, jak posługiwać się swoim głosem, by każdej piosence nadać indywidualny rys.

John, dobroduszny, wspierający, cierpliwy, ale zarazem rzeczowy profesjonalista, był człowiekiem, na którym

Whitney mogła polegać i ufać, że ukierunkuje ją pod względem muzycznym i wokalnym. W początkach kariery, zanim otrzymała pierwszy kontrakt, chodziłam z Nip do mieszkania Johna w East Orange i widziałam, jak znakomicie się dogadują, wybierając piosenki na konkursy, przesiadując ramię w ramię przy klawiaturze, odśpiewując różne partie melodii, modulując tony wysokie i niskie i aranżując muzykę. Skupieni, ale uśmiechnięci, a nawet rozchichotani. Kiedy John był podekscytowany, drobił kroczki, wydawał z siebie wysokie piski i obracał się wokół swojej osi.

Johnnie – jak mówiła na niego Nip – darzył ją wielkim szacunkiem. W wywiadzie dla włoskiej telewizji podczas trasy koncertowej The Moment of Truth Tour powiedział:

– W Stanach jest wielu piosenkarzy, którzy uprawiają rhythm'n'bluesa albo jazz, albo gospel. Ale ona moim zdaniem ogarnia to wszystko.

Któregoś dnia podczas próby znalazłyśmy się z Whitney w małym pomieszczeniu z pianinem. Nip usiadła przy nim i poleciła, bym zajęła miejsce obok.

– Zagram ci coś – zapowiedziała i zagrała kilka akordów. – Znasz to? – rzuciła z uśmiechem.

– Poczekaj, próbuję sobie przypomnieć – powiedziałam. – Daj mi minutkę.

Whitney wciąż grała, a potem zaczęła śpiewać.

The first time ever I saw your face...*

Powiedziała mi, że kiedy po raz pierwszy mnie zobaczyła, pomyślała, że jestem piękna.

---

*   „Kiedy pierwszy raz ujrzałam twoją twarz...". Otwierający wers utworu Roberty Flack pod tym samym tytułem.

• • • •

Pewnego wieczoru podczas przechadzki Whitney niespodziewanie oznajmiła, że musi wrócić do domu. Zabrałam ze sobą na spacer siostrę, Binę, więc wszystkie poszłyśmy do Nip. Zastałyśmy stertę naczyń do zmywania. Zrobiło mi się jej szkoda. U nas wszystkie dzieci musiały pomagać w pracach domowych, ponieważ nasza mama pracowała. Mój brat gotował, tymczasem bracia Whitney nie musieli parać się takimi rzeczami. Mimo że Whitney pracowała w modelingu i starała się rozwijać karierę piosenkarską, w kuchennym zlewie czekała na jej powrót do domu sterta naczyń. Była jeszcze dziewczynką. Ewidentnie ją to frustrowało. Zaoferowałam pomoc, ale ona rzuciła tylko:

– Nie trzeba.

Nie robiła z tego mycia naczyń wielkiej sprawy. Nie protestowała też, kiedy bracia wykradali jej pieniądze, które zarabiała jako modelka.

Bina była zmęczona. Usiadła w salonie na sofie, a ja obok niej. W środku panował chłód. Sofa była głęboka, więc Bina zdjęła buty i wyciągnęła nogi, nakrywając je swoim płaszczem.

Pani Houston pojawiła się niespodziewanie w piżamie i szlafroku, z wałkami we włosach i opaską na głowie. Masywna i wysoka. Widziałam, jak tego dnia dyrygowała chórem w kościele, ale właściwie dotąd się nie poznałyśmy.

Nie byłam na to spotkanie przygotowana i czułam się onieśmielona. Whitney przestrzegła mnie, że jej matka mnie nie polubi, lecz zupełnie się tym nie przejmowałam. Rodzice wszystkich moich znajomych mnie uwielbiali. Mama Bonity bez wahania pozwoliła mi zatrzymać się u niej, kiedy pracowałam w Atlantic City. Matka mojej przyjaciółki ze szkoły średniej, Paulette, cierpiała z powodu migren, a ja kochałam ją tak bardzo, że kładłam dłoń na jej głowie, by przynieść jej ulgę w cierpieniu. Nie wiedziałam, czy to, co robiłam, jakkolwiek uśmierzało ból, ale wierzyłam, że potrafię jej w ten sposób pomóc.

Pani Houston zerknęła na Nip, a po chwili dostrzegła Binę i mnie, siedzące w słabo oświetlonym pomieszczeniu. Jej groźna sylwetka rysowała się podświetlona kontrowym światłem. Obróciła się w naszą stronę i powiedziała do mojej siostry:

– Zdejmij te cholerne nogi z mojej sofy!

To wystarczyło, by sprowokować Binę do płaczu. Nippy uprzedzała mnie, że jej mama jest surowa, ale po tej pierwszej rozmowie uznałam ją po prostu za wredną osobę.

– To Robyn i jej siostra, Bina – powiedziała Whitney, starając się załagodzić sytuację.

– No cóż, nie kładźcie cholernych nóg na mojej sofie – odpowiedziała Cissy.

• • • •

Kiedy pani Houston nie było w pobliżu, spędzałyśmy czas w basenie na tyłach jej domu. Whitney zachowywała się jak szalona, wskakiwała do wody i wyskakiwała z niej, śpiewając:

Oh you make my love come down!*

Ale na ogół trzymałyśmy się z dala od domu. Nip uwielbiała wyprawy nad ocean. Nie przepadałam za wylegiwaniem się na plaży, więc pewnego dnia zasugerowałam,

---

* „Och, sprawiasz, że moja miłość kwitnie" – fragment utworu *Love Come Down* autorstwa Kashifa, nagranego przez Evelyn „Champagne" King i wydanego na albumie *Get Loose* z 1982 roku.

żebyśmy wynajęły łódkę, zamiast jak zwykle smażyć się na słońcu i sporadycznie wskakiwać do wody. Wiosłowałam tak długo, aż się zmęczyłam. Było pięknie i panował błogi spokój. Nie miałyśmy nic innego do roboty jak tylko rozkoszować się łagodnym kołysaniem łodzi. Poprosiłam Whitney, by w drodze powrotnej zmieniła mnie przy wiosłach. Miała tupet, żeby odpowiedzieć:

– Nie, to był twój pomysł, nie zamierzam szarpać się z wiosłami!

Posprzeczałyśmy się, a kiedy usiłowałam przekonać Whitney, by wzięła jedno z wioseł, ona wypuściła je z dłoni, skutkiem czego wysunęło się z dulki i wpadło do wody. Wtedy już darłyśmy się na siebie. Obok nas przepływał mężczyzna w wielkim jachcie żaglowym. Przypatrywał się nam, kręcąc głową, jak gdyby chciał powiedzieć, że jesteśmy zgubione. Patrzyłam, jak się oddala, po czym uzmysłowiłam sobie, że wybuch Nippy dał mi chwilę wytchnienia i posługując się jednym wiosłem ściągnęłam unoszące się na powierzchni wody drugie. Wyłowiłam je i używając już obu, zabrałam nas z powrotem na brzeg.

Stale gdzieś wychodziłyśmy. Whitney zabierała do parku rakietę do tenisa i odbijała piłkę od ściany, a ja trenowałam koszykówkę. Niekiedy włóczyliśmy się z Felicią i Larrym, wpadałyśmy do domu mojej kuzynki Cathy, ale czułyśmy się najlepiej, gdy byłyśmy tylko we dwie.

Rozmawiałyśmy o muzykach, czytałyśmy teksty utworów zamieszczane na okładkach płyt, czasopisma muzyczne, takie jak „Billboard" i „Pollstar". Wynotowywałyśmy informacje o producentach. Analizowałyśmy klaskanie w piosenkach Quincy'ego Jonesa, a Whitney rozprawiała o wokalistach towarzyszących, z którymi chciałaby kiedyś zaśpiewać. Z łatwością rozpoznawałam, którzy muzycy występowali na tym czy innym albumie. Po latach osłuchiwania się z *What's Going On* Marvina Gaye'a, *Body Heat* Quincy'ego Jonesa, *Too Hot to Handle* grupy Heatwave, *Extension of a Man* Donny'ego Hathawaya czy *Miracles* grupy Change, a także słuchania zespołów takich jak MFSB i Love Unlimited z moim bratem, Martym, w towarzystwie Whitney jeszcze bardziej rozwinęłam swoje ucho do muzyki. Kiedy w radiu lub telewizji leciała reklama amerykańskich sił zbrojnych, wiedziałam, że to Luther Vandross śpiewa w niej „w armii możesz się naprawdę spełnić", a w reklamówce Mastercard wykorzystano głos Phyllis Hyman.

• • • •

Oczywiste było, że łączy mnie z Whitney bliska więź. Nie dlatego, że spałyśmy ze sobą i nie krępowała nas nasza nagość. Mogłyśmy sobie powierzać sekrety, uczucia, nas same. Żyłyśmy w przyjaźni. Byłyśmy kochankami. Byłyśmy dla siebie wszystkim. Nie zakochiwałyśmy się w sobie. Po prostu byłyśmy dla siebie nawzajem. Byłyśmy jednością, tak to czułam.

Naszą relację zachowywałyśmy dla siebie, choć obie wierzyłyśmy, że Bóg też był w niej obecny. Jeżeli wierzysz, to po prostu Bóg musi być częścią twojego uczucia. Bezpiecznie ukrywałyśmy nasz związek przed innymi; ale nie mogłyśmy ukryć się przed Nim – kimkolwiek rzeczywiście jest Stwórca. Pomimo naszego rozumienia tego, co religia może twierdzić o naszej miłości, żadna z nas nie miała jakiegokolwiek poczucia winy ani skłonności do osądu; w pełni pochłaniało nas poznawanie siebie. Tak naprawdę tylko to się liczyło.

Czasami chodziłyśmy do hotelu. Zazwyczaj nie mogłyśmy zostać w nim dłużej niż jedną noc, ponieważ nie miałyśmy wystarczająco dużo pieniędzy. Dysponowałyśmy moimi oszczędnościami z okresu pracy w kasynie i honorarium, jakie Nippy otrzymywała za pracę modelki. Nie lubiła świata modelingu, nie znosiła tego, jak ją tam traktowano, ale lubiła pieniądze, jakie zarabiała. Niekiedy jeździłyśmy do Asbury Park i zatrzymywałyśmy w niewielkim hotelu na plaży nieopodal The Stone Pony*, gdzie królował Bruce Springsteen.

• • • •

Łączyła nas relacja typowa dla nastolatek, może z wyjątkiem kokainy.

Pierwszą osobą, która dała mi spróbować tego narkotyku, był znajomy przybranego brata Whitney, Gary'ego. Siedzieliśmy na werandzie ich domu z Garym i jego znajomymi. Wciągali coś. Jeden z nich, Kelly, zapytał mnie, czy już kiedyś próbowałam. Przyznałam, że nie.

– A chcesz spróbować? – rzucił.

Chciałam. Wzięłam kreskę, potem następną, ale nic się nie wydarzyło. Dopiero po pięciu minutach poczułam, jakbym unosiła się ponad schodami.

Kiedy tak płynęłam w powietrzu, Whitney wyszła z domu i spojrzała na mnie z rozbawieniem. Kelly powiedział coś w rodzaju:

– Robyn zrobiło się miło.

Patrzyła na mnie przez chwilę, ale nie powiedziała ani słowa. Pozbieraliśmy się i poszliśmy na spacer wzdłuż torów kolejowych. Tam Whitney wyznała mi, że pierwszy raz spróbowała kokainy, kiedy miała czternaście lat.

---

* Istniejący od 1974 roku słynny klub znajdujący się przy plaży w Asbury Park w New Jersey, będący jedną z najważniejszych scen muzycznych w Stanach Zjednoczonych, znany zwłaszcza ze znakomitych koncertów rockowych (przyp. red.).

Po kilku dniach pierwszy raz wzięłyśmy kokę razem. Kupiłyśmy trochę od starszego faceta – przystojnego i dobrze ubranego, jeżdżącego błękitnym mercedesem. Zdobyłyśmy towar i natychmiast się zmyłyśmy. Tak zawsze robiłyśmy – brałyśmy towar i znikałyśmy. Miałyśmy ograniczone fundusze. Zazwyczaj polegałyśmy na miejscowym chłopaku, który czasem sprzedawał nam trochę marihuany i częstował odrobiną koki.

Któregoś dnia okazało się, że ktoś przywłaszczył sobie zapas narkotyków Nip. Nie po raz pierwszy w domu ginęła jej trawka, koka, pieniądze. Ktoś ją okradał we własnym domu, co było totalnie pochrzanione. Planowałyśmy pojechać na plażę, ale musiałyśmy zmienić plany i wyprawić się do Nowego Jorku.

W autobusie na Manhattan, ni stąd, ni zowąd, Whitney zaproponowała:

– Chodźmy do mojej kuzynki Dee Dee.

Poznałam Dee Dee w domu jej matki Lee Warwick w South Orange. Był tam jeszcze kuzyn Barry, z którym od tamtej pory przez kilka lat włóczyliśmy się, ilekroć przyjeżdżał z wizytą.

Siedzieliśmy wtedy przy kuchennym stole, kiedy Dee Dee wysypała na blat tytoń z jednego z papierosów. Następnie zmieszała go z haszem, włożyła mieszankę z powrotem w opróżniony papieros i skręciła bibułkę na jego koniuszku. Po zapaleniu i sztachnięciu się kilka razy, podała skręta dalej. Nip i ja wzięłyśmy po parę machów. To był mocny towar! Pomyślałam, że trzeba być nałogowym palaczem papierosów, by dobrze znieść taką mieszankę.

Nip wspomniała mi, że Dee Dee ma wielki talent i z łatwością mogłaby zrobić karierę, ale jest na to zbyt szalona. Bywało, że Nippy oglądała ją na scenie, śpiewającą chórki dla Dionne, wyraźnie znudzoną – dąsającą się, fukającą i przewracającą oczami. Wbrew plotkom, Whitney kochała Dee Dee. Wyrażała się z czułością o swojej kuzynce i utrzymywała bliskie relacje z rodziną Warwicków nawet po zdobyciu sławy.

Zapamiętałam Dee Dee jako osobę o swobodnym usposobieniu, szczerym śmiechu i śnieżnobiałych zębach. Była piekielnie dowcipna.

W swoim mieszkaniu na Upper West Side miała przygaszone światła, więc nie widziałam zbyt wiele, ale sprawiała wrażenie kogoś, kto długo nie wychodził z domu. Chociaż zjawiłyśmy się po południu, była ubrana jak do spania – w kremową jedwabną piżamę. Gdy tam siedziałyśmy i rozmawiałyśmy, zapytała nas, czy wyświadczyłybyśmy jej przysługę, przestawiając jej cadillaca na drugi koniec ulicy. Kiedy wróciłyśmy do mieszkania, powiedziałyśmy jej, że za wycieraczką tkwiło co najmniej kilkanaście mandatów.

Wówczas Dee Dee poprosiła nas, byśmy pojechały autem do Jersey i zaparkowały je pod domem Nip. Brzmiało nieźle – byłyśmy zachwycone, że w taki sposób możemy jej pomóc. Ruszyłyśmy więc do East Orange, a kiedy przyciszyłyśmy radio, dosłyszałyśmy dochodzące spod auta odgłosy przypominające dzwonki.

Najwyraźniej ktoś dobrał się do felg i w obracających się kołach poluzowały się śruby. Stały metaliczny szczęk przywodził na myśl sanki Świętego Mikołaja. Wciąż słyszę panią Houston, która odezwała się do nas, gdy tylko weszłyśmy do domu:

– Czyje to auto, do cholery? A wy dwie wyglądacie tak, jakbyście pracowały dla jakiegoś złodziejskiego gangu!

Mało nas to obeszło. Miałyśmy auto! Lub raczej ja miałam, bo Nip nie posiadała prawa jazdy, a kiedy ostatni raz pozwoliłam jej usiąść za kierownicą, wpakowała się na Moście Waszyngtona w tył innego samochodu.

Jeszcze tego dnia pojechałam z Nip do dzielnicy Washington Heights, by wypełnić naszą misję zdobycia narkotyków. Dostanie się tam było łatwe; problemem był bezpieczny powrót z towarem. Z całą pewnością nie wyglądałyśmy jak dziewczyny z Harlemu, więc musiałyśmy uważać, z kim rozmawiamy. Zaparkowałyśmy wóz i wkrótce zjawił się przed nami sympatycznie wyglądający Latynos mniej więcej w naszym wieku, który zaprowadził nas do jednego z budynków. Sprawiał wrażenie opuszczonego, ale dostrzegałyśmy sylwetki czające się w cieniu i postaci wychylające się zza rogu na końcu korytarza. Latynos zaprowadził nas do mieszkania na trzecim piętrze, w którym nieznajomy mężczyzna siedział przy stole przed wagą, lampą i mnóstwem białego proszku. W pobliżu kręciło się jeszcze dwóch innych facetów. Ogarnęłam całą scenę wzrokiem: jakiś szarawy, mglisty obłok wypełnił pomieszczenie, zupełnie jakbyśmy znalazły się w osobliwym martwym polu zawieszonym w czasie, gdzie można byłoby zagubić się i przepaść. Pamiętam, jak przeszło mi przez głowę, że musiałyśmy postradać rozum, że tu przyszłyśmy. Moja mama dostałaby zawału! Ci faceci mogli nas zgwałcić albo zamordować, albo jedno i drugie, ale wówczas myślałam jedynie o tym, że nie byłabym w stanie żyć sama ze sobą, gdyby coś złego przytrafiło się Nip.

Gdy zastanawiałam się, jak wybrnąć z tej sytuacji, kątem oka złowiłam postać Whitney siedzącej w fotelu naprzeciwko dealera i finalizującej transakcję. Wydawała się taka młoda i niewinna. Zebrałam się w sobie i podeszłam, by stanąć obok niej. Wkrótce dała znak do wyjścia i szybko się stamtąd zwinęłyśmy.

Gdy wracałyśmy do samochodu, trzech młodych mężczyzn podeszło do Whitney.

– Ech, mami! Mami, ja cię znam. Chodź tu! – mówili jeden przez drugiego.

W tym czasie Whitney zaczynała występować w ogólnokrajowych kampaniach reklamowych takich produktów, jak płyn do ust Scope. Jej imię i twarz stawały się rozpoznawalne. W tamtym momencie postanowiłam, że jeśli kiedykolwiek znowu wybiorę się gdzieś po narkotyki, zrobię to sama.

Kiedy pojechałyśmy po towar kolejnym razem, oznajmiłam Nip, że pójdę w pojedynkę, a ona zostanie w samochodzie.

– Gdy tylko dotrzemy na miejsce – instruowałam – wyjdę z auta, a ty natychmiast usiądziesz za kierownicą. Jeśli nie wrócę w ciągu dziesięciu minut, odjedziesz, na rogu skręcisz w prawo, a potem jeszcze raz w prawo. Następną przecznicą będzie Broadway, dojdę tam do ciebie.

Zwykle załatwienie sprawy zajmowało około dziesięciu, góra piętnastu minut, a ja czułam się lepiej, wiedząc, że w razie jakichkolwiek kłopotów Whitney będzie bezpieczna na gwarnym i dobrze oświetlonym Broadwayu. Rozmawiałyśmy o tym, że lepiej nie zwracać na siebie uwagi, bo jesteśmy tylko dwiema dziewczynami. Ćwiczyłyśmy też, jak się zachowywać, w razie gdyby ktoś próbował nas zaczepiać. Uznałyśmy, że najlepiej będzie czym prędzej wziąć nogi za pas, mówiąc coś w stylu:

– Mój brat z kumplem czekają za rogiem.

Szczęśliwie nigdy do tego nie doszło – czuwający nad nami aniołowie wyrabiali nadgodziny.

Nie chodziło wyłącznie o narkotyki, ale o to, że dobrze się razem bawiłyśmy. Czasem jednak przeginałyśmy.

– To niezłe cholerstwo – rzuciłam po szczególnie długiej nocy imprezowania w hotelu. – Nie chcę marnować na takie rzeczy całego dnia. Tam, na zewnątrz, życie przepływa obok nas.

– Tam nie dzieje się nic interesującego – orzekła Whitney.

• • • •

Tamtego lata Whitney i ja wybrałyśmy się do klubu gejowskiego, co dla nas obu było kompletnie nowym doświadczeniem. Nie miałam pojęcia, jak do niego trafić, ale jeździłyśmy samochodem tak długo, aż w końcu natrafiłyśmy na odpowiednie miejsce w Asbury Park. Wdrapałyśmy się po drewnianych schodach i weszłyśmy do niedużego lokalu z widokiem na plażę. Wnętrze wyglądało jak zwykła spelunka z boazerią i szafą grającą, ale czułyśmy się w nim swobodnie. Grałyśmy w bilard, słuchałyśmy muzyki – niezmiennie w stylu honky-tonk – tańczyłyśmy, a potem wślizgnęłyśmy się do łazienki, żeby wciągnąć kilka kresek.

Trzymałyśmy się za ręce i tańczyłyśmy na parkiecie w objęciach, a kiedy zaczęłyśmy się całować, wyszłyśmy. Dotarłyśmy do samochodu, ale nie mogłyśmy się doczekać powrotu do hotelu. Zaparkowałam wypożyczone auto nad wodą. Niedługo potem w okno zapukał policjant. Byłyśmy nagie, ale przez zaparowane szyby nie był w stanie zbyt wiele zobaczyć i jedynie kazał nam odjechać.

Whitney nie czuła się dobrze we własnej skórze, ale moim zdaniem była piękna. Zwykłam powtarzać jej:

– Bóg musiał lepić cię starannie, kawałek po kawałku.

Wszystkie części jej ciała były dopasowane tak zgrabnie, że tworzyły zachwycającą całość. Miała szczupłe i kształtne nogi. Drażniłam się z nią, mówiąc, że wyglądają jak kije baseballowe, bo były silne i starannie wyrzeźbione w udach, a łydki pięknie zwężały się aż po szczupłe kostki. Wówczas jej twarz rozpromieniał elektryzujący uśmiech. Nawet kiedy była smutna, ten uśmiech przypominał rozbłysk światła w ciemnym pomieszczeniu.

Zawsze kiedy tak mówiłam, Nip po prostu rzucała:

– Dzięki, Rob.

Albo spoglądała na mnie tak, jakbym powiedziała coś, czego nigdy przedtem nie słyszała, chichotała i dodawała żartem:

– Jesteś szalona, Robyn.

Albo wpatrywała się we mnie z tym słodkim, niewinnym wyrazem twarzy, jaki potrafiła przybrać w dowolnym momencie.

• • • •

Gdy lato chyliło się ku końcowi, szykowałam się do pożegnań i rozpoczęcia nauki na Uniwersytecie Monmouth. Pakowałam się, kiedy zadzwoniła Whitney. Chciała do mnie wpaść. Poczułam ulgę. Najwyraźniej było we mnie coś, co sprawiało, że czuła się ze mną dobrze i pragnęła, bym pozostała częścią jej życia. Niezupełnie jeszcze wiedziałam, na czym mogłaby polegać moja rola, ale byłam przekonana, że ją spełnię – bo bez względu na to, jaka by nie była, zostałam do niej stworzona.

Kiedy już pojechałam na uczelnię, co wieczór rozmawiałyśmy przez telefon, a Whitney kończyła nasze rozmowy wyznaniem:

– Szkoda, że cię tu nie ma.

Larry przyjeżdżał z nią do mnie w odwiedziny. Wciąż była między nami silna więź. Też za nią tęskniłam, lecz musiałam skupić się na studiach i na grze w drużynie.

Mój pokój w akademiku mieścił podwójne piętrowe łóżko pod jedną ścianą i był tak wąski, że jeśli zrobiłam dwa kroki, mogłam dotknąć przeciwległej ściany. Było dość ciasno. Larry przywoził Whitney przed kwalifikacjami i poza sezonem ligowym, ale została na noc tylko kilka razy. Nie miałam samochodu, więc Bonita lub inna koleżanka z drużyny zawoziła nas do sklepu, żebyśmy kupiły sobie coś do jedzenia, a potem spędzałyśmy czas we dwie.

Podczas pobytu w Monmouth nie zażywałam kokainy. Sporadycznie zdarzyło mi się zapalić trawkę z fajki wodnej należącej do jednego z członków męskiej drużyny koszykarskiej, ale to wszystko. Jednak po egzaminach w zimowej sesji ktoś zaczął rozprowadzać małe jasnoniebieskie tabletki. Wzięłam jedną i pamiętam, że potem zadzwoniłam do domu i rozmawiałam z matką, płacząc i śmiejąc się na przemian. Schowałam się gdzieś z jedną dziewczyną, bo podejrzewałyśmy, że koleżanka z drużyny chce nas zabić. Czymkolwiek były te tabletki, nie przypadły mi do gustu.

Moja matka natychmiast skontaktowała się z Whitney i poprosiła ją, żeby się do mnie odezwała. Nie rozumiała, co mi się stało i chciała to wyjaśnić. Whitney kazała mi wrócić do pokoju i zamknąć drzwi. Tak też zrobiłam. Widziałam głowę jakiejś osoby przeciskającą się przez dziurkę od klucza, ale pamiętałam o radzie Whitney, dlatego zacisnęłam powieki i w końcu zasnęłam.

• • • •

W drużynie koszykarskiej weszłam w nowy rytm.

Barbara Rapp z Pleasantville w New Jersey, studentka pierwszego roku równie wysoka jak ja, świetnie panowała nad piłką. Była biała, a grała jak czarna. Rosie Strutz pełniła rolę silnej skrzydłowej – jako miejscowa była oczywistą kandydatką, ale sprawdziła się świetnie. Leworęczna Bonita, lub po prostu „Bo", została rozgrywającą, a jej siostra

Tammy weszła do składu jako zawodniczka rozmieszczana na różnych pozycjach.

Rapp sprawowała się dobrze, ale nie mogła rywalizować o miejsce z Tammy, która była lokalną ulubienicą. To z kolei powodowało, że walczyła ze mną o rolę niskiej skrzydłowej. Musiałam jej pokazać, że mnie nie wygryzie. Lubiłam takie wyzwania, podobnie jak ona, więc ścierałyśmy się ze sobą podczas treningów. Wygrałam tę rywalizację, ale to Rapp okazała się najbardziej wszechstronną zawodniczką. Potrafiła wszystko. W tamtym roku miałyśmy znakomitą drużynę i był to dla nas zwycięski sezon. Wciąż kocham te kobiety.

Wszystko układało się dobrze do dnia, w którym musiałyśmy zagrać przeciwko mojej dawnej uczelni. Denerwowałam się i poprosiłam Whitney, żeby przyszła na mecz i mnie wsparła.

Spotkanie było wyrównane, a jego końcówka zacięta. Bonita i Rapp wyleciały z boiska z powodu fauli i musiałyśmy wprowadzić rozgrywającą, która wcześniej w ogóle nie występowała. Nie zostały nam już żadne przerwy na żądanie i zaledwie kilka sekund gry – dziesięć lub nawet mniej. Po rozegraniu całkiem niezłego meczu czułam się naprawdę pewnie i uznałam, że najlepiej będzie, jeśli przetrzymam piłkę. Ktoś ją przejął i rzucił do mnie, a ja zaczęłam dryblować w stronę kosza. Widziałam Tracey i pozostałe zawodniczki z jej drużyny ustawione w linii obrony na drugiej połowie boiska. Nagle pojawiła się przede mną Dee Dee Phillips z mojej drużyny, wyciągając ręce i prosząc o podanie. Dokładnie tak powinna zachować się rozgrywająca, ale zbyłam ją gestem. Zawahała się przez chwilę, po czym pobiegła. Zerknęłam za zegar i zorientowałam się, że straciłam piłkę, która trafiła w ręce przemykającej obok mnie przeciwniczki. Te dwa łatwo zdobyte punkty przypieczętowały ich zwycięstwo i przesądziły o naszej trudnej do przełknięcia porażce.

Upadłam na parkiet. W sali aż huczało od emocji, a boisko było gorące. Wróciłam do rzeczywistości i poczułam wyczerpanie. Byłyśmy tak blisko sukcesu. Pozbierałam się i podałam dłoń rywalkom, czasem kogoś uściskałam. Zobaczyłam Whitney idącą w moją stronę. Miała na sobie szarobrązową wełnianą sukienkę do kolan i ogromne okulary z brązowymi kwadratowymi oprawkami.

– Tak czy inaczej, to był niezły mecz – uznała. I to by było na tyle.

• • • •

Tej jesieni Whitney rozpoczęła ostatni rok nauki w szkole średniej Mount St. Dominic Academy. Nie była szczęśliwa, że musi tam wrócić, ale jej matka oświadczyła, że nie będzie mogła kontynuować kariery muzycznej, dopóki nie skończy nauki. Whit nie znosiła szkolnej edukacji i noszenia mundurka. Wyleciała ze szkoły w pierwszej klasie, ponieważ opuszczała zajęcia i nie przykładała się do nauki. Codziennie rano wstawała i wkładała mundurek, tak jakby szła do szkoły, ale spędzała znaczną część dnia w lokalu Dunkin' Donuts przy tej samej ulicy. Jedna z jej koleżanek zwykle spotykała ją tam pod koniec dnia. Czasem sprzeczała się z facetem za kontuarem o to, jak najlepiej zrobić truskawkowy koktajl. Jeżeli jej matka była na wyjeździe, nagrywała jakąś sesję albo występowała na Manhattanie, Whitney wracała do domu. Kiedy wreszcie wpakowała się w kłopoty, pan Houston udobruchał dyrekcję szkoły i uprosił, by przyjęli ją z powrotem.

• • • •

Wprawdzie nadal się odwiedzałyśmy, ale znajdowanie czasu tylko dla siebie stawało się coraz trudniejsze, a ponadto potrzebowałyśmy własnego miejsca. Ukrywałyśmy się w hotelowych pokojach, moim akademiku, u niej lub u mnie w domu. Ktoś mógł nas przyłapać i tak właśnie w końcu się stało.

Miałam przerwę w nauce. Robiłyśmy sobie żarty, przytulałyśmy się i rozmawiałyśmy, leżąc w łóżku nago niczym para dorosłych kochanek. Nagle usłyszałam, że ktoś otwiera i zamyka drzwi wejściowe. Nip zerwała się i podbiegła ukryć się za lekko uchylonymi drzwiami w moim pokoju. Odgłosy kroków były coraz wyraźniejsze. Mój pokój znajdował się dokładnie naprzeciw łazienki, a przez szczelinę w drzwiach mogłam zobaczyć, czy ktoś do niej wchodzi czy przechodzi obok. Pośpiesznie podciągnęłam pościel pod szyję, zostawiając odsłoniętą jedynie głowę.

Mama usiadła na toalecie przy otwartych drzwiach. Patrząc na mnie, zapytała, dlaczego jeszcze jestem w łóżku. Jedyne, co przyszło mi do głowy, to stwierdzenie, że nie czułam się dobrze, co zresztą nie było kłamstwem, ponieważ akurat miałam dolegliwości żołądkowe. Wyobraźcie sobie tę scenę: Whitney Elizabeth Houston kryje się za drzwiami taka, jak ją pan Bóg stworzył, a mama spogląda na mnie z toalety. Obraz idealnie podzielony na pół: Whitney w polu widzenia mojego prawego oka, a mama w polu widzenia lewego.

Sytuacja była żenująca, ale musiałam skupić się na mamie, więc nie zauważyła mojego rozbieganego wzroku. Wreszcie mama podniosła się z toalety, spuściła wodę, umyła ręce i zrobiła kilka kroków w stronę mojego pokoju.

Pociłam się i serce waliło mi jak oszalałe. Bardzo się bałam, że to usłyszy. Modliłam się i byłam pewna, że Nip też się modli. Mama stanęła w progu ze wzrokiem utkwionym we mnie, uniosła rękę i lekko pchnęła drzwi. Po czym wycofała się na korytarz i wyszła z domu. Nie trzeba dodawać, że Nip i ja pośpiesznie ubrałyśmy się i zniknęłyśmy na resztę dnia i całą noc. Co mogło się teraz wydarzyć?

Moja mama nie zwykła wprawiać ludzi w zażenowanie, a tym bardziej własnych dzieci. Nie mam pojęcia, dlaczego nie weszła do pokoju ani nawet nie zajrzała za drzwi. Chyba domyśla się, że coś się dzieje, ale obdarzała mnie kredytem zaufania lub szanowała na tyle, by po prostu nie drążyć. Należała do rodziców, którzy ufają dzieciom, a jeśli nawet nie aprobowała określonych zachowań, to uważała, że trzeba pozwolić nam doświadczyć wszystkiego na własnej skórze.

rozdział 4

Lęk separacyjny

Latem 1973 roku nabawiłam się tajemniczej choroby. Niemal co noc na moich stopach, nogach i brzuchu pojawiały się osobliwe obrzęki. Matka zabrała mnie do lekarza, ale nikt nie potrafił rozpoznać, co mi dolega. Tygodnie przeszły w miesiące, a niezdiagnozowane schorzenie objęło całe moje trzynastoletnie ciało i stało się na tyle uciążliwe, że wylądowałam w szpitalu na prawie całe lato. Mama, jedyna żywicielka rodziny, niechętnie zostawiała mnie samą pod opieką szpitalnego personelu. Zaglądała do mnie przed pracą i przynosiła mi gry, karty, książki czy czasopisma – cokolwiek, by pomóc mi przepędzić czas i odciągnąć uwagę od rozdrapywania skóry. Na stronach czasopism odkrywałam świat, który w moim przekonaniu ukazywał mi moją przyszłość: miasta i kraje, do których pojadę, znakomite hotele, w których będę mieszkała, najlepsze auta, którymi będę jeździła i wszelkie wyjątkowe rzeczy, które będę mogła sobie kupić.

– Mamo, kupię ci kiedyś dom w Rio Rancho – mawiałam.
– Ja będę miała camaro lub może firebirda.

Mój brat i siostra nigdy w ten sposób nie mówili. Nigdy nie pragnęli czegoś innego, nie szukali czegoś więcej. Ja owszem. Cały czas.

Moja matka również pragnęła lepszego życia. Rok wcześniej umeblowała nasze nowe, posiadające trzy sypialnie mieszkanie nowiutkimi, nowoczesnymi meblami. Mój ojciec zagracał nasz stary dom używanymi, niedopasowanymi do siebie meblami zdobytymi od krewnych. Mama często nazywała go „człowiekiem spełnionym", bo był zadowolony z tego, co miał, i nie żądał od losu zbyt wiele. Chciałam, żeby ona wiodła lepsze życie, ponieważ naprawdę ciężko pracowała i przeszła piekło. Pewnego razu zapłaciłam sto dwanaście dolarów za szesnastokaratowy złoty naszyjnik z ametystem, jej szczęśliwym kamieniem. Kazała mi go zwrócić. Próbowałam robić jej inne prezenty, ale za każdym razem zmuszała mnie do ich oddawania. Dopiero kiedy zaczęłam jeździć w trasy koncertowe i zarabiać większe pieniądze, przywoziłam jej skórzane torby z Włoch, szaliki Hermès i inne luksusowe wyroby, które z radością przyjmowała.

Tajemnicze obrzmienia w dużej mierze ustąpiły i powracały jedynie sporadycznie, kiedy moja matka jeździła do pracy. Była konsultantką w firmie produkującej sprzęt elektroniczny. Domyślałam się, że przez telefon pytała siedzącego przy mnie Marty'ego, jak się czuję, bo słyszałam, jak odpowiadał:

– Jest spuchnięta.

Mama wkrótce zrezygnowała z pracy konsultantki, by spędzać z nami więcej czasu i poświęcić więcej energii na edukację. Jednocześnie pracowała jako terapeutka w ośrodku leczenia uzależnień narkotykowych oraz w szkole zajmującej się kształceniem dorosłych, gdzie pomagała uczniom w zdaniu matury. Chodziła na zajęcia do Caldwell College, która to uczelnia miała wspólny kampus ze szkołą średnią Mount St. Dominic Academy. Okazuje się, że na wiele lat przedtem, zanim się spotkałyśmy, Whitney i ja często poruszałyśmy się po tych samych orbitach.

Moja mama była mądra i silna. Spoglądając wstecz, nie potrafię pojąć, jak zdołała przebrnąć przez wszystkie burzliwe okresy życia, wychowując nas, a jednocześnie pracując i studiując. Uzyskała tytuł licencjacki w zakresie psychologii w Caldwell College, a potem zdobyła dyplom magisterski w zakresie psychoterapii na Trenton State College. Cieszyła się szacunkiem kolegów, uwielbiali ją uczniowie, a przyjaciele i członkowie rodziny opisywali ją jako anioła.

Była dobrą kobietą, więc nie potrafiłam zrozumieć, dlaczego nigdy nie udało się jej znaleźć przyzwoitego mężczyzny. Niektórzy, z którymi się spotykała, wydawali mi się wyzbyci ambicji albo nie przedstawiali sobą większej wartości; inni byli żonaci. Znałam dekalog i zawarte w nim przykazania jakoś nie odpowiadały temu, co widziałam.

• • • •

W lecie, przed wyjazdem na studia, rok przed spotkaniem Whitney, często jeździłam z koleżankami z drużyny rowerem do Orange. Wieczorami aż do późnej nocy w świetle reflektorów grywałyśmy z dziewczynami z tamtejszej szkoły średniej i zwykle dawałyśmy im wycisk. Kiedy indziej z Val przez wiele godzin grałyśmy same, jedna na jedną. Po tym, jak któregoś razu wróciłam do domu o pierwszej w nocy, mama zakazała mi powrotów po dwudziestej drugiej.

– Mamo, nie pakowałam się w żadne kłopoty – zaprotestowałam. – Nie robiłam nic złego, tylko grałam w kosza.

– To za późno – orzekła. – W koszykówkę gra się w dzień.

Sztywna godzina powrotu do domu nie obowiązywała długo. W końcu nakłoniłam matkę do zmiany zdania, przekonując ją, że jestem bezpieczna.

Wyruszałyśmy w grupie pięciu dziewczyn, ale z czasem się rozdzielałyśmy – trzy z nas skręcały w lewo, a pozostałe dwie w prawo. Nawet gdy byłam sama, wiedziałam, jak trzymać się z dala od kłopotów.

Ta uliczna mądrość towarzyszyła mi również w późniejszych latach, a kiedy związałam się z Whitney, pilnowałam jej w myśl tej samej zasady. Pewnego razu Whitney musiała wrócić ode mnie rowerem prawie o północy, bo nie miałyśmy pieniędzy na taksówkę. Wyznaczyłam jej najbezpieczniejszą trasę, a kiedy bezproblemowo dotarła na miejsce, zadzwoniła do mnie. Została na linii, a ja przeciągnęłam kabel telefoniczny z kuchni do mojego pokoju i zaszyłam się pod kołdrą ze słuchawką. Gadałyśmy do wczesnego świtu. Niespodziewanie telefon zamilkł, więc wystawiłam głowę i zobaczyłam stojącą nade mną matkę z przewodem w dłoni.

– Połączenie przerwane – oznajmiła.

Mówiłam mamie o wszystkim. Kiedy wracała z pracy do domu i chciała się czegoś dowiedzieć, po prostu mnie pytała. Nigdy nie kłamałam, nawet jeśli przysparzało mi to problemów, a przy tym często obrywałam za Binę, która była młodsza i najprawdopodobniej brała ze mnie przykład. Kiedy czułam się przygnębiona, mama mówiła:

– Jesteś piękna, masz silną i wyrazistą osobowość. Powinnaś mieć świadomość, że to może być dla niektórych onieśmielające.

Stosunki Whitney z jej matką wprawiały mnie w zdumienie: były kompletnie odmienne od moich doświadczeń. Tamtego lata, kiedy się poznałyśmy, Whitney zatrudniła się jako opiekunka półkolonijna tylko dlatego, że Cissy uznała, iż jej córka musi nauczyć się odpowiedzialności. Whitney okazała się osobą odpowiedzialną, ale jej brat Michael, który tamtego lata również zatrudnił się jako opiekun, rzadko stawiał się w pracy. Z jakiegoś powodu pozostali opiekunowie kryli go, podpisując za niego listy obecności.

Nie przypominam sobie, by Michaela kiedykolwiek przywoływano w domu do porządku za miganie się od obowiązków, podczas gdy zachowanie Whitney zawsze było brane pod lupę. Nip powiedziała mi, że matka Cissy zmarła, kiedy ta była jeszcze dziewczynką. W drugim roku nauki odeszła ze szkoły średniej South Side High School, a kiedy miała osiemnaście lat, zmarł jej ojciec. Zastanawiam się, czy właśnie dlatego nigdy nie odpuszczała Whitney, bo jej samej przez większość życia też nikt nie dawał taryfy ulgowej.

Kiedy Cissy była w trasie, Whit zostawała pod opieką jej dobrej znajomej, „ciotki Bae". W zabawie towarzyszyły Whitney dzieci ciotki Bae, a nie znajomi ze szkoły. Jej życie zostało zorganizowane wokół prób kościelnego chóru i sesji nagraniowych matki.

Whitney chciała pójść do publicznej szkoły artystycznej Cicely L. Tyson Community School of Performing and Fine Arts, mieszczącej się w jej dzielnicy w East Orange. Próbowała odnaleźć siebie i własne plemię, ale matka uznała, że tamtejsze dziewczyny jej nie polubią i będą wobec niej zawistne.

Do Mount St. Dominic Academy w większości uczęszczała biała młodzież. Pewnego razu Whit została na noc u koleżanki z klasy i kiedy ojciec tej dziewczyny wrócił z pracy, rzucił:

– Co ta czarna robi w moim domu?

Whitney zadzwoniła do matki, żeby po nią przyjechała. Jad tych słów sprawił, że poczuła się okropnie. Stosunek do kwestii rasowych był w tym środowisku niezmienny przez wszystkie lata jej obecności w szkole. W ostatnim roku nauki koleżanka z klasy poprosiła Whitney, żeby zaśpiewała na jej weselu. Z ekscytacją przyjęła tę propozycję, ale rodzice dziewczyny, Amerykanie włoskiego pochodzenia, nie wyrazili na to zgody ze względu na kolor jej skóry.

Dziadek Whitney, John Russell Houston Senior, który zmarł pięć lat przed tym, jak ją poznałam, również nie okazywał wnuczce zbyt wiele miłości. Wolał dzieci swojego drugiego syna, Henry'ego.

– Któregoś dnia byłam w parku i bawiłam się z kuzynami – opowiadała Nip. – Dziadek przyszedł po nas i oznajmił, że zawiezie nas do domu, ale najpierw wstąpimy na lody. Zabrał tylko moich kuzynów, a mnie rozmyślnie zostawił. Po powrocie do domu byłam roztrzęsiona i powiedziałam tacie, co się stało. Wdali się z dziadkiem w taką awanturę, że tata zagroził mu, że go zabije – ciągnęła Nip. – Byłam dzieckiem i nie rozumiałam, dlaczego tak się wobec mnie zachował.

– Teraz rozumiesz? – zapytałam.

– Jasne. Moja skóra była ciemniejsza niż u innych dziewczyn, a włosy nie tak długie.

– A on jakiego koloru miał skórę? – zapytałam.

– Można by ją uznać za białą – odpowiedziała Nip. – Nigdy mnie nie lubił. Był wrednym sukinsynem.

• • • •

Nippy nie mogła się doczekać ukończenia szkoły średniej i angażowała się w naukę minimalnie, byle tylko mieć ją za sobą. Jedynymi zajęciami, o których mówiła, były lekcje religii z siostrą Donną Marie, bo lubiła toczące się na nich dyskusje. Whitney, mocno zakorzeniona w nurcie baptystycznym, czuła, że ma bezpośrednią więź z Bogiem i pomysł spowiedzi ją odrzucał.

– Czemu miałabym zwierzać się z moich problemów jakiemuś facetowi siedzącemu za kratką? – pytała. – Jaki w tym sens?

Szczerze mówiąc, nie miałam pojęcia, jakim cudem Whitney ukończyła tę szkołę. Z jednej strony w nikłym stopniu interesowała się nauką, a z drugiej już wtedy wiedziała, do czego dąży. W tamtych czasach rzadko zdarzało się widzieć ciemnoskórą dziewczynę na okładce czasopisma „Seventeen", ale w 1981 roku Whitney znalazła się na niej obok młodej białej modelki. Zresztą siostry zakonne zaczęły ją potem nazywać „Panną Seventeen".

Robiła tylko tyle, by przebrnąć przez szkołę; nikt jej nie mówił, że nigdy niczego nie osiągnie. Podjęła już decyzję. Nawet przez myśl jej nie przeszło, żeby iść na studia.

– Powrót do szkoły był moim najgorszym koszmarem – twierdziła.

Zgodnie z tradycją obowiązującą w Mount St. Dominic Academy Whitney jako uczennica trzeciej klasy wybrała pierwszoklasistkę Michelle Zakee jako swoją „siostrzyczkę", co oznaczało, że powinna się nią opiekować. Robiła to, niemal codziennie kupując Michelle lunch, i drażniła się z nią przy tym, mówiąc:

– Cholera, dziewczyno, znowu nie masz na jedzenie?

Zostały przyjaciółkami na całe życie.

Matka Michelle woziła obie dziewczyny do szkoły i prawie każdego ranka przed wyjściem z domu Michelle ukradkiem dzwoniła do Whitney. Whit podnosiła słuchawkę i odpowiadała zaspanym szeptem, który brzmiał tak, jakby chciała powiedzieć, że jest martwa dla świata.

– Dziewczyno, jesteś jeszcze w łóżku?! – wołała Michelle. – Będziemy za dziesięć minut.

Cissy nigdy nie pomagała Whitney wyszykować się do szkoły. Wiele lat później Michelle opowiedziała mi, że jej matka udawała obojętność, ale tak naprawdę współczuła Whitney osamotnienia w tych porannych zmaganiach. Co więcej, złościło ją, że kiedy z rzadka to Cissy podwoziła dziewczynki, zawsze przyjeżdżały spóźnione.

• • • •

Odkąd Whitney oświadczyła, że chce poświęcić się śpiewaniu, Cissy zaczęła zabierać ją ze sobą do pracy. Nip spędzała więc młodzieńcze lata w studiu, wśród muzyków, stojąc u boku matki i ucząc się fachu chórzystki. Latem jako nastolatka często jeździła w trasy koncertowe z Dionne Warwick, co stanowiło jeszcze inny element jej edukacji. Miała talent i ziarno już kiełkowało, ale to czas spędzony w studiu i w trasach okazał się czymś w rodzaju przyśpieszonego trybu nauczania.

Whitney jednak nie potrafiła rozmawiać z matką – ani o szkole, ani o swoich uczuciach. Jako najmłodsza z rodzeństwa tylko ona mieszkała jeszcze z rodzicami. Powiedziała mi, że jej przyrodni brat, Gary, miał za sobą krótki epizod gry w NBA, w drużynie Denver Nuggets, ale został usunięty z zespołu i odesłany do domu. Wprawdzie nie znałam żadnego z nich, ale jej brat Michael grał w reprezentacji koszykarskiej Clifford J. Scott High School, gdy też chodziłam do tej szkoły, i trafił potem do drużyny Uniwersytetu Fairleigh Dickinson.

Nippy – córeczka tatusia i oczko w głowie Cissy – była wciągana w przepychanki zwaśnionych rodziców. Kiedy kazali jej się wytłumaczyć ze słabych ocen w pierwszej klasie, z krzykiem dała upust tłumionym przez lata lękom i frustracjom:

– Nienawidzę tkwić tutaj między wami!

Wkrótce potem pan Houston wyprowadził się do mieszkania w północnej części Newark.

Whitney nie radziła sobie z targającymi nią sprzecznymi emocjami dotyczącymi rodziny i czuła, że rodzice zawsze wplątują ją w swoje problemy i dramaty. Kiedy podzieliła się ze mną niektórymi z domowych historii, zasugerowałam jej, by spróbowała ponownie otworzyć się przed matką, tak jak ja otworzyłam się przed moją.

– Nie umiem rozmawiać z matką. Ona wszystko wie najlepiej – odparła sarkastycznie.

– Powinnaś spróbować – poradziłam.

– Za nic nie mogłabym opowiedzieć matce o moich uczuciach.

– To może powinnaś opowiedzieć komuś innemu? – podpowiedziałam i zdradziłam, że kiedy byłam młodsza, moja matka wysyłała mnie do terapeutki.

• • • •

Pewnego razu, jeszcze przed rozwodem moich rodziców, ojciec zjawił się w naszym mieszkaniu. Szukał mamy. Kiedy przekonał się, że nie ma jej w domu, wpadł w szał zazdrości. Krążył samochodem po okolicy i wypatrywał jej, a ja modliłam się, żeby zdołała dotrzeć do domu, zanim ją dopadnie. Brat, siostra i ja wyglądaliśmy przez okno i gdy tylko zobaczyliśmy, że mama się zbliża, krzyknęliśmy do niej z góry, żeby weszła do domu. W chwili, w której zamykała drzwi, zjawił się ojciec i usiłował wtargnąć do środka. Marty całym ciężarem podparł solidne metalowe drzwi od środka i usłyszałam kliknięcie zapadki zamka, ale ojciec zaczął na nie napierać, aż w końcu je wyważył, po czym zaczął wlec matkę przez całe mieszkanie, przystawiając jej młotek do głowy.

– Tato, tak nie można! – krzyczałam, ale on zachowywał się tak, jakby w ogóle mnie nie słyszał.

– Wezwij policję! – poleciła mama Marty'emu. Mój brat złapał aparat telefoniczny, ale ręce tak mu się trzęsły, że nie był w stanie wykręcić numeru. Miał wtedy może trzynaście lat. Wzięłam od niego telefon i zadzwoniłam.

Moja prababcia Alvina Crawford, która mieszkała naprzeciwko, po drugiej stronie podwórza, przyszła do nas i powiedziała:

– Sonny, posunąłeś się za daleko.

Ojciec wreszcie wypuścił moją matkę. Przyjechała policja i kazała mu opuścić mieszkanie, ale go nie aresztowała.

Od tamtej pory zawsze byłam tą, która wkraczała do akcji, kiedy pojawiały się jakieś problemy. Wiedziałam, jak się zachować. Po prostu dorastałam w takich warunkach: zawsze musiałam włożyć palce między drzwi.

Kiedy miałam dwanaście lat, mama załatwiła mi i Marty'emu wyjazd na dwutygodniowy obóz letni. Wszystko brzmiało świetnie: mieliśmy pływać, uprawiać inne sporty i doświadczyć czegoś nowego.

Kiedy wyjeżdżaliśmy spod ratusza w Newark, entuzjastycznie machałam na pożegnanie, ale po dotarciu na miejsce nie chciałam wysiąść z autobusu.

– Skarbie, musisz wyjść – oznajmił kierowca.

Do autobusu weszła opiekunka, która okazała się wyrozumiała i cierpliwa, więc po mniej więcej trzydziestu minutach zdecydowałam się wysiąść. Jednak gdy tylko znalazłam się na ostatnim stopniu, znów zamarłam i nie pozwoliłam zaprowadzić się do obozu.

– Zadzwońcie do mojej matki – zażądałam.

Kiedy już się do niej dodzwonili, zgodziłam się pójść do biura i przez telefon oznajmiłam mamie, że nie chcę tam zostać.

– Robyn, dojazd zajmie mi ponad dwie godziny – odpowiedziała moja mama. – Może spędzisz tam noc i zobaczymy, jak się będziesz czuła rano.

– Mamo, przyjedź po mnie.

Marty był już w części obozu przeznaczonej dla chłopców i nie miał pojęcia, co się dzieje. Za bardzo się zamartwiałam, żeby zostać. Nie wiedziałam, co może się stać mamie pod moją nieobecność.

Po wszystkim mama niepokoiła się, że jestem za bardzo do niej przywiązana i być może poważnie straumatyzowana przez ojca.

Powiedziałam Whitney, że cotygodniowe sesje terapeutyczne, na które chodziłam, okazały się bardzo pomocne, bo pozwoliły mi poczuć się bardziej komfortowo i częściowo wyzbyć lęków. Whitney uznała, że to dobrze, że na nie chodziłam, a potem zamilkła, pogrążając się głęboko we własnych myślach.

• • • •

Podczas wiosennego semestru na trzecim roku studiów napytałam sobie biedy na zajęciach z socjologii. Analizowaliśmy zagadnienia dotyczące przestępczości nieletnich, aresztowań za posiadanie narkotyków, drobnych wykroczeń i badaliśmy współzależność między takimi patologiami a niepełnymi rodzinami. Nie potrafiłam porozumieć się z wykładowczynią, co stanowiło poważne wyzwanie, ponieważ były to kameralne zajęcia z udziałem być może dwunaściorga osób. W jej przekonaniu jeżeli wychowywało się w jakiejkolwiek innej rodzinie niż ta składająca się z dwojga rodziców – a więc nie wpisywało się w „normę" – to należało się do zupełnie odrębnej kategorii. Uważałam, że to nie w porządku w stosunku do tych, którzy nie pasowali do tej normy. Znałam ludzi ze zwyczajnych rodzin z dwojgiem rodziców, którzy w głowach mieli chaos, a także dzieci z niepełnych rodzin, które radziły sobie całkiem dobrze. Najeżałam się wobec takich kategoryzacji i podważałam je, angażując się w otwarte dyskusje na zajęciach.

– Znam to. Chodziłam do szkoły dla białych dzieci i wiem, co się tam wyprawia – mówiłam.

Whitney również opowiadała, że w Mount St. Dominic Academy było więcej prochów niż w całym East Orange. Tam dziewczyny miały pieniądze na kokainę i cokolwiek innego, na co naszła je ochota.

Czułam, że nie pasuję do schematu.

– Takie są statystyki – podkreślała profesorka.

– A kto bierze na serio statystki? – odpowiadałam. – Badacze nie byli w moim domu.

Matka mówiła mi, że mogę stać się, kimkolwiek zechcę, i robić, cokolwiek zechcę, i nikt nie będzie w stanie powstrzymać mnie przed posuwaniem się naprzód – oprócz mnie samej. Ale jednym tchem dodawała:

– Nie bądź głupia, ten świat należy do białych mężczyzn, miej się na baczności.

Nie potrafię wytłumaczyć, dlaczego godziłam się na wprowadzanie do mojego organizmu czegoś, co mu szkodziło. Każdy, kto znał mnie w latach nauki w szkole średniej albo studiów, wie, że nie folgowałam sobie z używkami. Ale sądzę, że w tamtym wczesnym okresie znajomości z Whitney byłam tak bardzo nią zafascynowana, że po prostu dałam się temu ponieść. Wiedziałyśmy, że zażywanie kokainy nie należy do zachowań, którymi powinnyśmy się szczycić, ale wmówiłyśmy sobie – nawet jeżeli tylko w naszych głowach – że pozwalamy sobie na to wyłącznie chwilowo.

Jeśli Whit miała ochotę na rozmowę, to mówiła bardzo dużo i szybko; a kiedy byłam na haju, czułam, że puchnie mi od tego głowa. Zaczynałyśmy spotkanie grą w karty, w uno albo w piki – a takie gry mogły ciągnąć się w nieskończoność. Godzinami rozprawiałyśmy więc na temat muzyki czy Pisma Świętego i zanim się obejrzałam, chciało mi się płakać z frustracji, że ona nie przestaje mówić.

Nadal czytywałam Biblię. Wiedziałam, że musi istnieć coś więcej ponadto, co oferowało życie. Nurtowało mnie, że ludzka egzystencja jest tak zdumiewającą, choć jednocześnie skończoną kreacją. Jako ludzie mieliśmy cieszyć się naszą życiową podróżą, lecz jednoczenie nie przywiązywać się zanadto do nikogo ani do niczego, bo nieuchronnie wszystko musi przeminąć.

Początkowo lubiłam wciągnąć trochę kokainy, ale zjazd po niej zawsze był koszmarny. Nie cierpiałam tego. Czułam się jak wampir uciekający przed dziennym światłem i unikający ludzi. Powrót do siebie zajmował mi kilka dni, a w tym czasie kurczyłam się w sobie, zasychało mi w ustach, mrugałam w niekontrolowany sposób, swędział mnie nos i cierpiałam na bezsenność.

Wiedziałyśmy, że wszystko, o czym rozmawiamy w odniesieniu do show-biznesu, zaczyna się urzeczywistniać. Zgadzałyśmy się, że nie możemy brać kokainy tam, dokąd zmierzamy, choć jeszcze nie byłyśmy gotowe całkowicie się jej wyrzec.

Sądziłam, że zachowujemy kontrolę, ale zażywałyśmy tyle, że pewnego dnia moja mama stwierdziła, że moja twarz nabrała demonicznych kształtów. Najwyraźniej widać było, jak mocno wychudłam.

• • • •

Ukończyłam drugi rok nauki na Uniwersytecie Monmouth i wróciłam do domu na letnie wakacje, w samą porę, by dowiedzieć się, że Nip wybiera się na bal z okazji zakończenia szkoły średniej z przyjacielem rodziny o imieniu Richie. Chłopak był przystojny.

– Nie przejmuj się Richiem, jest gejem – wyjaśniła.

W dzień balu Cissy promieniała i zachwycała się córką, nazywając ją swoją księżniczką. Spędziłyśmy razem trochę czasu i zostałam u niej kilka chwil. Whit wyglądała urokliwie w lawendowo-białej dwuczęściowej sukni do ziemi z szerokimi luźnymi rękawami, przepasanej długą szarfą zawiązaną na kokardę.

Whitney podróżowała na sesje modowe nawet w tak odległe miejsca jak Santo Domingo. Sądziła, że mogłybyśmy mieć więcej czasu dla siebie, gdybyśmy obie zajmowały się modelingiem, więc zaprowadziła mnie na spotkanie ze swoją agentką, która oświadczyła, że może byłaby w stanie załatwić mi pracę na wybiegu w Afryce. To było jednak znacznie dalej niż Republika Dominikany, więc modeling okazał się ślepym zaułkiem.

Tak czy inaczej lepiej dla mnie było trzymać się Nowego Jorku. Ponieważ Nip nie miała jeszcze prawa jazdy, woziłam ją na spotkania modowe, na występy do Sweetwater czy gdziekolwiek chciała. Po przedstawieniach w Sweetwater za kulisy zawsze przychodzili goście. Luther Vandross, Phyllis Hyman, ludzie z branży. Siedziałam w jej przebieralni nieco na uboczu i wszystkiemu się przyglądałam. Cissy zazwyczaj czymś się irytowała: a to perkusista grał zbyt głośno, a to ktoś wręczył Whitney wizytówkę, pomijając przy tym matkę. Whitney zawsze była uprzejma i słodka i na każdego gościa patrzyła tak, jakby naprawdę go słuchała, mimo iż jedyne, czego pragnęła, to przebrać się w T-shirt i dżinsy i wyjść.

Moja matka przychodziła na niektóre z występów. Po jednym z nich jadła kolację przy stoliku niedaleko Cissy i jej znajomych z kościoła, którzy używali słowa na „k" równie często, jak inni ludzie mówią „przepraszam". Mama powiedziała mi, że wychodząc z sali, szepnęła na odchodne:

– I ona uważa się za kobietę pobożną.

Wprawdzie mama nie przepadała za naszymi telefonicznymi maratonami, które trwały do późnej nocy, ale naprawdę lubiła Whitney. Wielokrotnie mówiła, że nie ma pojęcia, jak to możliwe, że stała się tym, kim się stała. Whitney była osobą odpowiedzialną, a jej bracia nie. Kiedy się odzywała, była urzekająca, w przeciwieństwie do swojej matki, która miała niewyparzony język. Whitney darzyła innych szacunkiem i traktowała wszystkich z uprzejmością, miała przyjemne i ujmujące usposobienie.

Pewnego wieczoru za kulisami w Sweetwater facet z branży muzycznej podszedł, żeby pochwalić Whitney i porozmawiać z nami obiema.

– Obie jesteście takie piękne – zagaił.

Wówczas Cissy odrzuciła włosy i obwieściła:

– Nikt nie powinien zwracać uwagi na nikogo poza moim dzieckiem.

Podziękowałyśmy mu za uprzejme słowa, przeprosiłyśmy i wyszłyśmy.

rozdział 5

Przyszłość jest teraz

Jesienią 1982 roku wróciłam na uniwersytet, by ukończyć ostatni rok studiów, jednak w połowie semestru postanowiłam, że muszę przejąć kontrolę nad własną przyszłością – a przyszłość rozpoczęła się decyzją o opuszczeniu uczelni.

Moja drużyna koszykarska zbliżała się do końca regularnego sezonu, wkrótce miały się rozpocząć rozgrywki turniejowe. WNBA[*] jeszcze nie istniało, więc odnosiłam wrażenie, że gra w kosza na uczelni nie prowadzi mnie do niczego sensownego. To była inna epoka, a zdawałam sobie sprawę, że nie nadaję się do pracy trenerskiej. Ponadto odeszła trenerka, która mnie zwerbowała, Joan Martin. Zastąpił ją facet, który stale pokrzykiwał:

– Jestem twoim ojcem! Jestem twoim chłopakiem! Jestem twoim trenerem! Jestem dla ciebie wszystkim!

---

[*] Narodowy Związek Koszykówki Kobiet (Women's National Basketball Association – WNBA).

Wiedziałam, że ma dobre intencje, ale nie czułam, żeby mnie inspirował. Myślami byłam gdzie indziej.

W trakcie jednej z naszych nocnych rozmów zapytałam Nippy, co myśli o tym, żebym rzuciła studia.

– To decyzja, którą musisz podjąć samodzielnie – odrzekła.

Wiedziałam, że tłumi prawdziwe uczucia. Niemal wszystkie wcześniejsze rozmowy telefoniczne zaczynały się i kończyły wyznaniem:

– Szkoda, że cię tu nie ma.

Przemyślałam sprawę i postanowiłam opuścić Uniwersytet Monmouth przed końcem jesiennego semestru. Poinformowałam o tym mamę, która uznała, że jestem niewdzięczna i że nie po to przyznano mi stypendium, bym je teraz wyrzuciła do śmieci. Nie mogłam z tym dyskutować; miała rację. Janet Crawford, która tak ciężko pracowała na awans społeczny, by zapewnić lepsze możliwości dzieciom, pragnęła, żeby chociaż jedno z nich miało dyplom uniwersytecki. Gdy już porozmawiałam z matką, zwołałam po treningu zebranie i powiadomiłam drużynę o swoich planach. Rozegrałyśmy dziewiętnaście meczów i najprawdopodobniej prowadziłam pod względem zdobytych punktów. To była trudna rozmowa.

W końcu powiedziałam o swojej decyzji Whitney.

– Jesteś pewna? – zapytała, ale trudno było jej ukryć ekscytację.

Nikt inny nie rozumiał mojej decyzji, ale w moim przeświadczeniu była ona jak najbardziej sensowna. Wierzyłam w moją przyjaciółkę i w to, co próbowała osiągnąć, więc powrót do domu, by przyłączyć się do niej, był dowodem mojego zaangażowania. Pożegnałam się, spakowałam i opuściłam uczelnię półtora semestru przed uzyskaniem dyplomu.

Oczywiście nie było łatwo. Nip i ja potrzebowałyśmy pieniędzy, a jej sesje modelingu nie przynosiły wystarczająco dużych honorariów, by można się było z nich utrzymać. Woziłam ją na różne lokalne zlecenia, a ona podróżowała np. do St. Barts, by pozować do katalogów. Nie znosiła tego, że świat mody traktował modelki, jak gdyby nie były realnymi osobami. Niekiedy fotografowie i styliści dyskutowali o aranżacji sceny tak, jakby Whitney nie stała tuż obok, i wymieniali nietaktowne i krzywdzące uwagi. Po jednej z sesji Nip wróciła do domu ze łzami w oczach. Jej włosy były w nieładzie i lepiły się od rozmaitych produktów, które nakładano, by dopasować fryzurę do wizji fotografa. Załagodziłam sytuację, powiedziałam, żeby się nie przejmowała, po czym zmywałam stylizującą maź, aż przywróciłam jej włosom naturalną teksturę miękkiej delikatnej bawełny.

Pierwszego ranka po powrocie do domu, mama na mnie naskoczyła.

– Jeśli ja wstaję i idę do pracy, to ty również!

Powiedziałam jej, że pomagam Nip w rozpoczęciu kariery i przypomina to pełnoetatową pracę; że czytam książki takie jak *Droga rzadziej przemierzana** i dużo myślę. Oczywiście mama tego nie kupiła. Ani mój wuj Robert, który dosłownie roześmiał mi się w twarz:

– Sądzisz, że ta dziewczyna zrobi wielką karierę? Dziecko, takie rzeczy przydarzają się tylko w filmach.

---

* Wydana po raz pierwszy w 1978 pod tytułem *The Road Less Traveled* bestsellerowa książka autorstwa psychiatry i neurologa Morgana Scotta Pecka; do dziś jedna z najbardziej poczytnych pozycji na temat rozwoju duchowego; wyd. polskie: M. Scott Peck, *Droga rzadziej przemierzana: nowa psychologia miłości, wartości tradycyjnych i rozwoju duchowego*, tłum. Tomasz Bieroń, Zysk i S-ka, Poznań 2016.

Moja mama tylko się temu przysłuchiwała. Zawsze we mnie wierzyła i przypuszczam, że w głębi serca pragnęła uwierzyć też w marzenie, które dzieliłam z Whitney.

Ale dałam jej także powody do wątpliwości, a ona ich nie przeoczyła. W ciągu tych kilku miesięcy po rzuceniu studiów za często bywałam ogłupiona trawką albo wracałam do domu nieobecna i niedostępna, na kokainowym haju. Często zostawałam na noc poza domem i nawet nie dawałam jej znać przez telefon.

Któregoś ranka, kiedy wstałam, mama czekała na mnie w salonie.

– Robyn, chcę z tobą porozmawiać. Usiądź – oznajmiła łagodnym, ale stanowczym głosem, spoglądając mi prosto w oczy.

Kiedy usiadłam naprzeciwko, zadała mi pytanie:

– Gdzie byłaś zeszłej nocy?

– Wałęsałyśmy się bez celu – odpowiedziałam.

Matka zaczęła mnie dociskać. Przyznałam się, że razem z Whitney popalamy marihuanę, a czasem bierzemy kokainę. Chciała wiedzieć, skąd zdobywamy towar. Wyjaśniłam, że jeździmy w różne miejsca, ale zazwyczaj kupujemy od znajomego faceta w East Orange.

– Jaki jest numer do Cissy?

Kiedy się zawahałam, zaczęła nalegać:

– Wykręć numer.

Zrobiłam, co kazała, licząc na to, że nieśpieszny furkot tarczy telefonu spowolni bieg sprawy.

Siedziałam obok mamy na podłokietniku sofy, wsłuchiwałam się w jej słowa i z każdym z nich coraz mocniej się niepokoiłam. Żałowałam, że nie udało mi się uprzedzić Nippy, i martwiłam się, że wpadła w tarapaty przez mój długi język.

– Cissy, mówi Janet Crawford, matka Robyn. Czy wiesz, co robią te dzieciaki? Robyn twierdzi, że zażywają kokainę i palą marihuanę. Nie winię za nic twojej córki, ponieważ wychowałam dzieci tak, żeby myślały samodzielnie. Ale chcę powiedzieć, że Robyn nie zachowywała się w taki sposób, zanim poznała twoją córkę. Czy masz tego świadomość?

Zapadłam się w sofę. Kiedy mama odłożyła słuchawkę, nie wypowiedziała ani słowa, nawet na mnie nie spojrzała. Podniosła się i wyszła z salonu. Cisza była ogłuszająca.

Później zadzwoniła do mnie Nippy. Spotkałyśmy się, żeby przedyskutować, co się właściwie wydarzyło. Powiedziałam jej, że moja mama dowiedziała się o narkotykach, bo nie miałam jak się wykręcić. Musiałam się przyznać. Dodałam, że najwyższa pora, żebyśmy się ogarnęły i że Janet Crawford nie żartowała! Kilka chwil zajęło mi uprzytomnienie sobie, że Nip nie powiedziała niczego o reakcji Cissy.

W końcu Whitney powoli i głęboko zaciągnęła się papierosem.

– Moja matka ze mną rozmawiała.

Sprawiała wrażenie, jakby zupełnie się tym nie przejęła. I rzeczywiście podchodziła do tego, co się stało, nonszalancko.

Kiedy wróciłam do domu, w salonie na kuchennych krzesłach siedzieli nieznajomi mężczyzna i kobieta. Przedstawili się jako terapeuci doradzający osobom uzależnionym od narkotyków z ośrodka odwykowego, w którym kiedyś pracowała moja matka. Zaproponowali mi, żebym usiadła – w moim własnym domu! Mężczyzna zapytał mnie, co wiem na temat kokainy, skąd biorę narkotyki i czy wiem, co jeszcze zawierają. Ostrzegł mnie, że czasami kokaina zawiera domieszki substancji, które sprawiają, że jej działanie staje się jeszcze groźniejsze. Zbyłam go i stwierdziłam, że wiem o tym i że ufam osobie, która mi ją dostarczała. Wówczas odezwała się kobieta:

– Jak często ją zażywasz?

– Niezbyt często. I niedużo. Ale i tak zamierzam wkrótce całkiem z tym zerwać! – ciągnęłam, żeby nie wyolbrzymiać problemu.

Pamiętam, że podkreśliłam:

– Wierzcie mi, że wiem, co robię.

W ogóle nie potraktowałam tego, co się stało, poważnie. Właściwie śmiałam się i żartowałam na ten temat.

Whitney i ja spędziłyśmy tamtą noc poza naszymi domami.

Kiedy nazajutrz wróciłam i chciałam otworzyć drzwi, mój klucz nie pasował. Mama zmieniła zamki. Wysłała mi wiadomość i chciała mieć pewność, że ją odbiorę. Zawstydziłam się i wiedziałam, że zasłużyłam na to, co dostałam. Zadzwoniłam do mamy i powiedziałam jej, że zdaję sobie sprawę, że ją zawiodłam i że zawiodłam samą siebie. Zapewniłam ją, że nic mi nie będzie i że zatrzymam się gdzieś, żeby się pozbierać.

Nagle stałam się bezdomna. Potrzebowałam jedzenia i noclegu, a przy tym ważne było dla mnie to, żebym poradziła sobie z sytuacją sama. Koniec końców było lato, dzięki czemu wszystko wydawało się bardziej znośne. W każdym razie miałam nadzieję, że takie właśnie będzie.

Udało mi się znaleźć miejsce do spania. Trener drużyny letniej ligi koszykarskiej miał w domu wolny pokój. Nie jadałam tam, tylko spałam, ścieliłam łóżko i się wymykałam. Po mniej więcej tygodniu, może dwóch, zaczęłam sypiać w samochodzie zaparkowanym na tyłach domu Nip. Miała już wówczas prawo jazdy i wmówiła Cissy, że wypożyczone auto należy do niej. Nocami bywało naprawdę chłodno, ale gdy tylko jej matka wychodziła z domu, Nip wołała mnie do środka. Któregoś razu Cissy wyszła z domu i obeszła samochód. Chowałam się pod kocami i leżałam nieruchomo jak kłoda. Udało się. Cudownym sposobem mnie przeoczyła.

Takiego życia włóczęgi nie dało się wieść długo, wybrałam się więc na lotnisko w Newark i złożyłam podanie o pracę. Spędziwszy trzy i pół tygodnia poza domem, przeprosiłam mamę i oświadczyłam, że wzięłam się w garść. Mama z wielką ulgą i łzami w oczach przyjęła mnie z powrotem. Nie wracała do tematu narkotyków. Kilka dni później dostałam ofertę z Piedmont Airlines i wkrótce z radością rozpoczęłam pracę na stanowisku bileterki. Podpisałam kontrakt na sześć miesięcy, pracowałam na niepełnym etacie na porannej zmianie, zaczynałam o czwartej i kończyłam o dziesiątej.

Podobała mi się codzienna rutyna i obowiązki, ale poranna zmiana była bardzo wymagająca. Nie miałam własnego samochodu, a to oznaczało, że musiałam wyjść z domu o trzeciej i odbyć nieprzyjemny spacer aż do ulicy, z której mogłam się zabrać do pracy z koleżanką. Walczyłam sama ze sobą, żeby po robocie mieć jeszcze trochę siły dla Nip, dla której przecież zdecydowałam się rzucić studia i wrócić do domu.

Jeśli chodzi o czas na rozrywki, to byłyśmy tak zajęte, że czułyśmy się szczęśliwe, kiedy udawało się nam znaleźć wolny dzień. Ale gdy zdarzała się chwila przestoju, Whitney pytała mnie:

– Masz ochotę na trochę? – i zdobywałyśmy gram lub dwa. Choć żadna z nas nie wyraziła tego wprost, konfrontacja, jaką przeprowadziła moja matka, wywarła na nas wpływ i nasze priorytety się zmieniły. W większym stopniu skupiałyśmy się na naszym marzeniu i na tym, czego mogłyśmy dokonać. Whitney często mawiała:

– Tam, dokąd zmierzamy, nie możemy wziąć ze sobą kokainy.

Byłam gotowa na usamodzielnienie się, ale nie zarabiałam na lotnisku wystarczająco dużo. Whitney i ja czekałyśmy, aż nasze matki wyjdą do pracy, i jechałyśmy taksówką z jednego końca East Orange na drugi, wskakiwałyśmy do łóżka i sporządzałyśmy listę piosenek, które Whitney chciała nagrać. Brała swojego walkmana, odtwarzała *Breakin' Away*, *All Fly Home* czy *This Time* Ala Jarreau i śpiewała je nuta po nucie ze słuchawkami na uszach. Gestykulowała, chodziła tam i z powrotem, kiwała głową z lewa na prawo, zupełnie jakby stała przed publicznością.

Prowadziłam dziennik, żeby któregoś dnia, kiedy Whitney Houston będzie już sławna, móc spojrzeć wstecz i przypomnieć:

– No dobrze, a pamiętasz, jak powiedziałaś, że jest taka piosenka, którą chcesz nagrać?

Dokładnie tak powstała jej wersja *I'm Every Woman*. Whitney zawsze miała pomysły, ale to ja musiałam o nich przypominać i starać się o ich realizację. W takich chwilach czułyśmy się sobie bliższe niż kiedykolwiek.

• • • •

Whitney dzięki rekomendacji Dionne podpisała kontrakt z agencją menedżerską Tara Productions. W ekipie było trzech mężczyzn: Gene Harvey, Seymour Flick i Steve Gittelman. Ojciec Steve'a, Daniel Gittelman, był właścicielem firmy. Wokół Whitney robił się coraz większy szum. Valerie Simpson z duetu Ashford and Simpson zobaczyła Whitney występującą u boku matki w Sweetwater i zadzwoniła do Quincy'ego Jonesa, by mu obwieścić, że musi zatrudnić córkę Cissy Houston. Ale Quincy odparł, że ma już artystkę, z którą współpracuje: Patti Austin, której nagrania Whitney uwielbiała i których słuchała bez przerwy. Wydawczyni Deirdre O'Hara wielokrotnie sugerowała, by Gerry Griffith z wytwórni płytowej Arista poszedł posłuchać Whitney. W końcu to zrobił i był pod ogromnym wrażeniem. Zadzwonił do Deirdre, by przyznać jej rację, a potem poradził swojemu szefowi, Clive'owi Davisowi, żeby natychmiast zatrudnił Whit. Zorganizował specjalne przesłuchanie, tak by Clive mógł zobaczyć Whitney w klubie Bottom Line.

Równocześnie Bruce Lundvall, prezes Elektra Records, zjawił się na innym przesłuchaniu i również zaczął zabiegać o Whitney. W istocie jej jedynym nagraniem solo przed podpisaniem kontraktu płytowego był utwór *Memories*, który znalazł się na płycie grupy Material grającej jazz fusion (album *One Down* nagrany w 1982 roku dla Elektra Records). Założycielem tego zespołu, jego frontmanem i zarazem producentem był basista Bill Laswell, który czerpał z najrozmaitszych źródeł muzycznych – od awangardy przez funk aż po world music. Wybitny saksofonista tenorowy Archie Shepp również udzielał się na tym albumie. Zanim Whitney w ogóle weszła do kabiny nagraniowej i otworzyła usta, Bill Laswell powiedział Gene'owi Harveyowi, że jest nieodpowiednia do tego nagrania – być może uznał, że jest za młoda, by odpowiednio zinterpretować utwór. Atmosfera zrobiła się napięta, aż w końcu Gene uparł się, że skoro już znaleźli się na miejscu, Whit powinna przynajmniej dostać szansę zaprezentowania swojego wokalu.

Po premierze *Memories* Robert Christgau, krytyk z czasopisma „Village Voice", uznał tę piosenkę za „jedną z najwspanialszych ballad, jakie słyszał".

Clive przyszedł na drugie przesłuchanie. Usiadł przy stoliku w pierwszym rzędzie z dwiema lub trzema innymi osobami i po prostu przyglądał się Nip z twarzą pozbawioną wyrazu, ale wybijał rytm stopą. Kiedy skończyła, wstał i wyszedł bez słowa. Dopiero kiedy Gerry poinformował go, że nagrała piosenkę dla Elektra Records, zjawił się niezwłocznie, by podpisać z nią kontrakt. W tym samym czasie zadzwonili ludzie z Aristy i Whitney stanęła wobec przełomowej decyzji: podpisać kontrakt z Aristą czy z Elektrą? Jej matka i menager chcieli, żeby wybrała Clive'a.

Dużo rozmawiałyśmy z Whitney o muzycznej „stajni" Clive'a, w której znajdowały się tak wybitne osobistości jak Phyllis Hyman, Barry Manilow, Dionne i Aretha. Arista była „kuźnią legend" i Whitney postanowiła związać się z nimi. Ale gdyby Quincy zasiadł przy stole, sądzę, że poszłyby za nim.

W końcu osiągnęła to, na co tak ciężko pracowała.

– Podpisałam dzisiaj umowę. Czas zabrać się do roboty.

W jej głosie słyszałam ulgę, a także dumę, ale Whitney nie należała do ludzi skłonnych do chełpienia się i przesadnego ekscytowania.

– Dokonałaś tego – powiedziałam.

– Teraz trzeba znaleźć producentów.

Wkrótce potem Whitney wpadła do mieszkania mojej matki i obwieściła, że ma dla mnie prezent. Włożyła mi w dłonie pudełko, w którym znajdowała się szaroniebieska Biblia. Powiedziała, że nie powinnyśmy więcej się ze sobą kochać, bo to jeszcze bardziej utrudniłoby naszą podróż. Dodała też, że pewnego dnia chciałaby mieć dzieci, a prowadzenie takiego życia jak nasze oznaczało, że trafimy do piekła.

– Wiesz, co nas łączyło – zaznaczyła Whitney. – Wiesz, co do ciebie czuję. I tego nie stracimy nigdy.

Odpowiedziałam jej, że ja również nie chcę pójść do piekła. Ale jednocześnie wiedziałam, że gdyby Whitney postanowiła kontynuować nasz związek, to zgodziłabym się na to. Whitney była osobą, którą chciałam kochać. Nie miałam żadnego powodu, by z tego zrezygnować. Tamtego dnia wcale mnie aż tak bardzo nie zaskoczyła; w ostatnim czasie rozmawiałyśmy o tym, jak nasza relacja mogłaby wpłynąć na jej karierę. Już wtedy odczuwałyśmy presję. Ludzie wiedzieli, że jesteśmy blisko i zaczynali o nas wypytywać. Łączyła nas taka więź, że potrafiłyśmy się porozumiewać bez słów.

– Jeśli ludzie się dowiedzą, nigdy nie dadzą nam spokoju – mówiła.

Wiedziałam, jak naszą miłość oceniają Biblia i Kościół, ale mimo wszystko kochałam Whitney. Miłość, jaką ją darzyłam, była prawdziwa i bezwarunkowa, przepełniona tak wielką mocą, że zakończenie naszej relacji intymnej nie wydawało nam się aż tak wielką stratą.

• • • •

Po tej rozmowie z Whitney jedyną rzeczą, która uległa zmianie, była intymna bliskość fizyczna. Pozostałyśmy najlepszymi przyjaciółkami i towarzyszkami i nadal byłyśmy dla siebie oparciem na każdej innej płaszczyźnie.

Zaczęłyśmy przeglądać gazety i znalazłyśmy niedawno wybudowane osiedle mieszkalne niedaleko Woodbridge w New Jersey, na południe od East Orange. Kompleks mieszkaniowy 705 Woodbridge Commons Way w Iselin sprawiał wrażenie miejsca bezpiecznego i zapewniał łatwy dostęp do restauracji, sklepów i drogi międzystanowej nr 1. Wiodła stąd prosta droga do lotniska w Newark i do autostrady prowadzącej do Nowego Jorku.

Moja matka martwiła się, czy zdołamy same o siebie zadbać. Wiedziała, że nasze umiejętności kulinarne były znacznie poniżej przeciętnej. Ale nie należała do osób, które stawałyby innym na przeszkodzie, więc w dzień przeprowadzki podarowała nam puszkę mielonki i kilka innych konserw oraz przekazała własne przepisy, życząc nam wszystkiego dobrego.

Następnie pojechałyśmy do domu Whitney po jej rzeczy. Jej matka unikała nas do chwili, aż wsiadłyśmy do samochodu. Kiedy uruchomiłam silnik, Cissy wyszła na frontową werandę. Uniosła w dłoni pewien przedmiot do higieny intymnej i zawołała:

– Nie zapomnij swojej lewatywy!

Kiedy odjechałyśmy, Nip się rozpłakała. Ja jedynie wyprowadzałam się z domu, ona ze swojego uciekała.

Wprowadziłyśmy się do mieszkania na parterze w gustownym miętowo-zielonym budynku, z kortami do tenisa znajdującymi się bezpośrednio za naszymi drzwiami na patio. Mieszkanie miało wystarczającą powierzchnię i dobry układ pomieszczeń: kuchnia, salon, dwie sypialnie i łazienka. Każda z nas miała własny pokój. Często spałam w jej łóżku, bo zwykle tam spędzałyśmy czas. A jeśli byłyśmy na haju, nie lubiłam zostawiać jej samej. Nie chciałam, by coś się jej stało, a przebywanie razem wydawało się bezpieczniejsze.

Umeblowanie i wyposażenie mieszkania było podstawowe. Miałyśmy podwójne łóżka typu *queen size* na cokołach z surowego drewna sosnowego z szufladami pod spodem, deskę do prasowania i jedną lichą lampę podłogową, którą przenosiłyśmy z pomieszczenia do pomieszczenia. Zdołałyśmy odłożyć dość pieniędzy, by kupić zastawę stołową i garnki z miejscowego sklepu ze sprzętem AGD, a także nasz wielki kosztowny zestaw muzyczny – gramofon Technics, wzmacniacz Hafler i parę naprawdę dobrych głośników.

Przed nami było wiele do zrobienia – Nip miała marzenie, a ja zamierzałam pomóc w jego spełnieniu.

Biblia, którą od niej dostałam, leżała u wezgłowia mojego łóżka. Aby pojednać się z Bogiem i uhonorować naszą wzajemną miłość, dałyśmy świadectwo naszych uczuć na końcowych stronicach tej księgi. Każda z nas napisała na jednej stronie o naszej miłości i przysięgła, że zawsze będziemy wobec siebie uczciwe i lojalne oraz że zostawiamy przeszłość za sobą. Podpisałyśmy te wyznania 13 lutego 1982 roku. Wiedziałyśmy, że Bóg rozumie, co czujemy, i że łączy nas więź, której nikt nie jest zdolny naruszyć. To był nasz sekret, który dodatkowo nas zespalał.

Jeszcze w tym samym roku Whitney weszła do studia na nagranie swojego drugiego utworu solowego. Wystąpiła gościnnie na płycie *Paul Jabara & Friends* w balladzie pod tytułem *Eternal Love*. Tego dnia poznałyśmy Marthę Wash i Izorę Armstead, duet początkowo znany jako Two Tons O' Fun. Te zażywne śpiewające mamuśki, znane później jako The Weather Girls, nagrywały akurat swój superhit *It's Raining Men*, który znajduje się na tym samym albumie.

rozdział 6

Nobody Loves Me Like You Do

23 czerwca 1983 roku, mniej więcej po roku wspólnego mieszkania, siedziałam w naszym salonie przed telewizorem i czekałam, aż Whitney Elizabeth Houston pojawi się w programie *The Merv Griffin Show*. Clive Davis tkwił zrelaksowany na sofie Merva, jak gdyby był dobrym znajomym, który wpadł z wizytą, i rozprawiał o tym, jak „odkrył" Nippy. Do tamtego momentu spotkałam Clive'a raz czy dwa w Sweetwater. Sprowadzał tam ludzi z branży, by słuchali, jak Whitney śpiewa – co było częścią jego wielkiego planu. Chciał narobić szumu i przedstawić Whit jako swoje kolejne wielkie „odkrycie". Był wobec mnie serdeczny, ale doskonale dostrzegałam, że skupiał się przede wszystkim na tym, by przekuć jej debiut w sukces komercyjny.

W tamtym okresie, jeśli na tyle lubiłam jakichś artystów, by kupić ich album, a nie tylko singiel, studiowałam grafikę na okładce, logo, a także informacje o tym, kto pracował przy produkcji płyty. Z tego względu znałam już artystów Clive'a. Wśród nich było wiele popularnych kobiet: Phyllis

Hyman, Angela Bofill, Aretha Franklin i lokalna ulubienica (i zarazem kuzynka Whitney), Dionne Warwick. W moim przekonaniu całkiem słuszne było określanie tej wytwórni mianem „kuźni legend". W odróżnieniu od większości dyrektorów muzycznych Clive był bardzo medialny, a jego nazwisko kojarzono z takimi sławami jak Janis Joplin, Barry Manilow, Bruce Springsteen, Sly & the Family Stone, Earth, Wind & Fire, Patti Smith, The Grateful Dead – można by wymieniać w nieskończoność. Sukcesy, jakie odnosił we wszystkich gatunkach muzycznych, umocniły jego reputację „człowieka o złotych uszach".

Widziałam już Clive'a w akcji, gdy swobodnie rozmawiał z ludźmi po tym, jak zobaczyli, co potrafiła Nip. Nie powinnam więc się dziwić, że brylował na sofie Merva. Jako urodzony promotor Clive wiedział, jak przeciągać grę wstępną i rozbudzać oczekiwania, lecz w tamtym momencie doprowadzał mnie do szaleństwa. Chciałam, żeby się pośpieszył, tak by wreszcie Whitney przejęła pałeczkę!

W końcu Merv przedstawił Whitney, która dosłownie błyszczała; była niemalże tak słodka jak w wieczór swojego balu na zakończenie szkoły. Olśniewała w fioletowym topie z odkrytymi ramionami i bufiastymi rękawami, a długa czarna spódnica i buty na wysokich obcasach nadawały jej wygląd jeszcze bardziej posągowy niż zwykle. Przypatrując się jej, czułam presję, jaka na niej ciążyła. Stojąc przy mikrofonie, pocierając dłonie i klaszcząc w sposób przywodzący mi na myśl mnie i moją matkę, wydawała się nieco zdenerwowana. Ale gdy tylko zaczęła śpiewać utwór *Home* z musicalu *The Wiz*, jej ciało się zrelaksowało, głos poszybował, a słowa zabrzmiały mocno. Jakimś cudem zdołała sprawić, że jej śpiew wypadł lekko i naturalnie. W ogóle się nie wysilała. Nie widziałam publiczności, ale z panującej ciszy mogłam wnosić, że zauroczyła słuchaczy. Śpiewała z pełnym przekonaniem:

And I've learned
That we must look inside our hearts
To find a world full of love
Like yours
Like mine
Like home**.

Wyśpiewała słowo *home* pod koniec piosenki jako długą, przeciągniętą nutę. Większość wokalistek na tym by poprzestała, ale Nip dodała jeszcze vibrato.

Kiedy Merv odszedł kilka kroków od sofy, Clive i Whitney uściskali się, celebrując moment wspólnego zwycięstwa.

– Nie zapomnicie tego nazwiska – obwieścił Merv. – Whitney Houston.

Merv Griffin ponownie zaprosił Nippy na scenę na zakończenie show, teraz jednak razem z jej matką. Wspólnie odśpiewały mieszankę piosenek z off-broadwayowskiego musicalu *Taking My Turn*, w którym występowała Cissy. W tym duecie Whit ustępowała miejsca matce, hamując się, dając z siebie tylko tyle, ile wymagały utwory i pozostając w tle, podczas gdy matka wysunęła się na pierwszy plan.

Kiedy Nippy wróciła do domu, przytuliłam ją mocno i nalegałam, żeby opowiedziała mi wszystko.

– Wiem, że widziałaś, jak moja matka kieruje orkiestrą – rzuciła.

---

* „I nauczyłam się / Że musimy spoglądać w swoje serca / By odnaleźć świat pełen miłości / Taki jak twój / Taki jak mój / Taki jak dom".

– To była ona? – Zaśmiałam się. Miała rację. Potrafiłam wyczuć, że tempo było za wolne, a potem ujrzałam jakąś postać, która zjawiła się przed zespołem muzycznym, poruszając rękoma w górę i w dół, gdy tempo wzrastało.

Whitney uważała, że orkiestra nazbyt rozwlekała *Home*, więc Cissy zaczęła dyrygować, by muzycy przyśpieszyli i dzięki temu Whitney mogła wejść we właściwy rytm. Czasem, myśląc o Nip z wczesnych lat, przeszukuję internet, by odnaleźć tamten występ. Rzeczywiście na nagraniu można zobaczyć Cissy poruszającą rękoma w górę i w dół za opalizująco niebieską kurtyną, która przesłania orkiestrę.

• • • •

Choć sprawy układały się coraz lepiej dla Whitney i jej muzyki, miniony rok był ciężki dla mnie i mojej rodziny, a zwłaszcza dla Marty'ego. Poprzedniego lata miał wypadek samochodowy.

Zaciągnął się do wojska i stacjonował w Bazie Sił Powietrznych Seymour Johnson w Goldsboro w Karolinie Północnej, gdzie zajmował się załadunkiem bomb do samolotów. Wracał do domu z imprezy urodzinowej jakiejś nastolatki. Jechał fiatem hatchbackiem razem z mieszkającymi w okolicy trzema kobietami, które siedziały ściśnięte między jego sprzętem DJ-skim. Zatrzymał się na skrzyżowaniu i powoli ruszył, starając się zobaczyć coś za przesłaniającymi widok łodygami kukurydzy. Wychylając się, wjechał ostrożnie na skrzyżowanie, na którym nagle pojawił się rozpędzony samochód prowadzony przez pijanego kierowcę. Punkt uderzenia znajdował się w pobliżu zawiasów drzwi kierowcy. Drzwi otworzyły się szeroko, a Marty wyrzucony z samochodu poturbował się, wielokrotnie uderzając o ziemię.

Kiedy Whitney i ja wróciłyśmy z całodziennej wyprawy do Atlantic City i dowiedziałyśmy się o wypadku, moja matka pojechała już na lotnisko. Wzięłyśmy sto dolarów, zatankowałyśmy samochód, zabrałyśmy Binę i pomknęłyśmy prosto do Karoliny Północnej, zaopatrzone w zapas soku pomarańczowego i marihuany.

W czasie tej podróży poświęciłam wiele czasu na rozmyślanie, jak daleko zaszedł Marty od czasów naszego dzieciństwa. Zawsze był dla mnie inspiracją. Był najstarszym spośród trojga dzieci Crawfordów i panem domu. Kiedy dorastałam, nikt nigdy nie dręczył mnie z powodu mojego upodobania do strojów sportowych i biegania z chłopakami, ale niekiedy ktoś mnie pytał:

– Co słychać u twojego brata?

Nie interesował go sport, mimo iż potrafiłby prześcignąć wszystkich w zabawie w berka, nawet mając na sobie ciężki płaszcz.

– Interesuje go tylko muzyka – odpowiadałam.

– Jesteś twardsza niż on – to była powszechna obserwacja.

Marty był artystą i performerem. Dogadywał się z moją siostrą, przebierał ją w rozmaite kostiumy. Jednym z nich była jego koszula przypominająca sukienkę, którą przewiązywał w pasie krawatem, a strój ten uzupełniał odpowiednimi rajstopami. Przerabiał moje najlepsze spodnie treningowe, by były bardziej dopasowane, po czym zakładał je i szedł na tańce. Dziewczyny go uwielbiały, bo był przystojny, dżentelmeński, umiał flirtować, ale nie umawiał się na randki.

Mama go adorowała i rozpieszczała, podobnie jak wszystkie jej znajome, ale okazało się, że to uwielbienie działa jak miecz obosieczny. Kiedy Marty wyraźnie demonstrował, że nie jest taki jak inni chłopcy, wina spadała na nią: co zrobiła niewłaściwie – czy chodziło o to, że ubierała go w sztruksy, zamiast w dżinsy? W szczególności mój tata chętnie podsuwał rozmaite wyjaśnienia: Marty za dużo czasu spędzał w towarzystwie kobiet albo był zanadto rozpieszczany przez mamę.

Próba naprawienia tej sytuacji podejmowana przez tatę sprowadzała się do wykrzykiwania Marty'emu prosto w twarz:

– Kto jest szefem – ja czy twoja matka?

Marty zwykle potulnie odpowiadał:

– Ty, tato – a gdy tylko wypowiadał te słowa, tata uderzał go w pierś albo wyzywał od śmieci. Mój tata był przewrażliwiony na punkcie homoseksualizmu, ponieważ jego starszy brat był gejem. Kiedy sporadycznie odwiedzaliśmy wujka Dickeya w jego domu, ojciec z przyjemnością brał od niego talerz domowych wypieków. Ewidentnie darzył starszego brata miłością, ale nie był zdolny do wykazania tej samej tolerancji i wyrozumiałości wobec syna, który nie spełniał jego oczekiwań.

Wprawdzie byłam do niego podobna, ale ojciec nigdy nie nazywał mnie chłopczycą. Moja matka zawsze mawiała, że jestem z Crawfordów. Miałam po ojcu wygląd, atletyczną sylwetkę i naturalną skłonność do rywalizacji, natomiast delikatny i artystyczny Marty oraz spokojna i mądra Bina odziedziczyli cechy po matce.

Kiedy mama zabrała nas od ojca, Marty rozkwitł. Był przystojny i miał duże, smutne oczy. Wszystkie kobiety go lubiły. Otrzymał muzyczne stypendium na Uniwersytecie Rolniczym i Mechanicznym na Florydzie za dokonania w orkiestrze. Ale niedługo po wyjeździe na studia zachorował: wraz z grupą innych studentów nabawił się wirusowego zapalenia wątroby typu B. Marty przekonywał nas, że to wskutek korzystania z brudnych naczyń. Niedługo potem rzucił studia i wrócił do domu, skarżąc się na surowe traktowanie nowicjuszy w orkiestrze.

– Tłuką nas kijem – wyznał.

Nie mówił zbyt wiele o swoich przeżyciach podczas krótkiego pobytu na uczelni, a przynajmniej nie zwierzał się mnie, ale wiedziałam, że ma za sobą bolesne doświadczenia.

Kiedy dotarłyśmy do szpitala, skierowałyśmy się do izby przyjęć. Whitney była spokojna i trzymała mnie za rękę.

– Cokolwiek się wydarzy, będę z tobą – zapewniła.

Zastałam mamę siedzącą w poczekalni i widziałam, że na nasz widok poczuła ulgę. Zaprowadziła nas do sali Marty'ego, mówiąc, że doznał poważnych obrażeń zewnętrznych i wewnętrznych i znajduje się w stanie śpiączki. Początkowo trafił do szpitala, w którym nie było oddziału neurologicznego i przetransportowano go śmigłowcem do Pitt County Memorial Hospital, gdzie nie wykryto oznak uszkodzeń mózgu.

Zebrałam się na odwagę i weszłam do jego sali. Trudno było patrzeć na mojego brata w takim stanie. Płuca mu się zapadły, był posiniaczony i opuchnięty, miał złamaną rękę i szczękę, połamane żebra; z obu stron tułowia miał podpięte rurki; zaschnięte, krwawe plamy pokrywały jego twarz i resztę ciała. Lekarze musieli dokonać rekonstrukcji nosa. Ale pomimo tych obrażeń Marty wyglądał tak, jakby emanował życiem – jego skóra miała dziwny różowy poblask! W tamtej chwili najzwyczajniej wiedziałam, że z tego wyjdzie. I to właśnie powiedziałam. Matka zadzwoniła do ojca i zasugerowała mu, żeby przyjechał z Karoliny Północnej i zobaczył się z synem. Zjawił się na jeden dzień. Mama ulokowała nas w hotelu. Po kilku dniach wróciły z Biną do domu, a ja z Whitney zostałyśmy na tydzień. Pojechałyśmy na jakiś czas do domu i ponownie wróciłyśmy do Marty'ego.

W tym czasie Marty został przeniesiony do szpitala marynarki wojennej w Portsmouth w Wirginii. Minęło około trzech tygodni, a on wciąż pozostawał w śpiączce. Po kilku kolejnych dniach zadzwoniłam do domu i obwieściłam mamie, że nazajutrz, w środę, Marty zostanie wybudzony, co rzeczywiście się stało. Zapytałyśmy go, czy czegoś mu trzeba.

– Cheeseburgera i koktajlu truskawkowego – odpowiedział.

Miał zadrutowaną szczękę, ale pozostawiono mu niewielki otwór, wystarczający, by zmieścić w nim słomkę, dlatego odpowiedziałam:

– Nie wydaje mi się, żebyś zdołał zjeść cheeseburgera, ale koktajl możemy dla ciebie zdobyć.

Wymagał rehabilitacji motorycznej i ledwie był w stanie chodzić. Stopniowo odzyskiwał siły, aż któregoś dnia Whitney wywiozła go na wózku poza teren szpitalny. Znalazłyśmy przyjemne miejsce z pięknym widokiem na wodę i uraczyłyśmy go jointem z trawką.

Sześć tygodni po wypadku Marty wracał do zdrowia w salonie mojej matki. Dużo pisał w dzienniku. Odczuwał frustrację i złość, ale nie miałam pojęcia, co się za nimi kryło. Matka ponownie zadzwoniła do ojca, by poinformować go, że Marty jest w domu i został zwolniony ze służby w siłach powietrznych. Chciała go również prosić o pomoc, gdyż poniosła ogromne wydatki związane z pobytami w hotelu i podróżami. Dennis Crawford nie zwrócił jej ani centa.

– Nawet w nagłym wypadku nie ma z niego żadnego pożytku – mruknęła mama i poszła do swojego pokoju.

Kiedy zniknęła nam z oczu, Marty wyrzucił z siebie:

– A Robyn sprawdza się tylko w kryzysach.

Zdumiona aż przystanęłam, oczekując, że wytłumaczy, co miał na myśli. Nie zrobił tego, więc sama przerwałam milczenie, dzieląc się własnymi obawami.

– Myślisz, że Whitney i ja nadal będziemy razem, kiedy ona zdobędzie sławę? – zapytałam.

– Prawdopodobnie do tego czasu zdąży się tobą znudzić – rzucił.

Widział, jak się kiedyś całowałyśmy, ale nigdy o tym nie rozmawialiśmy. Nasze liczne wyprawy do Karoliny Północnej i wspólne mieszkanie świadczyły o tym, że byłyśmy ze sobą blisko. Jego słowa zdumiały mnie i zabolały, ale pobrzmiewały w nich również zazdrość i złośliwość. Nigdy nie widziałam przy Martym nikogo, kto troszczyłby się o niego tak, jak Whitney troszczyła się o mnie.

Po powrocie do zdrowia Marty wrócił do Bazy Sił Powietrznych Seymour Johnson, gdzie z powodu odniesionych obrażeń nie mógł już zajmować się załadunkiem bomb. Przydzielono mu funkcję kierownika „warsztatu narzędziowego". Ta nowa posada pozwoliła mu utrzymać kontakt z załogą lotników, do której niegdyś należał. Marty podchodził bardzo skrupulatnie do pracy w narzędziowni, instruując personel, by starannie czyścić wszystkie sprzęty przed zwróceniem ich na właściwe miejsce.

W jego dwudzieste szóste urodziny postanowiłyśmy z Nippy złożyć mu niespodziewaną wizytę. Chciałyśmy wspólnie z nim świętować.

Niespodzianki zawsze cieszyły Marty'ego, a po tym, co przeszedł zasługiwał na odrobinę przyjemności. Nie uwierzył, kiedy zadzwoniłyśmy i oznajmiłyśmy, że jesteśmy na miejscu, ale po opisaniu szczegółów, jakie mamy przed oczami, zaśmiał się i zadzwonił na wartownię. Zawsze był ciekawy naszych pomysłów i uznawał Whitney i mnie za całkiem zabawne. Przezywał nas „Nippy i Nappy!"*.

Spędziłyśmy czas wesoło. Poznałyśmy niektórych jego kolegów lotników i innych znajomych. Przez weekend Nippy przywiązała się do bezpańskiej kotki rasy angora, którą przygarnął Marty. Kotka, zaledwie kilkutygodniowa, nazywała się Misty. Marty karmił ją z małej plastikowej butelki ze smoczkiem. Nip nie spała w nocy i przez cały następny dzień, nosząc ją na rękach i karmiąc. Kiedy przyszedł czas wyjazdu, zapytała Marty'ego, czy możemy zabrać Misty. Oczywiście się zgodził.

Postanowiłyśmy zwrócić wypożyczony samochód w Karolinie Północnej i wrócić do domu samolotem. Ponieważ wciąż pracowałam w Piedmont Airlines, udało mi się załatwić miejsce na dostawce, musiałyśmy pokryć jedynie koszt biletu Whitney. Nippy ukryła Misty w torbie i zajmowała się nią jak małym dzieckiem. W trakcie lotu odkryłyśmy, że Misty jest zapchlona, więc Nip owinęła ją szczelnie przydziałowym kocem dla pasażerów, a potem zostawiła ten koc ekipie sprzątającej. (Wiem – straszne!).

Kiedy dotarłyśmy do domu, musiałyśmy wymyślić, jak pozbyć się pcheł Misty, które błyskawicznie rozłaziły się po całym mieszkaniu. (To była kara za to, co zrobiłyśmy w samolocie!). Miałyśmy wykładzinę od ściany do ściany i widziałyśmy tu i ówdzie na jasnoszarej tkaninie drobne czarne punkciki. Siadałam na kanapie i zauważyłam je na moich białych skarpetkach, czułam, jak gryzą mnie w kostki, ramiona, szyję. Nip siedziała na podłodze z Misty na kolanach, wyłuskując z jej futerka pchły jedna po drugiej

---

* Oba słowa w slangu amerykańskim mają wiele znaczeń: *nippy* znaczy m.in. „psotna", „krnąbrna", ale też „sarkastyczna", „kąśliwa", natomiast *nappy* znaczy m.in. „narowista", „zakręcona", ale też np. „upojona".

i rozgniatając je między kciukiem i paznokciem palca wskazującego.

Nippy kochała tę kotkę, ja również, ale po tygodniu miałam już dosyć pcheł. Któregoś dnia, gdy Nip siedziała z Misty, znów wyłapując je i zabijając, poczułam, jak jedna z nich gryzie mnie w rękę i zobaczyłam, że kilka kolejnych wspina się po mojej koszuli.

– Ja już dłużej nie mogę! – krzyknęłam. – Musimy coś z tym zrobić. Tego już za wiele! Albo zniknie stąd ten kot, albo ja!

Whitney z całkowitym spokojem podniosła wzrok i powiedziała:

– No to pakuj swoje graty.

Naprawdę kochała swoją Misty. Ostatecznie zabrałyśmy ją do weterynarza, gdzie dowiedziałyśmy się, że tak naprawdę jest kotkiem, więc przemianowałyśmy go na MisteBlu.

• • • •

Niedługo po programie Merva Griffina zadzwonił Clive i przekazał, że Jermaine Jackson chce nagrać coś z Whitney. Najwidoczniej Clive pokazał mu nagranie wideo z jej występu. Nippy ekscytowała się współpracą z Jacksonem. Sądziłam, że początkowo to Dick Rudolph (mąż i współpracownik Minnie Riperton aż do jej śmierci w 1979 roku) był przymierzany do roli producenta pierwszego albumu Whitney, ale umowa nie doszła do skutku, więc ostatecznie zastąpił go Jermaine. Kiedy Whitney przekazała mi tę wiadomość, uznałam, że to nie ma sensu, bo Jermaine Jackson nigdy nie produkowała nikogo tak obiecującego jak Whitney Houston. Ale co ja mogłam wiedzieć? To był Jackson; a ona była nową twarzą w branży. Szefowie Aristy uważali, że zapewnią jej świetny start do kariery, jeśli skojarzą ją z szanowanym muzykiem. Posłali ją więc do Los Angeles i zaplanowali dla niej nagranie kilku duetów.

Nie było jej przez półtora tygodnia, a ten czas dłużył mi się niemiłosiernie. Byłam sama, towarzyszył mi tylko MisteBlu, który przesiadywał ze mną na kanapie przez całą noc, podczas gdy ja wyczekiwałam na dzwonek telefonu. Od razu potrafiłam wyczuć, że działo się tam coś więcej niż tylko praca przy sesjach nagraniowych. Podczas naszych rozmów Nip w ogóle nie była skoncentrowana na sobie ani na swojej karierze – w każdej rozmowie powtarzała, że „Ji to, Ji tamto". Niemal wcale nie pytała mnie, co słychać w domu, a kiedy już to robiła, zadawała jedynie zdawkowe pytania, po których wracałyśmy do rozmowy kręcącej się wokół Ji. Kilka razy zadzwoniła ze studia, żeby puścić mi to, co nagrali, lecz ja skupiałam uwagę wyłącznie na ich śmiechach i szeptach w tle.

Czułam, że nie powinnam do niej dzwonić, mimo iż miałam numery telefonu do studia i do hotelu. Nie chciałam budzić jej za wcześnie ani przeszkadzać jej w czymkolwiek. Kilka razy zadzwoniłam w porze, w której w moim przekonaniu powinna szykować się do rozpoczęcia dnia. Odbierała i pośpiesznie oznajmiała, że właśnie wychodzi do studia i oddzwoni, gdy już dotrze na miejsce. Oczywiście odzywała się dopiero po dobrych kilku godzinach.

Whitney powiedziała, że zawsze będzie przy mnie i że mnie potrzebuje, a ja jej wierzyłam. Sądziłam, że obie czujemy podobnie. Teraz zaś odnosiłam wrażenie, że ją tracę.

Leżałam w ciemnościach na podłodze naszego salonu, pozwalając, by łzy spływały mi po policzkach. Czułam się samotna.

Po powrocie Whitney stwierdziła, że jej zdaniem głos Jermaine'a brzmi lepiej niż głos jego brata Michaela.

Przywiozła mi do przesłuchania trzy piosenki: *Nobody Loves Me Like You Do*, *If You Say My Eyes Are Beautiful* i *Don't Look Any Further*. Były całkiem niezłe, choć umiejętnościami wokalnymi Jermaine w żaden sposób nie dorównywał Nippy, zwłaszcza w moim ulubionym utworze: *Don't Look Any Further*. Głos Whitney wysuwał się na pierwszy plan, zupełnie jakby znajdowała się już w samolocie pędzącym po pasie startowym, a Jermaine tkwił jeszcze przy bramce na lotnisku.

– Dziewczyno, zniszczysz sobie struny głosowe, jeśli będziesz tak śpiewała – powiedział jej Jermaine. Zdecydował też, by nie umieszczać tego duetu na własnej płycie. Ostatecznie piosenka *Don't Look Any Further* została przejęta, nagrana i wydana przez Dennisa Edwardsa z The Temptations z udziałem Siedah Garrett.

Tydzień lub dwa po podróży Nip do Los Angeles pojechałam z nią do Aristy na spotkanie z szefami działów i personelem. Miałyśmy do załatwienia szereg spraw związanych z działalnością artystyczną. Kiedy w pewnej chwili wypłynęło nazwisko Jermaine'a, jeden z dyrektorów wytwórni odciągnął mnie na bok i oświadczył mi, że Jermaine nie chce, żeby Whitney odcinała kupony od jego sławy. „Może o tym tylko pomarzyć!" – pomyślałam. Dopiero co ogłoszono długo wyczekiwaną trasę koncertową The Victory Tour[*] z 1984 roku i najwyraźniej Jermaine w owym czasie czuł się przepojony mocą Jacksonów.

W domu, pomimo dystansu emocjonalnego, nadal potrafiłyśmy rozmawiać do białego rana, a ja niekiedy

---

[*] Ostatnia wspólna trasa koncertowa grupy The Jacksons towarzysząca wydaniu albumu *Victory* i trwająca od lipca do września 1984 roku. Był to szczyt popularności zespołu. Od tamtej pory Michael Jackson występował już na koncertach solo.

zasypiałam obok Whitney w jej łóżku. Ona jednak nigdy nie sypiała w moim pokoju, a jeśli zastała ją w nim późna noc, rozbudzała się na tyle, by chwiejnym krokiem wrócić do własnej sypialni. Zraniła mnie jej nowo nawiązana znajomość i odczuwałam zawód, że nie rozmawiała ze mną o niej. Przecież to był Jackson! Nie byle kto! Czyż nie zwierzałyśmy się sobie ze wszystkiego? Sądziłam, że wzajemna szczerość ma nadrzędne znaczenie w naszej relacji. Potrafiłam żyć bez romantycznego zaangażowania, ale miałam kłopot, gdy mierzyłam się z dzielącymi nas murami, a te rosły coraz wyżej.

• • • •

Po jednym z występów w Sweetwater Whitney przebrała się w zwyczajne ubranie i właśnie zakładała buty, kiedy do szatni wpadł znajomy Cissy. W trakcie rozmowy Nip posłała mi wymowne spojrzenie, dając do zrozumienia, że chciałaby się stamtąd wyrwać.

– Och, potraficie się porozumiewać bez słów? – zapytał mężczyzna. Whitney i ja popatrzyłyśmy po sobie, przyznając się do winy.

– To dobrze – orzekł. – Słuchajcie, dziewczyny, wszystko będzie dobrze. Musicie tylko uważać na trzy „M": mężczyzn, małżeństwo, marihuanę.

Wybuchłyśmy śmiechem i podziękowałyśmy mu za radę.

Wtedy wydawało się to zabawne, ale teraz pierwsze „M" stawało się realnym problemem. Dopóki zachowywałyśmy wobec siebie lojalność, zawodowa relacja Whitney z mężczyznami zupełnie mi nie przeszkadzała, ale kiedy postanowiła nie rozmawiać ze mną o relacji z Jermaine'em, zmuszając mnie do snucia domysłów i podejrzeń, zaczęłam czuć się tak, jakby wcale nie łączyła nas prawdziwa przyjaźń. Ponadto martwiłam się, że nie mogę nakłonić jej do wyjścia z domu dokądkolwiek poza klubem, gdyż wolała tkwić w swoim pokoju, wyczekując na telefon. Zupełnie jakby całkowicie zatraciła samą siebie i muzykę, i mnie. Usiłowałam postawić się w jej sytuacji, ale nie umiałam. Podkreślała, że mamy stanowić zespół, ale odnosiłam odmienne wrażenie.

Zdawałam sobie sprawę, że przeżywam trudny czas, ale najwidoczniej nie miałam pełnej świadomości, jak bardzo. Któregoś popołudnia, kiedy Whitney siedziała za kierownicą i jechałyśmy autostradą, zadałam jej jakieś pytanie, na które odpowiedziała absolutnym milczeniem. Nagle, nie zastanawiając się nad tym, co robię, machnęłam prawą ręką w kierunku jej głowy, usiłując ją uderzyć. Whitney podniosła łokieć, żeby się osłonić, ale moja ręką trafiła ją w ramię. Szarpnęła kierownicę i autem mocno zachybotało. Tracisz panowanie, upomniałam się w myślach. A potem powiedziałam na głos:

– Przepraszam. Zatrzymaj się, wrócę do domu pieszo.

Whitney spytała mnie, czy jestem tego pewna, po czym zawróciła i dotarła do pasa awaryjnego niedaleko stacji benzynowej. Wahała się, czy odjechać, ale nakazałam jej gestem, by to zrobiła. Nie chcę być źle zrozumiana! Whitney za cholerę się to nie spodobało, co pokazywał dobitnie wyraz jej twarzy. Czułam się okropnie, byłam roztrzęsiona z powodu utraty kontroli i potrzebowałam spędzić trochę czasu sama ze sobą.

To, co zrobiłam, było nie tylko niewłaściwe, ale i niebezpieczne. Pędziłyśmy trzypasmową autostradą, Whitney jechała środkowym pasem, ale szczęśliwie obok nas nie było żadnego auta. Znajdowałyśmy się ponad grubo kilometr od naszego domu, co dawało mi trochę czasu na rozmyślanie w czasie marszu. Nigdy wcześniej w podobny sposób nie puściły mi nerwy. Nawet na boisku koszykarskim nigdy nie uderzyłam nikogo, jeśli dopuścił się nieczystego zagrania.

Zanim dotarłam do domu, wiedziałam już, że najwyższa pora się wytłumaczyć, odsłonić, wyznać, jak bolesnych uczuć doświadczałam, kiedy ona przebywała w Los Angeles, a także podkreślić, jak bardzo zdystansowana i nieobecna pozostawała od chwili swojego powrotu.

Weszłam do pokoju Whitney i padłam na łóżko obok niej, ponownie ją przepraszając. Byłam szczera, zapewniając, że potrafię wyczuć, że sypiali ze sobą, ale jestem gotowa przez to przejść mimo bólu. Aż walnęłam prosto z mostu i poprosiłam, żeby opowiedziała mi, co się dzieje w jej głowie i co się wydarzyło w Los Angeles. Zaczęła nieśpiesznie relacjonować swoje pierwsze spotkanie z Jermaine'em. Wyznał jej, że ma obsesję na punkcie jej piękna i jest oczarowany jej głosem. Z pomocą dobrego znajomego, Marcusa, trzykrotnie wymknęli się razem do hotelu.

Kiedy skończyła, nie byłam w stanie wydusić z siebie słowa; moje emocje sięgnęły zenitu. Nie powiedziała mi niczego, czego bym nie podejrzewała, ale to, że wolała mi niczego nie mówić, a przez to zmusiła mnie do wyciągania z niej tych informacji siłą, dotkliwie mnie zabolało. Aż do tamtej chwili Whitney angażowała mnie we wszystkie swoje plany i marzenia. Teraz nie była już tą samą osobą. Cały entuzjazm, z jakim podchodziła do rozwoju kariery, zastąpiła jej nowa fiksacja na punkcie Ji.

Wstałam, poszłam do swojego pokoju i zaczęłam rzucać rzeczami o ściany, wywracać meble: łóżko, komodę, wszystko, co mi wpadło w ręce. Przestałam, gdy całkiem opadłam z sił. W pokoju panował kompletny chaos, a kiedy podniosłam wzrok, ujrzałam stojącą w progu Whitney.

Nasze spojrzenia się spotkały, a ona powiedziała cichym głosem:

– A teraz to posprzątaj.

Zdrzemnęłam się, a potem poskładałam wszystko z powrotem.

Wydawało się sensowne, że kiedyś zaczniemy spotykać się z innymi ludźmi, ale ta historia z Jermaine'em bolała mnie jak diabli. Musiałam znaleźć sposób, by emocjonalnie się z nią uporać. Zanim poszłam spać, obiecałam sobie, że sama również odnajdę miłość i zdobędę się na własne przygody.

W następnym tygodniu odebrałam telefon od Jermaine'a, który zawsze mówił tym swoim niskim, miękkim Jacksonowskim głosem.

– Chciałbym mówić z Whitney – rzucił.

– Cześć, Jermaine – odpowiedziałam. – Poczekaj.

Jego „chciałbym mówić z Whitney" brzmiało nieco serdeczniej niż „chciałabym mówić z córką" Cissy, ale w obu przypadkach takie przywitanie mnie mroziło. Kiedy Nip z nim rozmawiała, słyszałam, jak zmienia się tembr jej głosu. Wypowiadała słowa tonem poufności niegdyś zastrzeżonym dla mnie. Ale nie przysłuchiwałam się ich rozmowom. To byłoby żałosne, więc nie naruszałam prywatności Nippy.

Teraz zaś Whitney wprowadzała mnie w kolejne szczegóły tej historii: Jermain twierdził, że jest nieszczęśliwy w małżeństwie z Hazel Gordy, zamierza się rozwieść i wkrótce będzie wolnym człowiekiem.

– Nippy, i to właśnie ci wmawia? – zapytałam. Miałam tego dość i byłam wściekła. Oto jeden z braci Jacksonów wykorzystywał talent Whitney, by ożywić własną karierę, jednocześnie mieszając jej w głowie i zdradzając żonę.

Usiłowałam dać Whitney do zrozumienia, jak bardzo stała się rozkojarzona, a wszystko tylko dlatego, że facet nie potrafił dobrze śpiewać, nie umiał wyprodukować niczego wybitnego i nie mógł utrzymać swojego penisa na wodzy. Sądziłam, że powinna zrozumieć swoją sytuację i dostrzec, jaki wpływ wywierała na nią (i na mnie). Ale Whitney była zauroczona i nie sposób było przemówić jej do rozsądku.

Jedyne, na co narzekała, to jego włosy: coś jakby zaczesane do tyłu, ulizane afro. Nigdy wcześniej nie widziałam niczego podobnego.

– Kiedy dotykam jego włosów, są twarde jak skała! – mówiła Whitney.

Wszyscy Jacksonowie odeszli od swoich charakterystycznych fryzur na rzecz loków typu „jheri" lub dłuższych, prostowanych włosów. Kiedy Nip zapytała Jermaine'a, czego używa do pielęgnacji włosów, odparł, że jakiegoś preparatu, który podarował mu brat, Michael. To jej najwyraźniej nie zniechęciło.

– No cóż, więc chyba powinieneś przestać używać tego, co dał ci Michael! – odparowała.

Kiedy zadzwonił następnym razem, starałam się zachować zimną krew i byłam jeszcze milsza:

– Cześć, Jermaine. Jak się miewasz? Już ci ją daję.

Przekazałam słuchawkę Nip, ale on poprosił, żeby z powrotem dała mnie do telefonu.

– Kocham twoją przyjaciółkę – obwieścił.

– Naprawdę? – rzuciłam. – Myślę, że jeszcze się o tym przekonamy – dodałam i zwróciłam słuchawkę Whitney.

Kilka miesięcy później wykonali razem *Nobody Loves Me Like You Do* w popularnej operze mydlanej *As the World Turns*. Whitney miała nieco za mocno umalowane oczy, ale poza tym była przepiękna jak zawsze. Krótko przystrzyżone włosy uwydatniały rysy jej twarzy. Każdy inny widz zapewne myślał, że spojrzenia, jakie posyłała Jermaine'owi, stanowią element emocjonalnej interpretacji dokonywanej przez utalentowaną piosenkarkę. To prawda, że Whitney miała niezrównaną zdolność przekładania uczuć na piosenki, ale doskonale znałam te spojrzenia i wiedziałam, że tym razem nie gra. Jermaine starał się zachować zimną krew, jednak szczere uczucia Whitney – podobnie jak jej głos – przesłoniły jego występ. Znalazłam pewne pocieszenie w tym, że swoim śpiewem zamiotła go pod dywan. Potem jednak musieli wykonać utwór z playbacku na planie serialu i, Boże dopomóż, z trudem znosiłam ten proces, przypatrując się kolejnym ujęciom powtarzanym aż do skutku.

Nigdzie się nie wybierałam, ale stało się jasne, że muszę chronić własne uczucia. Od czasu rozmowy o zakończeniu naszej intymnej relacji musiałam zrozumieć, że faceci nie będą jej dawać spokoju, że być może wyjdzie za mąż i będzie miała dzieci – co potrafiłam sobie wyobrazić – ale nie umiałam przewidzieć, że przyglądanie się temu z pozycji świadkini będzie dla mnie okrutnym ciężarem. Próbowałam skupiać się na sobie i odzywać się do swoich znajomych z drużyny koszykarskiej i ze studiów, a także spędzać więcej czasu z rodziną.

Jakoś pomiędzy schyłkiem roku 1984 a połową roku 1985, kiedy Whitney była w trasie promocyjnej z Genem Harveyem, z okazji urodzin Marty'ego wybrałam się razem z jego przyjacielem Robertem na tańce do Paradise Garage w Nowym Jorku. Tuż przed wejściem do klubu każde z nas łyknęło tabletkę meskaliny – dla mnie był to pierwszy raz. Kiedy już znaleźliśmy się w środku, muzyka zrobiła się bardzo głośna, serce waliło mi jak oszalałe, tłukąc się do rytmu. Mój brat nachylił się do mnie, by powiedzieć, że razem z przyjacielem idą na parkiet, a kiedy się oddalili, zdawało mi się, iż ulegli dezintegracji, zupełnie jak gdyby ktoś powiedział:

– Teleportuj mnie, Scotty.

Przysiadłam na stopniu. Czułam się przytłoczona, skonfundowana i zagubiona – jakbym znalazła się w jakimś tunelu.

Nagle usłyszałam, jak ktoś do mnie woła:

– Robyn? Robyn Crawford?

To była Flo, rozgrywająca w nowojorskiej drużynie letniej ligi koszykówki i znajoma mojej przyjaciółki Valerie.

– Robyn – westchnęła. – Jesteś naćpana, prawda?

Starałam się wyjaśnić Flo, że byłam z bratem do momentu jego dezintegracji.

– Jak on wygląda? – spytała.

– Tak jak ja – odparłam.

Nie było to zbyt pomocne, ale Flo obiecała, że zostanie ze mną do chwili, aż go znajdziemy. Zabrała mnie na taras na dachu, żebym złapała oddech świeżego powietrza, i trochę mi się polepszyło. Nie mam pojęcia, jak długo tam siedziałyśmy, ale kiedy Marty mnie odnalazł, był już biały dzień.

Po powrocie do domu nakarmiłam MisteBlu, a kiedy kot jadł, brzmiało to tak, jakby miał w miseczce umieszczony mikrofon. Położyłam się do łóżka i modliłam się do Boga:

– Jeśli taka jest twoja wola, Panie, pomóż mi przez to przejść, a ja już nigdy nie zażyję meskaliny.

• • • •

Latem 1984 roku The Jacksons mieli w końcu wystąpić w Madison Square Garden. Kiedy Jermaine przyjechał do Nowego Jorku, powiedział Whitney, że zdobył dla niej bilety. Nawet ja zaczęłam się ekscytować. Wprawdzie wołałam Michaela, ale jednak dorastałam w uwielbieniu wszystkich Jacksonów – łącznie z Tito – a teraz moja Whit zadawała się z jednym z nich! I miałyśmy wybrać się na spotkanie z Jacksonami, by zobaczyć ich z bliska i poznać osobiście!

Ale mijały terminy kolejnych koncertów, Jermaine się nie odezwał, a my nigdy nie poszłyśmy na ich występ. Rozmowy telefoniczne z Ji stawały się coraz rzadsze, aż w końcu całkiem ustały. Whitney nie wiedziała, co powiedzieć, a i ja nie miałam pojęcia. Starałam się poprawić jej nastrój, podkreślając, że zamartwiała się z powodu niewłaściwego Jacksona. Koniec końców większość dziewczyn miała na ścianach plakaty Michaela, nie Jermaine'a. Do diabła, nawet ona przyznawała, że w dzieciństwie marzyła o poślubieniu kiedyś Michaela.

– Jesteś kompletnie szalona, Robyn!

Roześmiała się, mimo że nie żartowałam.

W następny weekend Whitney postanowiła polecieć na Antiguę. Byłam w domu, kiedy zadzwonił Jermaine.

– Whitney?

– Nie ma jej – odpowiedziałam.

– Nie? – zapytał. – Zostawiła jakiś numer?

– Jasne – odparłam. – Ale nie mówiła mi, że mogę ci go przekazać.

Kiedy zerwali, Whitney zaczęła wysyłać mi sprzeczne sygnały, szczególnie kiedy odnosiła wrażenie, że i ja mogę nawiązać jakiś romans. Gdy jest się zatrudnionym na część etatu w liniach lotniczych, trzeba przepracować trochę czasu na różnych stanowiskach, by zakwalifikować się do pracy pełnoetatowej. Wtedy akurat pracowałam w dziale operacyjnym, gdzie ładowałam i wyładowywałam bagaże, jeździłam wózkami między samolotami a podajnikami taśmowymi, a także naprowadzałam na właściwe miejsce samoloty parkujące na płycie postojowej lotniska. Pewnego wieczoru zainteresował się mną jeden z pilotów Piedmont Airlines. Kierowałam jego samolot do miejsca weekendowego postoju.

Kiedy ekipa naziemna rozładowała maszynę i wróciłam do budynku lotniska, jeden z koordynatorów powiedział mi, że kapitan chce zamienić ze mną kilka słów. Był sympatycznym mężczyzną o ciemnobrązowej karnacji, zapewne trzydziestokilkuletnim, i zrobił na mnie bardzo dobre wrażenie. Powiedział, że mieszka w Greensboro w Karolinie Północnej i zatrzymał się na weekend w hotelu nieopodal lotniska w Newark. Zaprosił mnie, żebym wpadła coś przekąsić. Hm. Zaczęłam się zastanawiać. Może to dobra sposobność, żebym zrobiła coś dla siebie? A może nie? Przekonamy się. Wzięłam od niego numer telefonu i powiedziałam, że zadzwonię. Mając w pamięci Jermaine'a, zdecydowałam, że jeśli złożę mu wizytę, jedno z pierwszych pytań będzie brzmiało: „Czy jesteś żonaty?".

Nazajurz Nippy odpoczywała w naszym mieszkaniu, kiedy uprzedziłam ją, że po zmianie być może wpadnę do hotelu na spotkanie z pilotem, którego poznałam na lotnisku. Rzuciła zdawkowe „okej" i wkrótce potem wyszłam. Zadzwoniłam do niego z lobby i spytałam o numer pokoju. Nie miałam powodu, by się go obawiać, zwłaszcza że dałam mu jasno do zrozumienia, iż inni ludzie wiedzą o moich odwiedzinach, a pozostali członkowie załogi też zatrzymali się w tym samym miejscu. W każdym razie okazało się, że jest żonaty i ma dwójkę dzieci, więc oświadczyłam mu, że mam zasadę, by nie wiązać się z żonatymi mężczyznami. Rozumiał mnie i zapewnił, że lubi moje towarzystwo. Chciałam wyjść i zasugerowałam, żebyśmy wybrali się na przejażdżkę, ale wylądowaliśmy na niezobowiązującej wspólnej kolacji. Z restauracji zadzwoniłam do Nippy i powiedziałam jej, że może wpadniemy do naszego mieszkania. Sprawiała wrażenie, jakby zupełnie jej to nie obchodziło.

Gdy znaleźliśmy się w domu, poszłam do kuchni po drinka i zawołałam Nippy, a ta zjawiła się w podłym nastroju, który natychmiast wypełnił całe pomieszczenie. Łypnęła na pilota, rzuciła mu sztywne „cześć", po czym lekceważąco machnęła ręką, obróciła się na pięcie i wróciła do siebie. Ja i mój gość spojrzeliśmy po sobie z takim samym wyrazem osłupienia. Pośpiesznie wyszliśmy. Pośmialiśmy się trochę, kiedy zapytał mnie, dlaczego moja współlokatorka jest taka wredna. Odpowiedziałam, że tak naprawdę wcale wredna nie jest i najwyraźniej była bardzo zmęczona.

Wróciliśmy do hotelu, gdzie poprosił mnie, żebym została i obejrzała z nim film.

– Chętnie zostanę na godzinę, ale potem muszę wyjść – zastrzegłam.

Zbierałam się do wyjścia, kiedy poprosił mnie o pocałunek, na co przystałam. Zanim zamknęłam za sobą drzwi, powiedziałam mu, że powinien lepiej traktować swoją żonę i rodzinę.

Kiedy wróciłam do domu, zapytałam Whitney:

– Co to było? Uznał, że jesteś wredna!

Powiedziała, że nie obchodzi jej, co on myśli. Potem wzięła głęboki oddech i przeprosiła mnie, dodając:

– Po prostu nie chcę go tutaj.

Przynajmniej zdobyła się na szczerość. Już nigdy nie spotkałam się z tym pilotem.

rozdział 7

You Give Good Love

Whitney była rozchwytywana, zanim jeszcze wydała swój pierwszy album. W 1983 roku poproszono ją o nagranie singla *Hold Me* z Teddym Pendergrassem. Teddy był głównym wokalistą w grupie Harold Melvin & the Blue Notes, której piosenka *Wake Up Everybody* z 1975 roku była jednym z najważniejszych singli Philadelphia International Records, wytwórni należącej do Kennetha Gamble'a oraz Leona Huffa, dystrybuowanej przez CBS Records i wspieranej przez Clive'a Davisa. Z czasem Pendergrass uniezależnił się i wypuścił serię platynowych płyt pod własnym nazwiskiem. Miał potężny barytonowy głos i korzystał z niego wszechstronnie: jako solista miał w repertuarze szeroki wachlarz utworów – od zmysłowych, ciężkich ballad, po bardziej introspektywne piosenki, takie jak *You Can't Hide from Yourself*.

Album Pendergrassa *Love Language* z 1984 roku był jego powrotem do muzyki po dwa lata wcześniejszym tragicznym wypadku samochodowym, w efekcie którego Teddy został sparaliżowany od szyi w dół. Wciąż jednak mógł śpiewać, a Whitney udźwignęła swoją partię. Później piosenka *Hold Me* znalazła się także na pierwszym albumie Whitney. W końcu nadszedł czas, by Whit zaczęła nagrywać własne utwory.

• • • •

Pierwszą oryginalną piosenkę specjalnie dla Whitney napisał Kashif Saleem, producent największych rhythm'n'bluesowych hitów Evelyn „Champagne" King: *Love Come Down* i *I'm in Love*. Poznałyśmy Kashifa, kiedy Clive ściągnął go do Sweetwater. Zaskoczył nas nieco jego wygląd. Z powodu jego imienia i muzyki, jaką tworzył, wyobrażałyśmy go sobie jako najbardziej ekscentrycznego człowieka na planecie, a ujrzałyśmy kogoś najzupełniej zwyczajnego, przynajmniej na pozór. Wyglądał po prostu jak Michael Jones – takie nazwisko miał wpisane w akcie urodzenia.

Prezencja Kashifa była niemal równie wielkim zaskoczeniem, jak pierwsze spotkanie z Kennym G. Whitney i ja właśnie wyszłyśmy z windy na dziewiątej kondygnacji budynku, w którym mieściła się siedziba wytwórni Arista, i skierowałyśmy się do gabinetu Clive'a, kiedy jego drzwi się otworzyły i stanął w nich młody mężczyzna mierzący około metra siedemdziesięciu. Clive uścisnął Whitney na powitanie i przedstawił nas Kenny'emu G. Gdy obaj wrócili do rozmowy, kierując się w stronę wind, Whitney szepnęła:

– Ale jaja! Kenny jest biały?

Nie miałyśmy pojęcia, jak naprawdę wygląda. Na okładce jego albumu *G Force* kolory są odwrócone, jak na filmie negatywowym, a zdjęcie przedstawia Kenny'ego G z fryzurą afro, w okularach przeciwsłonecznych i koszulce polo z postawionym kołnierzykiem. Zbiegiem okoliczności to właśnie

Kashif wyprodukował większość utworów zamieszczonych na tym przełomowym dla Kenny'ego albumie.

W Sweetwater Kashif zaprosił nas do swojego nowego domu w Stamford w Connecticut – posiadłości, która wcześniej należała do Jackiego Robinsona* i jego żony Rachel. Zapowiedział, że pani Robinson będzie tam w sobotę, więc Nippy przyjęła zaproszenie, by spędzić z nim trochę czasu i poznać członków czarnoskórej elity.

Zgodnie z obietnicą, kiedy po południu przybyłyśmy na miejsce, zostałyśmy przedstawione pani Rachel Robinson, prześlicznej, drobnej kobiecie o jasnej karnacji, z lekko szpakowatymi włosami zebranymi w kok. W prasie widziałam ją na zdjęciach z Jackie'em i ich dziećmi, a teraz stała przede mną. Przywitałam się, ale potem już nie powiedziałam ani słowa. Moje myśli całkowicie zaprzątała jej postać i to, czego dowiedziałam się o wyzwaniach i przeszkodach, jakie musieli z mężem pokonać, żeby pozostać razem. A teraz już go nie było.

Kiedy wróciłam myślami do teraźniejszości, Kashif opowiadał o swoim zaangażowaniu w działalność charytatywnej organizacji Rachel, podczas gdy Whitney przyglądała się im i przysłuchiwała. Kashif wyjaśnił, że nigdy nie miał rodziny. Dorastał w sierocińcu w Nowym Jorku. Jego dzieciństwo było trudne i doświadczył okropnego wykorzystywania. Jakimś cudem odkrył muzykę i nauczył się gry na wielu instrumentach. Jego ostatnia matka zastępcza zapewniła mu pewną stabilizację, ale w kościele dostawał po łapach, kiedy grał na pianinie cokolwiek innego niż muzyka religijna. Kiedy matka zastępcza zmarła, miał piętnaście lat, więc

---

* Jackie Robinson (1919–1972) był pierwszym Afroamerykaninem grającym w MLB – najważniejszych amerykańskich rozgrywkach baseballowych (przyp. red.).

musiał sobie radzić sam, aż do chwili, gdy członkowie B.T. Express, grupy znanej z utworu *Do It ('Til You're Satisfied)*, zaprosili go, by przyłączył się do nich podczas trasy koncertowej. Od tamtej pory zajmował się tworzeniem muzyki.

Chętnie korzystał z nowatorskiej technologii, a szczególnie upodobał sobie minimooga, syntezator, który nadawał twórczości 'Shifa charakterystyczne brzmienie. Whitney zwykła nazywać go „Profesorem" ze względu na wyraz intensywnego skupienia, jaki zwykle malował się na jego twarzy, gdy spocony przesuwał suwaki konsoli mikserskiej, a także sposób, w jaki poprawiał palcem wskazującym okulary, które nieustannie zsuwały mu się z nosa.

Kashif napisał nową piosenkę pod tytułem *Are You the Woman* i rozmawiał z Clive'em o nagraniu jej w duecie z Whitney, ale powiedziano mu, że to nie jest dla niej właściwy kierunek. Podejrzewałam, że 'Shif dostarczył tę piosenkę w trakcie jej romansu z Jermaine'em, ale ostatecznie musiał wykorzystać ją na własnej płycie. W międzyczasie od niechcenia poprosił Whitney, żeby wystąpiła jako chórzystka w kilku utworach, które przygotowywał na swój drugi album, na co się zgodziła.

– Hej, Profesorze, czy tak było dobrze? – wołała Whitney z kabiny nagraniowej. – Profesorze, co mam teraz zrobić?

Zazwyczaj odpowiedź brzmiała:

– Jeszcze jedno podejście. Jeszcze raz tak jak poprzednio.

Albo:

– Więcej oddechu.

Albo:

– Zaśpiewaj mi trzy razy „uch", tak jakbyś wzdychała: „uch, uch, uch".

Studio zapewniało komfortową i intymną przestrzeń do pracy. Niekiedy siadałam obok Kashifa za konsolą (choć ciągle podrywał się z miejsca, wiercił, wystukiwał rytm) albo w fotelu obok, ze wzrokiem utkwionym w Nip, śledząc cały proces twórczy i upewniając się, że jest z siebie zadowolona.

Kashif przypominał technicznego, który uwielbia eksperymentować z keyboardami, instrumentami perkusyjnymi i elektroniką, miksować dźwięki instrumentów i wokale. Whitney zaśpiewała chórki w utworach *Ooh Love, I've Been Missin' You* i *Send Me Your Love* zamieszczonych na tym albumie. W Stamford czułyśmy dobre wibracje. Zostałyśmy na weekend, a potem wróciłyśmy na kolejny. Kashif powiedział, żebyśmy czuły się jak we własnym domu i tak właśnie było. Jego kucharz przygotowywał nam zdrowe koktajle i karmił nas świeżymi warzywami, orzechami, rybami, stekami – czymkolwiek, czego zapragnęłyśmy.

Whitney była w swoim żywiole. Doskonale się bawiła, improwizując i wzbogacając swoją magią każdą linię wokalną i frazę, każdy refren i efekt dźwiękowy. Podchodziła do tego równie skrupulatnie, jak gdyby śpiewała główną partię. Przypatrywałam się, jak wchodzi do kabiny wokalnej i śpiewa, następnie wychodzi na odsłuchanie playbacku, wraca i potem znów wychodzi, by ponownie przesłuchać nagranie.

Zwykle pytała:

– Co w tym słyszysz?

Albo:

– Jak było?

Odczekiwała chwilę, zastanawiając się, jaka będzie jego odpowiedź, po czym stwierdzała:

– Idę posłuchać.

Whitney doskonale wiedziała, kiedy osiągnęła pożądany efekt. Nie potrzebowała nikogo, kto by jej mówił, czy dobrze się spisała. Potrafiła to wyczuć. Nawet ja umiałam to usłyszeć, kiedy skupiłam uwagę – to znaczy zawsze.

– Czy powinnam zażądać od niego wynagrodzenia? – zapytała, gdy skończyła podkładać chórki do *Fifty Ways* podczas naszej drugiej wizyty w domu Kashifa. Zaczynała się czuć tak, jakby ją wykorzystywał. Kilka razy podczas tej sesji potrafiłam rozpoznać w jej spojrzeniu, że ma już dosyć, ale on naciskał na nią, by dodała gdzieniegdzie jeszcze jakieś smaczki. Aż dotąd Nip nie miała problemu z tym, o co prosił, i spełniała jego życzenia. Ale wiedziałam, że w jej przekonaniu już zrobiła, co trzeba. Michelle, „młodsza siostrzyczka" Nippy – która, tak na marginesie, ma metr osiemdziesiąt wzrostu – towarzyszyła nam podczas tej wizyty. Ona również dostrzegała, że Whitney stawała się coraz bardziej poirytowana. W trakcie jazdy samochodem do domu Nip rozwodziła się nad tym, jak wielką pracę wykonała i że zasłużyła na wynagrodzenie.

Czułam, że musi istnieć jakieś wyjście z tej sytuacji. Wymyślenie rozwiązania było moim zadaniem. Dla Clive'a nie było żadną tajemnicą, że Whitney pracowała z Kashifem w Connecticut, zatem uzgodniłyśmy, że zadzwonię do Aristy i porozmawiam z kimś z działu prawnego, kto mógłby mnie odpowiednio pokierować. Stało się dla mnie jasne, że miałam lekcję do odrobienia, tymczasem jednak jechałam z powrotem do New Jersey z Nip, a ona bez ustanku rozprawiała o tym, że Kashif coś kombinuje, wykorzystując jej wokal do swojego projektu. Albo ujmując to słowami samej Whitney:

– Profesor jest jakiś śliski!

Zachowywała się zabawnie, więc Michelle i ja śmiałyśmy się z tego.

Ale potem Whitney całkiem spoważniała:

– Ten sam numer wykręcili Sweet Inspirations! Atlantic trzyma w swoim sejfie wszystkie nagrania chórków i teraz można je usłyszeć w radiu jako sample. Będą musieli mi za to zapłacić!

Następnym razem spotkałyśmy się z Kashifem w studiu na Manhattanie, gdzie przedstawił nas autorce piosenek LaForrest „Lali" Cope. Lala była utalentowana, zabawna i wprowadzała cudowny nastrój. We trójkę natychmiast znalazłyśmy wspólny język. Usiadła przy pianinie, zagrała kilka akordów, po czym zaczęła śpiewać.

I found out what I've been missing
Always on the run*.

Whitney wsparła się o pianino i uśmiechnęła szeroko, dając do zrozumienia, że tekst do niej trafia.

– Tak! To jest to! – zawołała.

Lala, nieco modulując barwę głosu, powróciła do prostego i ujmującego refrenu. Zainspirowana Whitney od razu udała się do kabiny wokalnej, stanęła za mikrofonem i zaśpiewała.

Po premierze *You Give Good Love* w kolumnie prasowej Ann Landers ukazał się felieton, w którym autorka uskarżała się na to, że muzyka pop zmierza ku tekstom coraz bardziej przesiąkniętym seksem. W jednym z późniejszych wywiadów Whitney podkreśliła, że najwyraźniej Landers tak naprawdę nie wsłuchała się w słowa tego utworu. *You Give Good Love* opowiada o kimś, kto daje ci miłość w najczystszym sensie. Mówi o gotowości do całkowitego otworzenia się przed kimś.

---

* . „Zrozumiałam, czego mi brakowało / Zawsze w biegu".

Sądziłam, że sprawa z Kashifem i nagraniami chórków została zamknięta po tym, jak przedłożyłam wytwórni Arista fakturę. Jednak któregoś dnia po rozmowie z matką Whitney poprosiła, żebym powiadomiła Kashifa, że chce, by jej wokale usunięto z piosenek, a nazwisko z informacji o wykonawcach. Zadzwoniłam do niego, żeby przekazać tę wiadomość.

– Poważnie? – nie krył zdziwienia. – Ale przecież ona brzmi świetnie.

Przez kilka chwil wymienialiśmy się argumentami, aż w końcu wtrąciła się Whitney, która siedziała obok mnie:

– Daj mi z nim porozmawiać – rzuciła i po przejęciu słuchawki oznajmiła, że tak czy inaczej żąda usunięcia jej partii wokalnych. Kashif obiecał, że to zrobi.

Kilka miesięcy później, kiedy wydano *Send Me Your Love*, zadzwoniłam do Aristy i poprosiłam o egzemplarz płyty. Whitney siedziała w fotelu, trzymając nogi na otomanie, a ja położyłam się na podłodze przed sprzętem stereo. Przesłuchałyśmy całość uważnie, po czym Whitney stwierdziła:

– Nie usunął mnie.

Kashif wprawdzie zastąpił jej główną frazę wokalną w środkowej części *Baby Don't Break Your Baby's Heart* głosem Lali, ale w innych piosenkach jedynie umieścił jej wokal bardziej w tle oraz wykorzystał jej oddechy jako efekt perkusyjny w *Ooh Love*. Whitney jest obecna na całej płycie i można usłyszeć, jak podkręca nastrój piosenek czy punktuje rytm. Szczególnie w utworze *I've Been Missin' You*, w którym wprowadził innego wokalistę, Lillo Thomasa. Wśród artystów wymienionych na płycie jej nazwiska nie ma, ale to Whitney Houston wokalnie nadała ton i smak temu utworowi. Wiem, dlaczego nie usunął jej całkowicie. Nie mógł tego zrobić – była po prostu za dobra.

• • • •

Gerry Griffith z Aristy znalazł kolejną piosenkę dla Whitney, tym razem napisaną przez George'a Merrilla i Shannon Rubicam, zatytułowaną *How Will I Know*. Janet Jackson zrezygnowała z zamieszczenia jej na swoim albumie *Control*. W projekt włączył się Narada Michael Walden, który w tamtym czasie produkował album Arethy Franklin *Who's Zoomin' Who?* Gerry nalegał, by podjął się współpracy z Whitney. Po wprowadzeniu pewnych zmian w piosence Narada zarejestrował ją w Kalifornii, po czym poleciał do Nowego Jorku na spotkanie z Whitney, by dokonać nagrania. Przyglądałam się, jak wykonała swoją główną partię wokalną przy pierwszym podejściu. Od tamtej pory wszyscy mówili na nią „One-Take Houston"[*].

Odbyło się to w następujący sposób: bogato zaaranżowany utwór instrumentalny rozbrzmiewał w głośnikach studia, podczas gdy Nip stanęła w kabinie wokalnej odseparowanej od tak zwanej reżyserki. Po założeniu słuchawek wzięła jak zwykle łyk herbaty Throat Coat z miodem i stanęła przed mikrofonem. Była gotowa. Narada i inżynier dźwięku siedzieli przy konsolecie, a ja stałam lub siedziałam obok, skąd widziałam Whit, a ona widziała mnie.

Jako pierwsze zawsze były nagrywane jej chórki. Niekiedy dogrywano je po raz drugi i trzeci i dopiero wtedy producenci zabierali się za główną partię wokalną i elementy improwizacji. Nigdy nie wychodziłyśmy, zanim nie dostałyśmy kopii nagrania. Póki nie było gotowe, snułam się po okolicy do chwili, aż je skończono. I otrzymywałam coś, co zazwyczaj stanowiło surowy miks utworu, zawierający ich zdaniem jej najlepsze próby wokalne.

---

[*] Ang. *one-take* – dosł. „jedno podejście".

Niekiedy dzwoniła do nich i sugerowała:

– Pamiętaj, żeby zachować tę improwizację.

Nalegała na wykorzystanie konkretnej frazy, która jej zdaniem wypadła wyjątkowo dobrze. Zdarzało się, że jeśli już wykorzystano jakiś wers albo nawet jedno słowo, a Whitney uważała, że inne podejście brzmiało lepiej, dzwoniła do producentów. Ale na ogół pozwalała im robić to, do czego zostali zatrudnieni.

Kiedy pierwszy raz słyszała demo, milkła, rozgryzała kilka dropsów na kaszel z miodem i lukrecją i studiowała tekst. Jeśli utwór przemawiał do niej, brała go na warsztat. Za każdym razem powstawało coś oryginalnego; co nierzadko budziło podziw producentów takich jak Narada i spełniało marzenia autora utworu. Wyznała mi, że stosowała coś, co określała mianem „sztuczek".

Był to sposób wypowiadania słowa w taki sposób, by wpasować je w zdanie, budowania fraz i artykulacji słów ze świadomością, kiedy odpuścić, a kiedy uderzyć mocniej.

– Trzeba znać takie sztuczki – podkreślała.

Wkrótce potem Whitney wciągnęła mnie na listę płac.

– Nie wrócę jutro – oznajmiłam z szerokim uśmiechem mojej przełożonej w Piedmont Airlines.

Usiłowałyśmy wymyślić dla mnie nazwę funkcji, aż w końcu Whitney powiedziała:

– Szkoda, że nie mogę być w dwóch miejscach jednocześnie, ale to niemożliwe. Poradzę sobie ze wszystkim od środka. Jestem w stanie to zrobić. Ale potrzebuję ciebie, żebyś przyglądała się wszystkiemu z zewnątrz.

Rozumiałam, czym miałam się zajmować. Jeśli nie chciała cię spotkać, to nie miałeś szans się do niej dostać, a w każdym razie nie przeze mnie. Byłam przygotowana do tej roli, ponieważ zawsze w razie potrzeby stałam na straży, załatwiałam wszelkie sprawy, zadawałam pytania i czyniłam wszystko, co było konieczne, by okoliczności układały się łatwiej i lepiej dla Whitney. Wiedziała, że leżało mi na sercu jej dobro. Zaczęłam organizować wymianę korespondencji z Aristą, zajmować się prośbami dotyczącymi jej występów oraz odbierać telefony od agentów, twórców piosenek, artystów, producentów telewizyjnych, znanych osób i tak dalej. Każdy, kto chciał zrobić interes albo porozmawiać z Whitney, najpierw trafiał na mnie.

Pogłoski o lesbijskich skłonnościach Whitney i jej romansie z asystentką zaczęły krążyć w branży niedługo po tym, jak podjęłam się tej funkcji. Cissy wychodziła z siebie i zadzwoniła do ojca Whitney, by zakomunikować mu niezadowolenie z tego, że trzymałyśmy się razem. Bardziej przejmowała się mną niż tym, że jej dwudziestojednoletnia córka zaangażowała się w związek z dwukrotnie starszym mężczyzną. Clive stwierdził, że Jermaine i jego żona Hazel żyli w separacji, co być może było prawdą, niemniej Ji nadal był żonatym, starszym mężczyzną. Whitney nie miała za sobą żadnych poważnych związków, oprócz tej naszej wspólnej szansy na miłość.

Zabrała mnie na spotkanie z ojcem do jego mieszkania w Newark. Mieszkał w skromnym wysokościowcu i pracował w charakterze zarządcy nieruchomości w biurze Kennetha Gibsona, pierwszego czarnoskórego burmistrza miasta. Rodzina Nip przeniosła się z Newark do East Orange po zamieszkach, kiedy Whit miała czternaście lat. Jej babcia od strony ojca, Sarah Elizabeth Collins Houston, mieszkała na piętrze w domu rodzinnym Houstonów. Kilka razy ją odwiedziłam. Zazwyczaj jednak, kiedy do nich przychodziłam, słyszałam tylko, jak ciągnie po podłodze wielki, czarny but ortopedyczny albo dzwoni na dół, prosząc Nip przez telefon o załatwienie jakichś sprawunków. Whitney z dumą mówiła o latach, które babcia spędziła na posadzie nauczycielki w Brooklynie, gdzie uczyła głównie imigrantów i członków mniejszości etnicznych. Myślała nawet o pójściu w jej ślady, zanim odkryła swój talent wokalny.

– Robyn, nie mówi się „wziąść", tylko „wziąć" – poprawiała mnie Whitney. – Tego nauczyła mnie babcia.

Kiedy John Houston przywitał się ze mną, łatwo rozpoznałam w nim syna swojej matki. Nip, jak przystało na córeczkę tatusia, usiadła mu na kolanie i oparła głowę o jego ramię, jednocześnie opowiadając o wspólnym mieszkaniu ze mną i rozwijającej się karierze.

Kiedy przypatrywałam się Nippy i jej ojcu, uderzyło mnie to, jak wielkim uczuciem darzyli się nawzajem i jak bezpieczna się przy nim wydawała. Było również oczywiste, że umiała z nim rozmawiać o wiele bardziej otwarcie i swobodnie niż z matką. Opowiadała mu o tym, jak byłyśmy sobie bliskie, a on sprawiał wrażenie, jakby rozumiał wagę naszej relacji. Jednak tamtego dnia najważniejsze okazało się to, co naopowiadała mu o nas Cissy.

Whitney wyznała mu, że mnie potrzebuje, ponieważ mi ufa.

– Robyn mnie rozumie i chcę mieć ją u swojego boku w tym biznesie. Wiem, że mnie kocha za to, kim jestem. Jest moją przyjaciółką – siostrą, której nigdy nie miałam.

– W porządku – rzucił jej ojciec, kiwając głową ze zrozumieniem. – Ale dlaczego nie wybierzecie się we dwie z jakimiś chłopcami do kina?

Skrzywiłam się. Nie wierzyłam własnym uszom. Pomyślałam, że najwyraźniej chce, żebyśmy udawały, że jesteśmy w związkach z chłopakami. Był człowiekiem starej daty i miał staroświeckie poglądy, ale nie mogłam przystać na coś takiego. Postanowiłam dać panu Houstonowi do zrozumienia, że nie godzę się na takie odgrywanie ról. Ponadto udawanie kogoś, kim się nie jest, to kompletna strata czasu.

Whitney zwykła mawiać:

– Nie przejmuj się tym, co mówią ludzie. My znamy prawdę.

I ta prawda dodawała nam sił. Nadal miałyśmy siebie nawzajem, troszczyłyśmy się o siebie i kochałyśmy, bez względu na to, czy ze sobą sypiałyśmy, czy nie. Nie przestałam kochać Whitney, ale nie łączyła nas już intymna relacja. Nie wydawało mi się, żebyśmy w ogóle musiały cokolwiek udawać.

• • • •

Nip zachęcała mnie do zajmowania eksponowanego miejsca. Brałam udział w spotkaniach z muzykami w siedzibie Aristy i wszyscy dobrze mnie przyjmowali. Z Clive'em Davisem było inaczej. Kiedy towarzyszyłam Whitney na spotkaniach z nim, mówił do mnie „cześć", po czym zamykał mi drzwi przed nosem.

Na początku wdawałam się w pogawędkę z jego sekretarką Rose, na wypadek, gdyby Whitney chciała zaprosić mnie do środka, ale gdy zachowanie Clive'a stało się normą, wychodziłam raczej na zewnątrz, by zrobić kilka rund wokół budynku. Zawsze był jakiś interes do zrobienia, a Whit była cennym koniem w ich muzycznej stajni. Choć relacjonowała mi te spotkania, zachodziłam w głowę, dlaczego nigdy mnie nie poprosiła, bym dołączyła do niej w gabinecie Clive'a. Nigdy jej o to nie spytałam.

rozdział 8

Debiut

Premierę debiutanckiego albumu Nip, zatytułowanego po prostu *Whitney Houston*, wyznaczono na luty 1985 roku. Stałam się łączniczką pomiędzy Whitney a wytwórnią płytową, trzymając rękę na pulsie wszystkich spraw. Nip konsultowała się ze mną, kiedy trzeba było napisać podziękowania; powiedziała, że pragnie rozpocząć je *Modlitwą o pogodę ducha*: „Boże, użycz mi pogody ducha, abym godził się z tym, czego nie mogę zmienić, odwagi, abym zmieniał to, co mogę zmienić, i mądrości, abym odróżniał jedno od drugiego". Nie wiem, czy zdawała sobie sprawę, że ta modlitwa była jednym z popularnych tekstów wykorzystywanych w programach Dwunastu Kroków, ale ja dowiedziałam się o tym dopiero wiele lat później.

Pod podziękowaniami dla wytwórni płytowej i dla rodziny Nip napisała: „Robyn, co za asystentka! Kocham cię i chyba jedyne, co musisz zrobić, to po prostu pozostać w moim życiu". Zakończyła słowami: „Ufam, że słuchanie tego albumu przyniesie równie wielką przyjemność, jak jego tworzenie".

Cieszyłam się, że mogłam być częścią jej rozwoju, chociaż po tym, jak poznałam Whitney, straciłam poczucie dumy z własnych umiejętności wokalnych. W jej obecności odnajdywałam przyjemność w śpiewaniu tylko wtedy, gdy we trójkę, razem z „młodszą siostrzyczką", Michelle, jechałyśmy samochodem, drąc się w niebogłosy. Czułam się onieśmielona wokalem Whitney, mimo iż ona często wspominała znajomym:

– Robyn ma przyjemny głos. Nie chce z nim nic zrobić, ale jest naprawdę przyjemny.

Kilka razy poprosiła mnie o zaśpiewanie jakiejś partii w studiu, ale odmawiałam, aż do momentu filmowania teledysku do utworu *You Give Good Love*.

Tamtego dnia stałam za Whitney w garderobie. Szykowano jej fryzurę i makijaż, a ja przypatrywałam się jej twarzy w lustrze.

– Powiedziałam im już, że nie zechcesz tego zrobić – odezwała się. – Mamy jedną dziewczynę, która może udawać, ale potrzebujemy kogoś, kto naprawdę zna słowa.

Spojrzała na mnie w lustrze tymi swoimi oczami, przekazując mi bez słów: „Spierdolili to, więc po prostu zrób to dla mnie".

Nigdy nie lubiłam stać w świetle reflektorów. Lepiej czułam się jako numer dwa, za kulisami. Wolałam, jak to określała Whitney, „przyglądanie się z zewnątrz". Ale kiedy należało coś zrobić, byłam dobra w planowaniu, a potem w realizowaniu pomysłu. Założyłam więc przerośniętą marynarkę w stylu lat osiemdziesiątych, podwinęłam zbyt krótkie rękawy i wcisnęłam się w obcisłe spodnie, jakie dała mi garderobiana. Kiedy zaczęłam narzekać na niedopasowanie marynarki i brzydki wzór szachownicy, Nippy rzuciła:

– Witaj w moim świecie!

Ona również nie była zachwycona obcisłym fuksjowym kombinezonem, jaki kazali jej założyć.

Druga „chórzystka" została ściągnięta przez agencję pracy tymczasowej i przez większość klipu trzeba było utrzymywać mikrofon na wysokości jej ust, by zamaskować wszelkie jej potknięcia, więc ja dziwacznie się do niego nachylałam. Nie zamierzałam nikomu mówić o tym nagraniu, lecz kilka tygodni później, podczas wizyty u mojej matki, Whitney włożyła do odtwarzacza kasetę wideo i zaprezentowała mój występ ku mojej zgryzocie i jej radości.

– Pani Crawford, to jest Robyn! Spójrz na Robyn, Bino. Widzisz swoją siostrę? O, teraz znowu.

Przed wypuszczeniem albumu Arista zazwyczaj organizowała spotkania szefów działów, żeby omówić plan promocyjny i wizerunkowy, co obejmowało analizę materiałów z sesji fotograficznych, również tych wybranych na okładkę longplaya i planowanych singli. Clive zazwyczaj miał w tych kwestiach pierwsze i ostatnie słowo. Zdjęcia na pierwszy album Whitney zrobił Gary Gross, najlepiej znany z kontrowersyjnych nagich fotografii dziesięcioletniej Brooke Shields, a także okładek płyt *The Bells* Lou Reeda czy *Heartbreaker* Dionne Warwick. Kiedy wysłano nam do obejrzenia materiały na okładkę albumu, z zadowoleniem przekonałam się, że udało mu się uchwycić prawdziwą Whitney. Wyglądała świeżo, młodo i elegancko – włosy naturalne i gładko zaczesane do tyłu, a makijaż minimalistyczny. Makieta, która ostatecznie stała się okładką jej pierwszej płyty, zawierała ujęcie portretowe – półzbliżenie na tle łososiowo-pomarańczowej ramki, podkreślającej brzoskwiniowy odcień jej skóry. Miała na szyi prosty sznur pereł i spoglądała prosto w obiektyw, z łagodnością i siłą. Na tylnej okładce Whitney została przedstawiona w posągowej pozie w białym kostiumie kąpielowym od Normy Kamali. Wydaje się władcza i zarazem zrelaksowana, stoi na plaży, z rękoma na biodrach, mocno osadzona na ziemi, z twarzą zwróconą ku słońcu.

Niedługo po tej sesji zdjęciowej jeden z członków kierownictwa działu R&B odciągnął mnie na bok i powiedział, że choć on i jego koledzy się z tym nie zgadzają, wśród personelu Aristy generalnie panuje przekonanie, że zdjęcia okładkowe Whitney wyglądają na „zbyt czarne", a także niezbyt przyjazne, ponieważ Whit się na nich nie uśmiecha. Ja je uwielbiałam, co jasno dawałam do zrozumienia wszystkim zainteresowanym. Tamtego dnia, aby uprzedzić innych, wzięłam do domu te rzekomo problematyczne zdjęcia po końcowej edycji, by Whitney mogła się pod nimi podpisać. Ludzie z Aristy zapytali fotografa, czy ma więcej ujęć, ale Gross stwierdził, że makijaż był za mocny i nie zamierza ich publikować.

Whitney wygrała tę bitwę, jednak był to pierwszy i ostatni raz, gdy zatwierdzenie okładki poszło tak łatwo. W przypadku przyszłych okładek longplayów i singli Clive niemal zawsze upierał się, żeby przedstawiać ją uśmiechniętą.

Siedziałyśmy z Nippy w gabinecie Gene'a przy Pięćdziesiątej Piątej Ulicy, przeglądając harmonogram jej najbliższych zajęć, kiedy Gene powiedział nam o swojej telefonicznej rozmowie z wytwórnią płytową. Kierownictwo firmy zasugerowało, żeby Whitney zrobiła sobie fryzurę podobną do tej, którą nosi była Miss America, Vanessa Williams. Jej prostowane i zakręcone na końcach włosy do ramion były standardem na konkursach piękności. Od razu wiedziałam, że ta prośba mocno dotknie Whit. Dotychczas pokonywała każdą przeszkodę, najlepiej jak potrafiła, a teraz mówili jej:

– Oto coś, czego nie masz, a czego potrzebujesz, by przejść na drugi brzeg.

Powiedziano nam, że z myślą o zdjęciach prasowych i sesjach fotograficznych Whitney powinna mieć przed swoją europejską trasą gotową treskę. Krótkie włosy Whitney wprawdzie były już nieco dłuższe niż wówczas, gdy wystąpiła w *As the World Turns*, ale Arista nalegała, by dokonać naprawdę radykalnej zmiany. Nie rozumiałam, dlaczego było to konieczne, skoro zaszła już tak daleko, zachowując swój wizerunek. Ze swoimi naturalnymi włosami dostała się nawet do wielkiego, białego świata modelingu.

Żadna z nas nie miała bladego pojęcia o treskach. Wiedziałyśmy, że istnieją, ale nie wiedziałyśmy, jak długo trwa wplatanie lub doczepianie sztucznych bądź naturalnych, ludzkich włosów. Gene wysłał nas do salonu, który odpowiadał za obfitą fryzurę Diany Ross. W drodze przypominałam Nip, że to tylko konsultacja, a nie zobowiązanie.

Ale gdy tylko usiadła w fotelu, dwie stylistki zaczęły dyskutować o jej wyglądzie, zupełnie jakby nie było jej obok. Pamiętam, jak jedna z nich powiedziała:

– Po bokach prawie nic nie ma, więc mogłybyśmy to zgolić.

Ta sytuacja wydawała się wręcz okrutna. Mówiąc „to", miały na myśli włosy Whitney – część jej ciała, część jej osoby.

Gdy rozglądałam się po salonie, moją uwagę zwróciła kobieta, która obsługiwała większość klientów. Miała posturę Amazonki oraz ciężki, zdecydowany chód, który jednoznacznie obwieszczał jej obecność. Nazywała się Carol Porter. Podsłuchałam, jak odradzała stosowanie chemicznych środków zwiotczających do prostowania włosów i zalecała raczej ich odżywianie i pielęgnowanie, zamiast zmuszania ich do posłuszeństwa. Kiedy przez chwilę nie była zajęta klientami, podeszłam do niej i zapytałam:

– Jak mogę umówić się na wizytę u ciebie?

Ostatecznie wdałyśmy się w rozmowę trwającą aż do zakończenia „konsultacji" Whitney.

Po powrocie do samochodu Whitney załamała się, płakała przez całą drogę do domu.

Starałam się ją pocieszyć:

– Treska ochroni twoje włosy przed gorącym oświetleniem scenicznym i sprawi, że znacznie łatwiej przyjdzie ci dbanie o fryzurę w trasie – powiedziałam, dzieląc się tym, czego dowiedziałam się od Carol. Whitney złożyła głowę na moim kolanie, a kiedy ją pogłaskałam, czując pod dłonią jej naturalne, miękkie jak bawełna włosy, liczyłam na to, że Carol miała rację.

Przygotowując się do przemiany, Whitney i ja wybrałyśmy się na zakupy włosów. Ze zdumieniem wpatrywałam się w listę dostępnych opcji. Były tam włosy azjatyckie, hawajskie, malezyjskie, hinduskie, pochodzące z wysp pacyficznych i wiele innych. Cieszył mnie szeroki wybór, bo mogłyśmy znaleźć włosy dopasowane kolorem do naturalnych włosów Whitney. Carol poświęciła większą część dnia na wplatanie prostych doczepów, po czym podcięła je i wystylizowała. Po wszystkim fryzura Whitney przypominała lwią grzywę. Ona rzeczywiście była lwicą i wyobrażałam sobie, że opiekuńczym duchem Nippy jest właśnie lew. Oglądałyśmy kiedyś program przyrodniczy, gdy rzuciłam prowokująco:

– To lwica wykonuje całą robotę, poluje i zapewnia pożywienie lwiątkom. Tak jak ty. Lwica powinna być twoim logo.

Nippy zastanowiła się przez chwilę, po czym zdecydowała:

– Niech będzie.

Donn Davenport, szef działu artystycznego Aristy, szkicował na arkuszu papieru to, co mu opisywałam, aż w końcu byłam pewna:

– To jest to!

Whitney miała więc już logo swojej firmy, którą nazwała Nippy Inc. Pojawia się ono na wszystkich produktach Whitney. Arista nie chciała, by było zanadto wyeksponowane, więc na wszystkich singlach i grafikach albumu wizerunek lwicy jest tak mały, że wszyscy brali go za kota.

Do tej pory agencja menadżerska Whitney przesyłała jej czek na trzysta dolarów tygodniowo. Takie pieniądze były niewystarczające, więc Nip zadzwoniła do Gene'a i poprosiła go o podwyższenie jej tygodniowego wynagrodzenia do czterystu dolarów. Odmówił, co było zaskakujące, jeśli wziąć pod uwagę fakt, że dbał o swoje utalentowane podopieczne i przywykł do współpracy z silnymi kobietami, promując takie gwiazdy jak Nina Simone. Oczywiście Whitney nie była zadowolona z takiej odpowiedzi, ale nie zdecydowała się zawalczyć o swoje. Zamiast tego zamilkła. Naciskałam na nią, żeby zadzwoniła do niego ponownie i zażądała, by zmienił zdanie, ale odmówiła, mówiąc:

– Czuję się dziwnie, prosząc o coś, co należy do mnie.

Podczas występów na scenie Whitney była lwicą, ale poza nią zachowywała się potulnie i rzadko podnosiła głos. Kiedy przyrównałam Nippy do wielkiego kota, nie brałam pod uwagę zwierzęcej bezinteresowności. Przypomniałam sobie, że w programie przyrodniczym lwica szamocząc się ze swoją ofiarą, złamała sobie szczękę, ale poczucie dumy nie pozwalało jej przerwać walki i polowania. Wkrótce przekonałam się, że Nippy wykazywała podobną skłonność. Ale ja się jej nie obawiałam. Miała łagodne serce i zazwyczaj unikała konfrontacji.

Zasugerowałam Nippy, żeby zadzwoniła do rodziców. Wahała się, dlatego to ja podniosłam słuchawkę i wykręciłam numer. Kiedy Cissy odebrała telefon, przekazałam słuchawkę Whitney. Opowiedziała mamie o swojej rozmowie z Gene'em.

– Twój ojciec się tym zajmie – skwitowała Cissy.

Tak też zrobił. I tym sposobem sama sobie zaszkodziłam – przyczyniłam się do tego, że John Houston zaczął się mieszać do spraw biznesowych swojej córki.

• • • •

Pierwszy album Whitney ukazał się w walentynki w 1985 roku. Któregoś ranka niedługo potem sprzątałam w mieszkaniu i słuchałam radia, gdy moją uwagę zwróciły słowa:

– Następny utwór to *You Give Good Love*.

Whitney spała, a ja podkręciłam głośność w odbiorniku i wpadłam do jej pokoju, żeby ją zbudzić.

– Jest w radiu! Jest w radiu! – wrzasnęłam. Uśmiechnięta przeturlała się bliżej, podczas gdy ja siedziałam na krawędzi jej łóżka. Kiedy piosenka się skończyła, Nip spojrzała na mnie i powiedziała:

– Brzmiało całkiem nieźle, co?

– Tak – uśmiechnęłam się. – Brzmi świetnie.

Nip równie spokojnie zachowała się na plaży Belmar w pewne letnie popołudnie kilka miesięcy później, kiedy usłyszałyśmy tę piosenkę rozlegającą się z głośników prawie wszystkich odbiorników radiowych rozstawionych przy plażowych kocach.

Przez kilka miesięcy po ukazaniu się albumu byłyśmy tak zapracowane, że miałyśmy niewiele czasu na świętowanie jej pierwszego hitu, ale kiedy tylko mogłyśmy, wyruszałyśmy na długie przejażdżki i niekiedy docierałyśmy na brzeg oceanu. Pewnego razu dołączyła do nas Michelle. Wzięłyśmy ze sobą butelkę Dom Pérignon, którą Clive Davis przysłał nam w uznaniu sukcesu jej pierwszego singla. Kiedy Whitney miała ją otworzyć, powiedziałam:

– Whit, musisz potrząsnąć i pozwolić, żeby wystrzelił.

Nip spojrzała na mnie i odparła:

– Jeśli to zrobię, to co będziemy piły?

Zmęczona naszymi przepychankami Michelle rzuciła:

– Dajcie mi tę butelkę! – i napiła się prosto z niej, po czym wszystkie trzy podawałyśmy ją sobie z rąk do rąk. Wracając do domu, zatrzymałyśmy się przy drodze międzystanowej nr 35 w hrabstwie Monmouth, żeby pościgać się na gokartach. Auto Michelle miało awarię, więc została sama na torze. Whitney śmiała się w niebogłosy i krzyczała „Michelle!" za każdym razem, gdy przemykała obok niej.

Bycie asystentką Whitney oznaczało również towarzyszenie jej w podróży. Ekscytowałam się, stojąc kilka godzin w kolejce, by zdobyć mój pierwszy paszport, tak bym mogła dołączyć do niej w trasie promocyjnej po Europie.

W ramach przygotowań Nip i ja przeglądałyśmy przed wyjazdem jej harmonogram i wybierałyśmy strój na każdy występ, każde spotkanie z fanami, kolację i wywiad. Pokazywała różne elementy garderoby i pytała:

– Co o tym myślisz?

Rozkładałyśmy ubrania i akcesoria, a Whitney przymierzała każdą kombinację odzieży i dodatków, dając mi prywatny pokaz mody. Przechadzała się wąskim korytarzem między drzwiami wejściowymi a tylną ścianą – gdzie ustawiłyśmy naszą żałosną, krzywą deskę do prasowania – zupełnie jakby szła na wybiegu. Śmiałam się i pokazywałam jej kciuk skierowany ku górze bądź w dół, a kiedy kanapa, fotele i dosłownie każda wolna powierzchnia były już zawalone ubraniami, na zmianę prasowałyśmy je, zanim trafiły do walizek.

Usiadłyśmy w szarych skórzanych fotelach na pokładzie concorde'a, który miał lecieć do Londynu. Nippy podróżowała już wcześniej do Europy z Gene'em, ale teraz po raz pierwszy miała lecieć odrzutowcem ponaddźwiękowym. Nigdy nie wyobrażałam sobie, że w ten właśnie sposób odbędę swój pierwszy lot międzynarodowy. I z całą pewnością nie zdawałyśmy sobie sprawy, że wkrótce będziemy latać concorde'em równie regularnie, jak inni ludzie jeżdżą autobusem.

Kiedy pilot ogłosił, że jesteśmy gotowi do startu, byłam kompletnie nieprzygotowana na sprint po pasie startowym z prędkością czterystu kilometrów na godzinę i wrażeniem prędkości trzykrotnie większej. Siła przyśpieszenia była tak duża, że moje plecy rozpłaszczyły się na powierzchni fotela i nie mogłam oderwać głowy od zagłówka. Kabina pasażerska była nieco klaustrofobiczna, ale przecież przygoda była ważniejsza. Zdumiałam się faktem, że dotarcie do Londynu zajmie nam trzy i pół godziny, mniej więcej tyle, ile podróż autem w obie strony z Fort Lee do domu Kashifa w Stamford. Niebo za oknem było tak czarne, że jedyne, co widziałam, to świetlne smugi snujące się za silnikami odrzutowymi, choć przysięgam, że dostrzegałam krzywiznę ziemi. Pędziliśmy z prędkością dwukrotnie wyższą od prędkości dźwięku i podobało mi się to.

Gdy umościłyśmy się w fotelach, Nip wzięła dwujęzyczne menu pokładowe, francuskie i angielskie, i oznajmiła, że koniecznie powinnyśmy zamówić kawior, do którego podawano jajko, cebulkę i trójkątne tosty. Wspomniała, że jadła go już wcześniej z Dionne Warwick.

– To drobna ikra ryb i chociaż to brzmi strasznie, smakuje naprawdę nieźle.

Nie żałowałyśmy sobie.

Jeden z przystanków w trakcie tej pierwszej trasy promocyjnej miałyśmy w pewnym hotelu w Anglii. Weszłyśmy do wielkiej sali balowej wypełnionej przez dziennikarzy, a Whitney chodziła od stołu do stołu i odpowiadała na ich pytania. Przy jednym zajęła miejsce u szczytu, ja usiadłam po jej prawej stronie, a jej menedżer Gene Harvey stanął za Whitney po lewej. Pozostałe miejsca zajęło około dziesięciu reporterów. Kobieta siedząca na końcu stołu, naprzeciwko Whitney, zapytała:

– Co myślisz o tabloidach, które plotkują o twoim życiu osobistym?

Rzuciła na blat jeden z takich szmatławców, popychając go w kierunku Whitney, która swoim kocim refleksem wyciągnęła prawą dłoń, chwyciła gazetę niczym drapieżnik, przeczytała nagłówek i odłożyła ją z powrotem na stół. Następnie przyjmując wytworny brytyjski akcent, Whitney odparła:

– Nie muszę wam mówić, co macie myśleć o swojej angielskiej literaturze. – Łagodnie odsunęła tabloid od siebie i już własnym głosem dodała z uśmiechem: – I nie mam na myśli Szekspira.

„Ha! Moja dziewczyna!" – pomyślałam, prowadząc ją do kolejnej grupy dziennikarzy.

• • • •

Whitney Elizabeth Houston odrywała się od ziemi i pędziła naprzód. Wiodłyśmy wspólne życie od pięciu lat i wydawało się oczywiste, że będziemy sobie towarzyszyć dłużej. Mogła liczyć na mnie, a ja na nią. Ona prowadziła, a ja siedziałam obok, notując nasze pomysły, wypatrując tego, co przed nami, zachowując skupienie i domykając różne sprawy.

Nadal wciągałyśmy kokainę, chociaż niezbyt często. Byłyśmy zajęte i brak czasu okazał się dla nas najlepszą możliwą rzeczą, a zwłaszcza dla Nippy. Uwielbiałam zrywać się wcześnie i od razu zabierać się za różne sprawy. Nip nigdy nie była rannym ptaszkiem. Mogła siedzieć w swoim pokoju przez cały dzień, do czasu aż zgłodniała i nabrała ochoty na przekąskę i nigdy nie miała poczucia, że omija ją cokolwiek z tego, co działo się na zewnątrz. Zwykła mi powtarzać, że jestem zbyt wesoła o poranku.

W tamtym roku po opublikowaniu jej płyty Whitney została poproszona o uczestnictwo w nagraniu *Stop the Madness* – pełnego dobrej woli, ale absurdalnego spotu antynarkotykowego objętego patronatem pierwszej damy Nancy Reagan w ramach kampanii „War on Drugs". Kiedy zgodziła się wziąć w nim udział, powiedziałam:

– Musisz teraz zrobić to, co słuszne, Nip.

– Wiem o tym – odpowiedziała.

– Ludzie pomyślą, że jesteś osobą wolną od narkotyków, a wcale tak nie jest. Nie jest słuszne co innego mówić publicznie, a co innego robić ukradkiem.

– Wiem – powtórzyła, przywołując swoje mocno wyświechtane motto: – Nie możemy tego zabrać tam, dokąd zmierzamy.

Rzecz w tym, że już prawie dotarłyśmy do celu, a narkotyki też tam były.

• • • •

Wyrosłyśmy z naszego pierwszego mieszkania i przeprowadziłyśmy się do luksusowego wysokościowca w Fort Lee w New Jersey, z obłędnym widokiem na Harlem. Apartament 16B był uroczy i bardzo wygodny, a Whitney zatrudniła projektanta wnętrz, by dostosował go do naszych upodobań. Kluczowymi kolorami były lawenda i śmietanka w szarawym odcieniu. Ponadto miałyśmy mnóstwo ponadwymiarowych poduszek w jasnych odcieniach błękitu, zieleni, pomarańczy, czerwieni i fioletu. W tamtym czasie zarabiałam trzysta dolarów tygodniowo i nie płaciłam za czynsz.

W ciągu roku od naszej przeprowadzki do nowego mieszkania, w lipcu 1986 roku, przygotowywałyśmy się do pierwszej wielkiej światowej trasy koncertowej Whitney. Rozpaczliwie potrzebowałyśmy kogoś, kto zaopiekowałby się kotami – MisteBlu i Marilyn, która była nowym nabytkiem Nip. Kochała je ponad wszystko i mawiała:

– One nie odszczekują.

Jako część rozrastającej się ekipy Whitney i jako jej nowo mianowana „asystentka", wiedziałam, kiedy się odszczekiwać, a kiedy siedzieć cicho, kiedy pasować, a kiedy zaryzykować. I teraz, kiedy miałyśmy spędzić całe tygodnie w trasie, wiedziałam, że muszę zatrudnić pomoc – najszybciej jak to możliwe. Fort Lee był dzielnicą tętniącą życiem, miejscem, gdzie wiele osób zatrudniało nianie, au pairs, pomoce domowe czy gospodynie. Nie miałam wątpliwości, że znajdę kogoś, tyle że musiała to być osoba bliska perfekcji. Nie zamierzałam otwierać wspaniałego i obiecującego świata Whitney Houston przed byle kim.

Zabrałam się do tego, pytając jednego z menadżerów Nip, czy mógłby kogoś polecić. Wspomniał o kobiecie, która zajmowała się jego domem. Miała córkę, która czasem przychodziła do pracy razem z matką. Dał mi jej numer telefonu.

Pojechałam do ich domu i tam poznałam Silvię Vejar. Miała dwadzieścia trzy lata i niewiele ponad metr pięćdziesiąt wzrostu, średnią budowę ciała, duże, brązowe oczy, miłą, okrągłą twarz i piękne, ciemne, długie włosy.

Powiedziała, że urodziła się w Salwadorze i przyjechała do Stanów Zjednoczonych z rodziną w wieku siedemnastu lat, nie znając angielskiego. Po przyjeździe zapisała się do szkoły średniej w Fort Lee i jednocześnie chodziła na wieczorowe kursy, tak by dorównać do poziomu jedenastej klasy. W wieku dwudziestu lat urodziła córkę.

Zaprosiłam Silvię do mieszkania na drugą rozmowę, a kiedy przyszła, uprzytomniłam sobie, że muszę pojechać do sklepu. Poprosiłam, by poszła ze mną. W windzie przyjrzałam się jej ubraniu. Miała na sobie letnią bawełnianą spódnicę do kostek w jasnej kolorystyce, luźny T-shirt, płaszczyk i białe płócienne tenisówki na płaskich podeszwach. Na zewnątrz panował ziąb. Przypatrywałam się jej, aż nasze spojrzenia się spotkały.

– Nie jest ci zimno? – spytałam.

Przyznała, że jest.

– Dlaczego się tak ubrałaś? Na zewnątrz będzie jeszcze zimniej.

Powiedziała mi, że jest kobietą wierzącą i w jej kościele kobietom nie zezwala się nosić spodni. Drzwi windy otworzyły się na poziomie podziemnego garażu, gdzie nawet latem panował chłód. Bez słowa podeszłyśmy do mojego mercedesa 560SL. Spojrzałam na Silvię i powiedziałam z uśmiechem:

– Nie wierzę, że Bóg chce, żebyś marzła.

Odpowiedziała uśmiechem i rzekła:

– Nie wydaje mi się.

W drodze do sklepu mówiłyśmy o rodzinie, o wolnym czasie, o tym, czego pragnęła dla siebie i dla swojej córki. Mówiła z wyraźnym akcentem. Kiedy wypowiedziała „Miami", zabrzmiało to bardziej jak „piżama". Jej znajomość angielskiego w mowie i piśmie pozostawiała wiele do życzenia, ale wyczuwałam w niej zdolność do rozumienia i uczenia się, a poza tym budziła zaufanie. Nie wspominając o tym, że potrafiła doskonale zaopiekować się zwierzętami, a co więcej, stwierdziła, że umie robić manicure, pedicure i masaże!

Naprawdę ją polubiłam i czułam, że ta dziewczyna też przypadnie Whitney do gustu. Silvia mieszkała w sąsiedztwie, była odpowiedzialną samotną matką, nie paliła i nie piła – a to było naprawdę coś. Teraz potrzebowałam tylko błogosławieństwa Nip.

Nazajutrz pokazywałam jej, gdzie trzymamy różne rzeczy, omawiałam nasze preferencje i opowiadałam, do czego Whitney jest przyzwyczajona. Gdy Silvia wspomniała o tym, jak lubi pracować, w korytarzu pojawiła się Whitney.

Wyciągnęła rękę i powiedziała:

– Cześć, jestem Whitney!

Silvia podniosła wzrok, uśmiechnęła się i odpowiedziała:

– Cześć – a potem zachichotała. – Jesteś taka młoda!

Whitney miała na sobie białą suknię frotte, włosy zebrane do tyłu i przewiązane opaską. Nie miała makijażu i wyglądała świeżo. Uśmiechnęła się do Silvii i dodała:

– Miło cię poznać.

Whitney zadała Silvii szereg pytań: ile ma lat, gdzie mieszka w Fort Lee, ile lat ma jej córka... Zapytała też, czy Silvia nie miałaby nic przeciwko temu, by do naszego powrotu z trasy koncertowej zamieszkać z córką w naszym apartamencie. Najwyraźniej obie odniosłyśmy takie samo pierwsze wrażenie. Silvia zapewniła nas, że absolutnie nie ma nic przeciwko temu i że nikt inny nie będzie tu z nimi przebywał.

Silvia dostała tę pracę. Mieszkała w apartamencie zawsze, kiedy podróżowałyśmy, a po naszym powrocie pracowała u Whitney w dni powszednie od dziewiątej do około siedemnastej. Dałam jej prostą radę. Whitney jest szefową. Pracujemy dla Whitney i odpowiadamy przed Whitney. Czułam się całkiem dobrze, przekazując jej pałeczkę, i miałam pewność, że Silvia ma wszystko, co trzeba: uczciwość, ambicję, poczucie humoru, wiarę i pragnienie, by dać z siebie wszystko.

Whitney miała zaplanowany debiut w Carnegie Hall na 28 października 1985 roku. Tamtego popołudnia dowiedziałyśmy się, że wielebny Al Sharpton namówił swoich ludzi do zorganizowania pikiety przeciwko Whitney, ponieważ w jej show byli zaangażowani biali promotorzy. Przed rozpoczęciem koncertu wyszłam na zewnątrz i zobaczyłam, że Sharpton łomocze w ściankę białego plastikowego wiadra, a niewielka grupa czarnoskórych osób w średnim wieku chodzi w kółko, trzymając mopy i transparenty z nazwiskiem Whitney Houston.

– Czego oni ode mnie chcą? Dlaczego angażują mnie w tę walkę? – zastanawiała się głośno Whitney. Większość promotorów powiązanych z największymi lokalami w Nowym Jorku należała do białych, którzy wszystko kontrolowali. Nie przypominam sobie, żeby Michael Jackson albo Prince kiedykolwiek byli atakowani i krytykowani w taki sposób jak Whitney. Dyskusje o tej demonstracji ciągnęły się przez tygodnie i budziły ferment do tego stopnia, że NAACP* wydało oświadczenie potępiające „wszelkie bojkoty planowane podczas nowojorskiego debiutu ciemnoskórej wschodzącej gwiazdy piosenki Whitney Houston".

---

* Amerykańskie Narodowe Stowarzyszenie na rzecz Wspierania Ludności Kolorowej (National Association for the Advancement of Colored People – NAACP), jedna z najstarszych i najbardziej wpływowych amerykańskich organizacji walczących o prawa człowieka, likwidację segregacji rasowej i równouprawnienie, postulująca zrównanie praw politycznych, prawnych, edukacyjnych czy ekonomicznych ludzi o różnych kolorach skóry.

Jakby mało było historii z pikietą, brat Whitney, Gary, zawalił koncert w Carnegie Hall. Próby dźwiękowe odbyły się wczesnym wieczorem, ale nigdzie nie można było znaleźć Gary'ego, który miał wystąpić w duecie z Whitney w utworach nagranych z udziałem Jermaine'a Jacksona i Teddy'ego Pendergrassa. Cały czas słyszałam członków ekipy produkcyjnej dopytujących się przez walkie-talkie:

– Czy ktoś widział Gary'ego?

Nikt.

Dawało się wyczuć napięcie. Do tamtej pory Gary ledwo dawał radę, śpiewając chórki, i oczywiście powinien stawić się tak jak wszyscy, by wziąć udział w próbach *Hold Me* i *Nobody Loves Me Like You Do*.

– Co zamierzasz zrobić, jeśli się pojawi? – zapytałam Whitney.

– Nie mam czasu na to, by martwić się o Gary'ego.

Dokładnie o to mi chodziło! Whitney miała za dużo na głowie; koncert wyprzedał się całkowicie, a na widowni znajdowało się mnóstwo celebrytów.

– Nie potrzebujesz tych piosenek – powiedziałam jej. – Nikomu nie będzie ich brakowało. Poza tym Gary był koszykarzem. Wie, że jeśli nie zjawiasz się na treningu, to wypadasz ze składu meczowego.

Whitney przyznała mi rację.

Ostatecznie Gary przyszedł. Zapewne wybrał się po narkotyki. Dla każdego było oczywiste, że jest na haju – wydawał się odwodniony i blady, kurczowo ściskał czarną kosmetyczkę, którą nosił ze sobą wszędzie. Ale Cissy nawet nie mrugnęła. Powiedziała mu, że ma wyjść na scenę.

Stojąc obok Whitney, myślałam sobie, że nie wróży to niczego dobrego. Wiedziałam, że nie powinien wchodzić w takim stanie. Ale Whitney nie odezwała się ani słowem. Stała milcząca i przyglądała się Gary'emu, podczas gdy jej matka wypychała go na scenę. W tym momencie Cissy bardziej zależało na zapewnieniu Gary'emu kontraktu płytowego niż na uczuciach jej córki, mimo że to imię Whitney widniało na afiszach jednej z najbardziej prestiżowych scen na świecie.

Istnieją takie chwile w życiu, które wydają się nieznaczące, ale ostatecznie powracają, by cię prześladować. To była jedna z nich. Whitney doskonale wiedziała, co się dzieje z Garym, ale kiedy jej matka uparła się, by wypuścić go na scenę w takim stanie, Whitney również dostała przyzwolenie, by myśleć, że można być w kompletnym chaosie i jednocześnie występować. Przynajmniej ja tak to odebrałam.

Nie można zażywać narkotyków, opuszczać prób, a potem wychodzić na scenę – i to jej scenę. Ale zamiast dobrego przykładu, Cissy dała zielone światło. Nie było żadnej lekcji, żadnego morału i żadnych reperkusji.

● ● ● ●

Pomimo chaosu Whitney wdarła się na czoło list przebojów. Jej pierwszy hit, *You Give Good Love* Kashifa i Lali, dotarł na pierwsze miejsce zestawienia utworów R&B oraz na trzecie miejsce w kategorii muzyki pop. *Saving All My Love for You* zajął pierwsze miejsce na obu listach przebojów – R&B i pop – w Stanach Zjednoczonych, a także stał się pierwszą piosenką Whitney, która zajęła pierwsze miejsce wśród popowych singli w Wielkiej Brytanii.

Whitney Houston był wówczas najlepiej sprzedającym się debiutanckim albumem solowej artystki.

Tamtego roku Whitney otrzymała nominacje do nagrody Grammy w kategoriach: album roku; *najlepszy wokalny występ kobiecy pop; najlepszy wokalny występ kobiecy R&B*. Uznano przy tym, że nie jest uprawniona do nominacji w kategorii najlepszej debiutującej artystki z powodu wcześniejszych nagrań z Jermaine'em Jacksonem i Teddym Pendergrassem. Clive napisał felieton w magazynie „Billboard", krytykując National Academy of Recording Arts and Sciences[*] za odmówienie tego honoru artystce, która jako pierwsza kobieta miała płytę zawierającą aż trzy utwory z pierwszych miejsc list przebojów. „Whitney stała się dla naszej branży i dla samej muzyki wielką osobistością", podkreślił w swoim tekście.

Ceremonia rozdania nagród Grammy odbyła się 25 lutego 1986 roku. Po raz kolejny zostałam sama w domu i oglądałam ją w telewizji. Gala była imprezą na wskroś rodzinną, z udziałem pana i pani Houstonów, zupełnie jakby wciąż byli parą. Whitney wyszła, by zaśpiewać *Saving All My Love*, które przyniosło jej nominację za najlepszy *wokalny występ kobiecy pop*. Z wdziękiem zeszła po schodach prowadzących na środek sceny, śpiewała przepięknie. Ten występ na ceremonii Grammy zapewnił jej w kolejnym roku statuetkę Primetime Emmy Award.

Gdy tak siedziałam na skraju fotela w naszym mieszkaniu, Whit ujęła mnie całkowicie – podobnie jak oczarowała mnie za pierwszym razem, kiedy słyszałam jej śpiew w Baptystycznym Kościele Nowej Nadziei. Krzyczałam, zupełnie jakbym oglądała jakiś mecz.

Po jej występie Dionne Warwick i Julian Lennon wyszli na scenę, żeby ogłosić zdobywczynię nagrody w kategorii *wokalnego występu kobiecego pop*. Lennon odczytał nazwiska nominowanych: Tina Turner, Madonna, Linda Ronstadt,

---

[*] National Academy of Recording Arts and Sciences – amerykańska organizacja zrzeszająca artystów, dźwiękowców, producentów i inne osoby związane z branżą muzyczną; zajmuje się również honorowaniem osób zasłużonych w dziedzinie muzyki, m.in. przyznawaniem corocznych nagród Grammy.

Pat Benatar i Whitney Houston. Po otwarciu koperty Dionne podskoczyła, a potem obróciła się wkoło, odczytując imię Whitney. Serdecznie uściskała kuzynkę, kołysząc się przy tym lekko na boki. Przed wygłoszeniem mowy Whit otarła łzę z oka. Ja również płakałam, niesłychanie z niej dumna i wdzięczna, że mogłam być częścią jej sukcesu.

Whitney zadzwoniła do mnie z Los Angeles, a ja wyraźnie wyczuwałam jej energię. Rozpierała ją duma z powodu Grammy. Barbra Streisand, której piosenkę *Evergreen* Whitney śpiewała kiedyś w spektaklu Cissy wystawianym w klubie nocnym, a także Marilyn McCoo, która nagrała oryginalną wersję *Saving All My Love*, siedziały w pierwszym rzędzie. Streisand, znana z tego, że zawsze miała wielką tremę sceniczną, po ceremonii podeszła do Whitney i zapytała:

– Jak ty to robisz? Nie denerwujesz się?

Whitney, nie tracąc rezonu, uprzejmie odpowiedziała:

– Nie, po prostu robię, co trzeba.

rozdział 9

The Greatest Drug Tour

Swojej pierwszej ogólnoświatowej trasie koncertowej Whitney nadała nazwę The Greatest Love Tour, nawiązując wprost do tytułu utworu, który osobiście wciąż uznaję za najważniejszy i który ma nieprzemijającą wymowę. Kiedy poznałam Whit, wykonywała go w spektaklu matki w Sweetwater. Muzykę i tekst tej piosenki napisali Michael Masser i Linda Creed. Clive zamówił ją z myślą o filmowej biografii Muhammada Alego z 1977 roku zatytułowanej *The Greatest*. Pierwszą wersję nagrał George Benson, ale Whitney zarejestrowała własną.

Byłam obecna przy tym, jak Clive sprowadził Massera, żeby posłuchał Whit wykonującej ten utwór. Michael był niewysokim mężczyzną i miał rudą czuprynę na Beatlesa. Sprawiał wrażenie nieśmiałego i wycofanego – do momentu, gdy zaczynał mówić o muzyce albo siadał przy pianinie. Tamtego wieczoru był zachwycony śpiewem Nip. Zajął się produkcją tej piosenki na jej album, ale dopiero po tym, jak wspólnie z Whitney przekonał Clive'a, że jest na to właściwy czas. Zdziwiłam się, dowiadując się o wątpliwościach Clive'a. Whitney wykonywała ten utwór i wszyscy, którzy byli tego świadkami – łącznie z kompozytorem i samym Clive'em – byli wniebowzięci, a mimo to on postanowił wcisnąć hamulec. Nippy jednak twardo obstawała przy swoim.

Po tym jak Whitney nagrała *Greatest Love of All*, powiedziano nam, że Linda Creed walczy z nowotworem piersi. Whitney i ja modliłyśmy się za nią, przesyłając jej siłę i pozytywną energię. Album *Whitney Houston* ukazał się w walentynki w 1985 roku. Pierwszy singiel, *You Give Good Love*, wyszedł tydzień później, na stronie B zawierał *Greatest Love* i wkrótce dotarł na pierwsze miejsce. Single drugi i trzeci, *Saving All My Love for You* oraz *How Will I Know*, również natychmiast znalazły się w zestawieniach przebojów muzycznych.

W marcu 1986 roku Arista podjęła decyzję o wypuszczeniu utworu *Greatest Love of All* jako czwartego singla z pierwszego albumu. Whitney wykonywała go jako bis podczas swoich koncertów. W miarę jak piosenka wdrapywała się na szczyty list przebojów, Michael Masser poprosił Whitney, by zadzwoniła do Lindy do szpitala i przekazała jej dobrą nowinę. Ucieszyła się, że ma możliwość porozmawiać z autorką, by wyrazić miłość, podziw i wdzięczność, jakimi ją darzyła. Podkreśliła, że to wielki honor móc zaśpiewać i nagrać takie arcydzieło.

W ciągu miesiąca *Greatest Love* dotarło na piąte miejsce list przebojów. Nie pamiętam, gdzie akurat byłyśmy, kiedy powiadomiono nas o śmierci Lindy, ale wiadomość nami wstrząsnęła.

– Lepiej, żeby ta piosenka chwyciła – odezwała się po pewnym czasie Whitney.

– Chwyciła, Nip – podkreśliłam. – Linda tego dopilnowała.

W maju był to już czwarty singiel Whitney uplasowany na pierwszym miejscu, a utwór stał się najsłynniejszym dziełem Lindy Creed.

Jeszcze w 1985 roku Whitney stawiała pierwsze kroki na wielkiej scenie, występując jako suport przed koncertami Jeffreya Osborne'a, a potem Luthera Vandrossa. Jeffrey polegał przede wszystkim na dojrzałych kawałkach rhythm'n'bluesowych pochodzących z jego występów w zespole LTD. Moja mama była jego fanką i pamiętam, że często śpiewała razem z nim do melodii *Love Ballad*:

What a difference
A true love made in my life*.

Ale kiedy moja Whit opanowała eter, zauważyłam, że publiczność była bardziej zróżnicowana. Wśród słuchaczy Whitney Houston znajdowali się dwudziestoparolatkowie, osoby w wieku średnim, ludzie i czarni, i biali, i o każdym pośrednim odcieniu skóry.

Wyjazd w trasę koncertową z Lutherem był wspaniałym doświadczeniem dla wszystkich. Luther traktował Whitney i całą jej ekipę tak, jakby należeli do jego towarzystwa, a ja wciąż jeszcze słyszę, jak przystawał przy jej przebieralni lub gdzieś w korytarzu i pytał:

– Wszystko w porządku? Dobrze się macie? Czy czegoś wam potrzeba?

Był prawdziwym showmanem, który autentycznie uwielbiał to, na czym zarabiał. Jego wokaliści i wszyscy członkowie zespołu brzmieli profesjonalnie, wyglądali fantastycznie, podobnie jak sam Luther, znany z upodobania do

---

* „Jakiej przemiany / dokonała w moim życiu prawdziwa miłość".

połyskliwych marynarek projektowanych przez czarnoskórego projektanta mody Fabrice'a.

Whitney kochała Luthera Vandrossa jako osobę, przyjaciela i artystę:

– On naprawdę potrafi śpiewać!

Znała każdą piosenkę i każdy dżingiel, jakie kiedykolwiek nagrał. Kiedy ruszyła z nim w trasę jako support, zachwycała się jego koncertami i miała okazję osobiście przekonać się, jak wymagającym zadaniem jest bycie główną gwiazdą wieczoru. Luther jako artysta doskonale nadawał się do tego, by brać z niego przykład, jeśli chodziło o produkcję show i umiejętność wzbudzania zainteresowania publiczności. Uwagę przykuwały nie tylko wokalne harmonie i oryginalne zestawienia głosów, lecz również aranżacje, z którymi Whitney mogła zapoznać się już w studiu, przypatrując się swojej mamie pracującej z Lutherem. Na scenie Luther na ogół korzystał ze wsparcia tych samych wokalistów, z którymi nagrywał swoje utwory w studiu – z wyjątkiem Cissy Houston, której charakter daje się wyraźnie wyczuć we fragmentach *Wait for Love, Creepin', Better Love, The Night I Fell in Love* i *Since I Lost My Baby* – „What's gonna happen to me / I don't know". Innymi słowy, jeśli słucha się Luthera Vandrossa, usłyszy się również Cissy Houston.

Wokaliści wspierający Luthera: Kevin, Ava i legendarna Lisa Fischer na ogół stali, kołysząc się do rytmu, lub poruszali się po scenie z gracją, wytwornie, efektownie, urzekająco i hipnotyzująco. Paulette McWilliams dodawała kolejną warstwę wokalną, śpiewając z fotela ustawionego za kulisami. Zespół Luthera składał się z muzyków zaliczanych do pierwszej ligi w branży, takich jak Marcus Miller z jego charakterystycznym głębokim funkowym basem. Jego muzyczny spektakl był oszałamiający.

Wkrótce po wypełnieniu swoich obowiązków w roli suportu Nip zwykle pośpiesznie przebierała się i obwieszczała, że zamierza obejrzeć koncert, i wcale nie chodziło o przyglądanie się z boku sceny. W przygaszonym świetle w kilkoro osób – ja, Nip, Felicia i John Simmons – zakradaliśmy się na salę, tak by nie zwracać na siebie uwagi. Znajdowałyśmy miejsce na drugim poziomie areny i siedząc na podłodze w bocznym przejściu tuż przy barierce widzieliśmy wszystko. Nigdy nie było wolnych miejsc; cała sala była wypełniona po brzegi! Whitney nachylała się do przodu, wspierając przedramiona o skrzyżowane nogi, i wpatrywała się w Luthera błyszczącego na scenie do chwili, aż ktoś z publiczności w końcu nieuchronnie ją rozpoznał.

• • • •

Teraz nadszedł czas, aby to Whitney przyjęła rolę głównej gwiazdy wieczoru. Trasa The Greatest Love World Tour trwała od lipca do grudnia 1986 roku i obejmowała trzydzieści pięć koncertów w Stanach Zjednoczonych i Kanadzie, po których zaplanowano występy w Europie, Japonii i Australii. To było coś niewiarygodnego. Pracowałam przy produkcji folderów koncertowych, T-shirtów, czapek, przypinek, bluz, a także specjalnie na tę trasę zaprojektowałam swój pierwszy ciuch: kurtkę dla Whitney w stylu *varsity* ze skórzanymi rękawami w kolorze czerwieni przywodzącej barwę wozu strażackiego i srebrnym napisem „The Greatest Love Tour" na plecach, zwieńczonym pojedynczą czerwoną różą.

Whitney awansowała Silvię na osobistą asystentkę, co obejmowało towarzyszenie jej we wszelkich podróżach. Uzgodniłyśmy również kwestię zatrudnienia Carol Porter na całe tournée jako stylistyki fryzur. Wszystkie elementy układały się na właściwych miejscach.

Whitney była niczym dziecko, które chciało mieć ze wszystkiego jak największą frajdę. W chwilach odpoczynku biegałyśmy boso na stumetrowych dystansach po długich hotelowych korytarzach, zakładając się na pieniądze o to, kto przegra! Kilka razy wygrałam, ale ona zawsze starała się być górą, plotąc jakieś bzdury, żeby mnie rozkojarzyć i zyskać przewagę. Tak bardzo się tym ekscytowała, a ja uwielbiałam widzieć ją roześmianą.

Niekiedy na tyłach sali koncertowej znajdował się kosz do koszykówki i wówczas Nip grała przeciwko mnie, stając na obronie z głową wysunięta do przodu, cofniętymi biodrami i rozpostartymi szeroko rękoma, którymi ciągle mnie łapała i pomimo moich protestów cały czas faulowała. Mimo że obaj jej bracia byli koszykarzami, Whitney nie potrafiła grać. Jej najbardziej pamiętnym wyczynem koszykarskim w podstawówce było zdobycie dwóch punktów z dwutaktu. Dzięki swojej determinacji mogłaby spisywać się lepiej, ale Cissy uważała, że koszykówka to zbyt twarda dyscyplina jak dla jej dziewczynki i odwiodła od niej Whit.

Whitney dwukrotnie wynajęła całą arenę na próbę generalną i nasza ekipa grała tam w futbol dotykowy. W jednym z meczów w ostatnim zagraniu mieliśmy podać piłkę Whitney, cała linia przesunęła się w prawo, a ona miała tylko zrobić dwa kroki za nami i popędzić w lewo. Zamiast tego Whitney od razu rzuciła się w lewo. Wyglądało to tak, jakby biegła w zwolnionym tempie, a potem nagle jakimś sposobem zderzyła się kolanem ze swoją księgową, jedyną osobą w odległości pięciu metrów od niej, po czym przewróciła się i stłukła sobie prawe kolano tak mocno, że trzeba było ją znieść z boiska. Ta kontuzja uniemożliwiła jej występowanie na wysokich obcasach podczas próby generalnej.

Potem grałyśmy już tylko w ping-ponga i urządzałyśmy bitwy na pistolety na wodę. Jeździłyśmy w trasę z dwoma stołami pingpongowymi, a ilekroć podróżowałyśmy po kraju, nie mogłyśmy doczekać się wizyty w lokalnym sklepie z zabawkami, żeby wykupić wszystkie pistolety na wodę, jakie tylko w nim znalazłyśmy. Niekiedy nawet pięćdziesiąt osób angażowało się w poważne bitwy wodne, biegając po hotelu, by napełniać plastikową broń i wdawać się w zaciekłe walki. Whitney miała karabin w stylu Rambo i balony. Raz w hotelu w Tampie zgubiła swój szmaragdowy pierścionek i bitwa została przerwana do chwili, aż obsługa trasy koncertowej znalazła go na klatce schodowej obok sali balowej.

Przed naszą wyprawą za ocean Whitney była tak zabiegana, że nie miała czasu na żadne używki i tylko sporadycznie popalała jointy. Szybko jednak dowiedziałam się, że kiedy trasa koncertowa już się rozpoczęła, narkotyki stały się wszechobecne. Dealerzy zjawiali się w każdym lokalu i hotelu, gotowi zgarnąć sporą kasę na przybyciu jej świty. Faceci z produkcji zawsze jako pierwsi wiedzieli, dokąd się udać po towar, ponieważ do każdego miasta zawsze przyjeżdżali pierwsi. Jeden z członków zespołu nazwał tę trasę koncertową „The Greatest Drug Tour"*.

Jeśli Whitney i ja chciałyśmy sobie poużywać, jej brat Michael chętnie umawiał nas z kim trzeba. Gary miał problemy od chwili rozpoczęcia tournée i stale czaił się w pobliżu, rozsiewając negatywną energię, by potem nagle gdzieś przepaść. Pożyczał pieniądze od członków ekipy, a kiedy starali się je odzyskać, jego długi musiała pokrywać jego siostra.

---

* Z ang. „największe tournée narkotyczne".

Ani razu nie słyszałam, by Gary pogratulował Whitney występu albo jej podziękował. Wielokrotnie zdarzało mi się słyszeć go za kulisami, jak opowiadał, że był w studiu nagraniowym albo na rozmowie, na której omawiał szczegóły kontraktu płytowego, co oczywiście nigdy się nie wydarzyło. Wielokrotnie, kiedy przed koncertem wszyscy zbieraliśmy się w kręgu, trzymając się za ręce i pochylając głowy, by odmówić modlitwę, Gary zjawiał się ostatni. Wówczas Whitney, prowadząca modlitwę, zwykle podnosiła nieco głos i mówiła:

– I chroń nas, Panie, przed negatywną energią.

Albo:

– Panie, nie pozwól, by szatan postawił na swoim. Uzbrój nas w swoją moc, wszechwiedzący i wszechmocny Boże. O to Cię prosimy w imię Twoje, Panie. Amen.

Gary ćpał w trasie regularnie. Któregoś dnia zaszył się w łazience w hotelu Four Seasons w Bostonie, a jego spanikowana żona, Monique, wydzwaniała do pokoju hotelowego Whitney, bo bała się o niego. Silvia, której pokój był połączony z apartamentem Whit, zadzwoniła do mnie, by powiedzieć, że przyłapała w swoim pokoju Gary'ego i Michaela, a zawartość jej czarnej kosmetyczki leżała na wierzchu. Silvia usiadła, gapiąc się na nich, aż uznali, że psuje im odlot, więc ostatecznie podniosła się i wyszła.

Pewnego razu wybrałyśmy się na imprezę branżową. Kilka osób siedziało na sofie i rozmawiało. Przed nimi na stoliku kawowym stała miska pełna kokainy. Korciło mnie, żeby spróbować, a nie byłoby żadnym problemem, gdybym wzięła talerzyk i nasypała na niego parę łyżeczek. Ale tego nie zrobiłam. W końcu ktoś musiał wstać rano i zająć się robotą. Zdarzało się, że miałam ochotę na odlot z Nip i Michaelem lub nawet na samotny haj w nocy, lecz nigdy nie zamierzałam pozwolić sobie na narkotyczny maraton z kimkolwiek. Wiele razy doświadczyłam całonocnego czuwania i wiedziałam, że koniec jest zawsze taki sam: wszyscy wyglądają jak opętani, mają zmierzwione włosy, rozszerzone źrenice, mrugają nerwowo, są oniemiali, odwodnieni i spragnieni, ponieważ narkotyczny haj już minął. I wszyscy szukają sposobów na zdobycie kolejnych porcji narkotyku.

Dni były długie, a noce często nieprzespane, za to praca ekscytująca, więc coraz częściej starałam się trzymać na uboczu, kuląc się na mojej leżance w naszym koncertowym autobusie, który zazwyczaj opuszczał kolejne miasta jeszcze przed świtem, około drugiej lub trzeciej w nocy. Kiedy udawało mi się odnaleźć w sobie siłę, by oprzeć się pokusom, zerkałam przez zasłonę i jeśli wyglądało na to, że noc była ciężka, rozdawałam kanapki udręczonym członkom ekipy. Wszyscy uważali, że to zabawne, ale ja wiedziałam, jak oni się czują. Cierpieli.

W takich momentach Gary stale mnie nękał, mamrocząc coś pod nosem, patrzył gdzieś nieprzytomnym wzrokiem. Któregoś dnia, gdy miałam wsiąść do autobusu, pojawił się znikąd, stanął przede mną i krzyknął mi w twarz:

– Nie ty tu rządzisz!

Zaskoczona obeszłam go dookoła i bez słowa weszłam na stopnie schodków.

– On jest kompletnie szalony – stwierdził jeden z wokalistów.

– I przerażający! – dodała Carol.

Zajęłam miejsce przy oknie, a gdy autobus ruszył, Gary wciąż jeszcze stał na chodniku, wpatrując się we mnie przez szybę. Nie miałam pojęcia, jak zareagować, ale odzyskałam zimną krew, więc kiedy przejeżdżaliśmy obok niego, pokazałam mu język.

W kulminacyjnym momencie każdego koncertu Whitney zwykła mówić publiczności:

– Proponuję wam interes. Wy mi dacie trochę siebie, a ja dam wam całą siebie.

I rzeczywiście to robiła: dawała z siebie wszystko i na koniec każdego show była spocona i wyczerpana. Odnajdywała w tym radość, ale czasami po występie znajdowały się jakieś osoby, które miała do niej pretensje. Kiedyś w Wirginii szłyśmy długim korytarzem prowadzącym ze sceny do przebieralni i minęłyśmy dwie dziewczyny, które podobnie jak my miały po dwadzieścia parę lat.

– Patrz, zachowuje się tak, jakby nikogo nie poznawała – stwierdziła głośno jedna z nich, próbując zganić Whit za to, że się z nimi nie przywitała.

Whitney, w eskorcie ochroniarzy, zatrzymała się, odwróciła i podeszła do dziewczyny, która się do niej odezwała.

– Masz rację. Nie poznaję was – rzuciła.

Podczas przystanków w Stanach Zjednoczonych Whitney zazwyczaj pozostawała w hotelu. Członkowie ekipy wybierali jakąś restaurację i chociaż mogła potem do nich dołączyć, na ogół nie chciała się ruszać z pokoju. Była domatorką nawet w trasie. Silvia i przyjaciółka Cissy, ciotka Bae, pakowały do bagaży wszystko, co mogły, by pomóc jej poczuć się jak w domu. Wśród tych rzeczy był duży kufer na kółkach pełen ulubionych smakołyków Nippy: cukierki Fruity Pebbles, płatki śniadaniowe Cap'n Crunch, tuńczyk w puszce, krakersy Ritz i masło orzechowe. Gdziekolwiek się zatrzymywałyśmy, Nippy prosiła nas o zdobycie książek z kolorowankami i kredek – zajmowała się tą relaksującą rozrywką zawsze, gdy miała trochę wolnego czasu. Zwykłam mówić jej, że powinna je podpisywać i rozdawać fanom, ale przypuszczalnie zrobiła tak tylko raz.

Niedługo po naszym pierwszym spotkaniu Whitney powiedziała:

– Trzymaj się mnie, to zabiorę cię w podróż dookoła świata.

Teraz właśnie to robiła. Tym razem Whitney, Silvia i ja poleciałyśmy concorde'em do Londynu, a reszta ekipy zaliczyła ośmiogodzinny lot. Ciotka Bae irytowała się, że Nip zabiera ze sobą Silvię, a nie ją.

– Dlaczego latasz concorde'em? – dopytywała się.

– Bo tak chce Whitney – odpowiedziała Silvia, która przypominała małe dziecko mierzące się z łobuzem. Kiedy dotarłyśmy na lotnisko Heathrow, wszystkie trzy zeszłyśmy po schodach i zostałyśmy powitane przez paparazzi.

– Chodźcie za mną – rzuciła Whit. Wyglądała, jakby była na to spotkanie w pełni gotowa. W okularach przeciwsłonecznych i kapeluszu z szerokim rondem, kroczyła długimi pewnymi krokami, w charakterystyczny dla siebie, nieco wyzywający sposób – prawdziwa międzynarodowa gwiazda.

Krajem, w którym naprawdę się zakochałam, była Japonia. W porównaniu z Akihabarą oświetlenie Times Square wyglądało skromnie! Ta dzielnica była rozjarzona światłami w sposób wręcz elektryzujący. Wybrałam się tam zarówno rankiem, jak i na koniec dnia, i za każdym razem energia była taka sama, wszystko nieustannie pulsowało. Sklepy muzyczne były wyposażone w najnowocześniejszy sprzęt audio, gadżety elektroniczne oraz bogatą kolekcję płyt chyba wszelkiego rodzaju artystów, którzy kiedykolwiek wydali album. Muzycy cieszyli się takim uznaniem, że można tam było znaleźć dosłownie dowolny utwór nagrany przez wybranego piosenkarza czy zespół muzyczny. Wydawałam całe moje dniówki na płyty z rzadkimi nagraniami Chaki

Khan, grupy Rufus, wytwórni Motown czy Philly – wyłącznie na samą klasykę.

Jeśli chodzi o jedzenie, to nie było tam czegoś takiego jak california futomaki. Zamiast tego w restauracjach można było całymi dniami rozkoszować się wyjątkowo świeżym, delikatnym sushi, a wybraną rybę wskazywało się na wystawie. Sposób podawania dań był urzekający – nawet butelkę coca-coli przelewano do szklanki, do której wkładano trzy perfekcyjne kostki lodu. W niektóre wieczory, kiedy odczuwałam tęsknotę za domem, schodziłam do restauracji w hotelu Capitol Tokyo, gdzie się zatrzymałyśmy, i zamawiałam spaghetti bolognese. Niekoniecznie jadałam je w domu, ale biorąc pod uwagę miejsce, w którym przebywałam, nazwa brzmiała znajomo. Wielokrotnie natrafiałam tam na Michaela i prosiliśmy kelnerów w beżowych płaszczach o pikantny sos do naszego makaronu. Zazwyczaj Michael zachowywał się wobec mnie bardzo przyjaźnie, na luzie i zarazem z serdecznością. Pod tym względem przypominał mi Nippy.

W Japonii nikt nie szukał kokainy. Jedną z niewielu rzeczy, od jakich czułam się tam uzależniona, była jagodowa guma do żucia, którą kupowałam w hotelowym sklepie z mydłem i powidłem. Być może ta abstynencja wynikała z bariery językowej, ale zamiast upalać się wieczorami, spędzałyśmy czas na brataniu się z publicznością przychodzącą na koncerty. Ludzie kłaniali mi się i mówili na mnie „Robyn-san".

Byłyśmy w wielu japońskich miastach: Osace, Jokohamie, Tokio, a podczas kolejnych tras koncertowych również w Sendai, Fukuoce i Hiroszimie. W Hiroszimie odwiedziłyśmy park będący symbolem pokoju i upamiętniający skutki wojny, ofiary i zniszczenia spowodowane zrzuceniem bomb jądrowych w czasie II wojny światowej. Widziałyśmy posągi dorosłych, dzieci, niemowląt – ludzi zajmujących się swoimi powszednimi sprawami, zanim ich życie dramatycznie się skończyło.

W drodze na jeden z koncertów utknęłyśmy w Tokio w koszmarnych korkach. Zaczęłyśmy się niepokoić. Zadzwoniłyśmy do kierownictwa areny Budokan, obawiając się, że Whitney nie uda się tam wystąpić. Wysłali do nas motocykl, a Whitney bez wahania wskoczyła na tylne siedzenie i dotarła na czas. Gdy znalazła się na scenie, była w swoim żywiole: spokojna, zrelaksowana, opanowana. Większość z widzów prawdopodobnie w ogóle nie mówiła po angielsku, ale wszyscy znali jej piosenki.

Nasz kolejny przystanek, Australia, to była czysta magia – klimat, pogoda, woda, plaża, ludzie. Grałyśmy w piłkę nożną na trawniku przed gmachem parlamentu w stolicy kraju, Canberrze. Melbourne tak doskonale sprzyjało spacerom, że przypominało mi pod tym względem San Francisco. Publiczność tworzyli głównie biali ludzie, ale zależało nam na tym, żeby spotkać się i przełamać chlebem z Aborygenami. Otrzymałyśmy od nich piękne, wyszukane, ręcznie wykonane pasy i torebki w zamian za bilety na koncert.

Kurs wymiany dolarów amerykańskich i australijskich był bardzo korzystny, więc ceny kokainy wydawały się okazyjne. Pewnej nocy po koncercie siedziałam w pokoju Whitney, kiedy Michael powiedział, że wychodzi, żeby zdobyć dla nas trochę towaru. Miał wrócić za pięć minut, ale gdy w końcu zjawił się z powrotem, była jedenasta przed południem następnego dnia. Upalanie się o takiej porze jak dla mnie zakrawało na szaleństwo. Pragnęłam raczej wyjść na dwór. Poza tym miałam ochotę wrócić już do domu.

Brakowało mi mojego samochodu i łóżka, jedzenia chipsów zamiast chrupek; brakowało mi domowej zapiekanki ziemniaczanej i tęskniłam za rodziną. Kiedy tournée oficjalnie się zakończyło i wróciłyśmy do Ameryki przed Bożym Narodzeniem, ucałowałyśmy ziemię na lotnisku.

rozdział 10

The Moment of Truth

Kiedy byłyśmy w trasie, Clive zaczął pracę nad piosenkami na drugi album, *Whitney*. Whit wróciła do domu, żeby zrobić sobie przerwę, ale jej plan wypoczynku spełzł na niczym, ponieważ Clive nalegał, by niezwłocznie płynąć na fali jej bezprecedensowego sukcesu.

Począwszy od grudnia 1986 roku, odbyłyśmy kilka podróży do Tarpan Studios w San Rafael w Kalifornii należących do Narady Michaela Waldena. To była piękna, kojąca przestrzeń i Nip cieszyła się z pobytu tam. Znaleźli z Naradą wspólny język. Kiedy zajmowała miejsce w kabinie nagraniowej, on zamykał oczy i składał dłonie, trzymając je przy sercu. Na jego twarz wstępował przepiękny, pełen akceptacji uśmiech. Miał łagodny sposób bycia i obsługiwał konsoletę z subtelnością, delikatnie i stopniowo przesuwając suwaki w górę lub w dół. Nip nazywała go: „Peace, Love and Happiness"*.

---

* Z ang. „Pokój, miłość i szczęście".

Tak samo jak w przypadku pierwszego albumu, Whitney zawsze wychodziła z kasetą z nagraniami z danego dnia, bym mogła ich przesłuchać nocą i nazajutrz wracała do studia gotowa od razu zabrać się do pracy. Już same jej chórki były w stanie ożywić każdą imprezę. Przypatrywałam się niezliczone razy, jak Whitney śpiewała w kościele, na próbie, na żywo podczas koncertu i w studiu, i nigdy nie przestawała mnie zachwycać.

Zawsze skupiałam uwagę i miałam wzrok utkwiony w Whitney. Z tego powodu Narada niekiedy pytał o moje wrażenia.

– Usiądź tutaj, Robbie – prosił, posługując się zdrobnieniem, jakiego używała Whit. – Posłuchaj. Czy zauważasz jakąś różnicę?

Robiła kolejne podejście, a Narada mówił:

– Doskonale, teraz jeszcze raz, tak samo jako poprzednio.

Nawet jeśli jej próba wykonania jakiegoś motywu była idealna, on miał dość cierpliwości, by dostrzegać nowe możliwości pojawiające się w trakcie sesji, a Whitney miała dość wytrzymałości, by wykonywać jedno podejście za drugim; mogła pracować dotąd, aż oboje byli usatysfakcjonowani. Narada, zawsze wrażliwy na nawet subtelne formy energii, co pewien czas odwracał się do mnie i pytał:

– Jak jej idzie, Robbie? Jest w porządku?

Kiedy skończyliśmy nagrania, stwierdził, że Nip potrzebuje wakacji i polecił ośrodek Kona Village Resort na Hawaii – największej wyspie archipelagu. Poleciałyśmy tam na dwa błogie tygodnie, wolne od telewizji i telefonów, za to obfitujące w świeże owoce i towarzystwo gekonów i iguan, z którymi dzieliłyśmy nasz apartament.

Narada wyprodukował więcej piosenek i stworzył więcej hitów Whitney niż ktokolwiek inny. *I'm Every Woman*, popowy hymn napisany przez Nicka Ashforda i Valerie Simpson, oryginalnie zaśpiewała Chaka Khan na swoim debiutanckim albumie, a w jej chórkach wystąpił nie kto inny jak Cissy Houston. Whitney miała zaufanie do Narady, dlatego zadzwoniła do niego z propozycją, by wyprodukował dla niej ten utwór.

– Nie zmieniaj go – poinstruowała go. – Niech będzie taki jak w oryginale. I zachowaj pianino Val.

Po wstępnym zarejestrowaniu utworu David Cole i Robert Clivillés z C&C Music Factory zostali zaproszeni do stworzenia remiksów tanecznych. Ponieważ David również pochodził z East Orange, Nip zgodziła się wejść razem z nimi do studia, by nagrać dodatkowe partie wokalne do wersji klubowych.

• • • •

Któregoś dnia potrzebowałam przerwy, więc poprosiłam Michelle, by towarzyszyła Whitney podczas próby w studiu SIR na Manhattanie, gdzie Whitney pojechała swoim srebrnym range roverem. W drodze powrotnej, w okropnym korku, jakieś inne auto lekko uderzyło w drzwi jej samochodu, gdy w żółwim tempie wjeżdżała do Tunelu Lincolna. Whitney wysiadła i zaczęła kląć na drugiego kierowcę. Michelle krzyknęła, żeby wróciła, ponieważ wóz został zaledwie muśnięty. Wówczas kierowca, który zaczął ją przepraszać, nagle rzucił:

– A niech mnie! Ty jesteś Whitney Houston.

Na te słowa stanęła jak wryta, po czym pośpiesznie wróciła do samochodu i odjechała. Nawet po jej udanym debiucie płytowym i światowej trasie koncertowej nadal czasem ją zdumiewało, że ktoś rozpoznaje ją na ulicy.

Po tym incydencie wzbraniała się przed wychodzeniem z domu, ale przekonałam ją, że jeżeli pójdzie do galerii handlowej w Short Hills około jedenastej przed południem, to zastanie tam jedynie matki z dziećmi i większość z nich jej nie rozpozna. Ludzie przywykli do widoku Whitney w pełnym stroju i makijażu, a przecież na co dzień tak nie wyglądała. Naprawdę trzeba było przyjrzeć się jej uważniej – tak jak tamten kierowca – żeby zwrócić uwagę na jej rysy twarzy. Nie ukrywała się, ale też nie afiszowała z tym, kim jest.

Poza tym niektórzy wciąż jeszcze nie rozpoznawali Whitney, nawet po bliższym przyjrzeniu się jej. Któregoś razu była z Silvią u Neimana Marcusa* w Beverly Hills i chciała przymierzyć bransoletkę. Czekała, podczas gdy dwaj biali sprzedawcy stojący za ladą asystowali pewnej klientce, również białej. Silvia zapytała jednego z nich, czy ktoś mógłby je obsłużyć i w odpowiedzi usłyszała, że musi poczekać. Podeszła więc do młodego sprzedawcy przy innej ladzie i poprosiła go o pomoc. Ten wyjął bransoletkę z gabloty i po paru minutach powiedział głosem pełnym podziwu:

– Ty jesteś Whitney Houston.

Nagle dwaj pozostali sprzedawcy również zaoferowali swoją pomoc, ale Silvia ich odprawiła.

– Och, teraz śpieszycie z pomocą? – rzuciła do nich. – Przedtem uznaliście, że możecie nas zignorować, bo jestem latynoską, a ona jest czarnoskóra? Nagle zorientowaliście się, że czarna dziewczyna to Whitney Houston i od razu tu jesteście.

Whitney, która aż do tej pory w ogóle się nie odzywała, zwróciła się do chłopaka, który ją obsłużył.

---

* Amerykańska sieć luksusowych domów towarowych, w których można znaleźć m.in. delikatesowe wyroby spożywcze, ekskluzywne wyposażenie wnętrz, designerską odzieżą i galanterię czy wyszukaną biżuterię.

– Dostajecie prowizję od sprzedaży?

Skinął głową.

– To sprowadź kierownika. Chcę to kupić od ciebie – oświadczyła.

• • • •

Mniej więcej w tym czasie Robert De Niro stał się wielbicielem Whitney – i to takim nieco kłopotliwym. Gdy zadzwonił po raz pierwszy, byłyśmy w Londynie, kręcąc teledysk do *How Will I Know*. Peter Barron, szef produkcji wideo w wytwórni Arista, powiedział mi, że De Niro chciałby zabrać Whitney na kolację. Prawie o północy następnego dnia, po szesnastogodzinnych zdjęciach do teledysku, odebrałam telefon w pokoju hotelowym i usłyszałam w słuchawce:

– Tu Bob De Niro. Czy mogę mówić z Whitney? – przekazałam jej wiadomość.

Ona popatrzyła na mnie i odparła:

– Nie.

Kilka miesięcy później na imprezie branżowej w Nowym Jorku, jeden z członków obsługi scenicznej przyszedł do przebieralni Nip, by powiadomić ją, że Robert De Niro jest na linii.

– On chyba oszalał – skwitowała Whitney. Tym razem podniosła słuchawkę telefonu znajdującego się za kulisami. Nie pamiętam, co dokładnie mu powiedziała, ale łagodnie go spławiła.

Pewnego popołudnia zadzwonił pan Houston, żeby przekazać „ekscytujące wieści" o fantastycznym domu, jaki dla nas znalazł. Początkowo wydało się nam to bardziej zaskakujące niż ekscytujące: ani Whitney, ani ja nie wspominałyśmy słowem o tym, że chcemy się dokądś przeprowadzić. Nasze mieszkanie znajdowało się o rzut kamieniem od biura Whitney i było oddzielone tylko jednym mostem od Harlemu, i obie byłyśmy z niego absolutnie zadowolone. Pan Houston upierał się, żebyśmy przynajmniej pojechały obejrzeć tę nieruchomość. Po długiej jeździe wylądowaliśmy w części New Jersey, w której nigdy wcześniej nie byłam. Dom wyglądał na nowo wybudowany. Krajobraz dookoła był niezagospodarowany, a na działce znajdował się obszar doskonały pod projekt basenu, choć nikt jeszcze nie pomyślał o jego budowie.

Dom był nowoczesny, niepowtarzalny, miał owalne pokoje i okna od podłogi do sufitu, dzięki którym przestrzeń zalewało naturalne światło. Gdy oglądałyśmy nieruchomość, otoczoną piaszczystym terenem, Whit najwyraźniej czuła się jak w domu, może nawet była szczęśliwa. Kiedy zapytała mnie, co myślę, odparłam, że podoba mi się to miejsce, ale chyba jest zbyt daleko od miasta – właściwie zbyt daleko od wszystkiego. Pan Houston bronił swojego wyboru, podkreślając, że Whitney staje się aż nazbyt sławna i potrzebuje prywatności. Nie dyskutowała z tym i po prostu za ponad dwa miliony dolarów kupiła swój pierwszy dom.

Zaskoczyła mnie ta zmiana. Rezygnowałyśmy z wygody życia w bezpośredniej bliskości miasta. Jasne, w naszym trzypokojowym mieszkaniu czułam, że przydałoby się nam trochę więcej przestrzeni, ale nie dom o powierzchni ponad 1100 metrów kwadratowych, której za nic nie umiałyśmy wykorzystać.

◆ ◆ ◆ ◆

Mieszkałyśmy już w tym domu, kiedy Carol usunęła Whitney treskę. Dzięki jej poradom i pielęgnacji naturalne włosy Whitney urosły tak bardzo, że niemal opadały na ramiona.

Cieszyłam się, że są tak długie i zdrowe, bo ufałam, że to oznacza koniec jej zmartwień dotyczących fryzury.

Stałam w jej nowej kuchni. Whitney wyszła ze swojego pokoju, a Cissy, która zjawiła się niezapowiedziana, zerknęła przelotnie na córkę i stwierdziła:

– Usunęłaś swoje włosy? Wyglądasz jak cholerny facet. Co zrobisz, jak będziesz miała wywiad lub coś podobnego? – Cissy nie przestawała mówić, nie dostrzegając zranionego wyrazu twarzy Whitney.

Whitney zachowywała milczenie, więc ja się odezwałam:

– Uznałyśmy, że możemy dać jej włosom trochę oddechu i pozwolić Carol odżywić je teraz, kiedy zakończyły się koncerty.

– Co zrobisz, gdy trzeba będzie gdzieś wyjść? – kontynuowała Cissy, kompletnie mnie ignorując.

Whitney spojrzała mi w oczy i powiedziała:

– Cóż, to prawda. Przecież będę musiała czasem gdzieś wyjść.

– Właśnie wróciłaś z wielkiej trasy koncertowej. Zrób to, co najlepsze dla ciebie – odparłam. W moim przekonaniu oznaczało to być może zatrudnienie trenera personalnego i przestrzeganie diety, by nauczyć się dbać o siebie, zajęcie się czymś innym niż śpiewanie i trochę odpoczynku. Po pewnym czasie od zakończenia trasy koncertowej zauważyłam, że nadmiar wolnego czasu nie służy Whitney.

– Nie możesz się pokazywać w takim stanie – upierała się Cissy.

W tamtym czasie wciąż miałam włosy do ramion i nie lubiłam ich moczyć. Whitney, która pływała jak ryba, zwykła o mnie mawiać:

– Włosy Robyn kierują jej życiem – i miała poniekąd słuszność. Podobnie jak wiele innych czarnoskórych kobiet, zachowywałam się tak, jakby woda była dla włosów czymś w rodzaju pocałunku śmierci. W końcu obcięłam je i uwolniłam się od ich dyktatu, lecz Whitney zmierzała w przeciwnym kierunku. Po wystąpieniu Cissy tamtego dnia treska stała się trwałym elementem jej wyglądu.

Tymczasem plotki o Whitney i o mnie szerzyły się równie błyskawicznie jak sława towarzysząca jej spektakularnej karierze. W tamtym okresie nie byłyśmy ze sobą fizycznie już od kilku lat, więc wydawały mi się całkiem niedorzeczne. Początkowo te spekulacje zbliżyły nas do siebie, bo obie znałyśmy prawdę. Whitney często pragnęła, żebym była przy niej, i nie chciała, by nikt nowy pojawił się między nami.

– Mam już przyjaciółkę. Nie potrzebuję innej.

Nasza więź się umocniła, a to, co nas łączyło, zachowywałyśmy tylko dla siebie. Nie podobało się to jej matce, która powtarzała Whitney:

– To nienaturalne, by dwie kobiety były ze sobą tak blisko.

Za każdym razem, kiedy szłyśmy do supermarketu, widziałam przynajmniej jedno tabloidowe czasopismo z moją twarzą na okładce. Starałam się ignorować plotki, ale Houstonowie nie byli w stanie tolerować naszej relacji, zwłaszcza Cissy. Z powodu jej agresywnego sposobu bycia przezwałam ją „Wielka Kuda" – skracając w ten sposób słowo „Barakuda". Ilekroć zaczynała mówić, przybierałam niewinny wyraz twarzy i słuchałam jej słów z ironicznym uśmieszkiem. Nie starałam się odnosić do niej lekceważąco, ale nie byłam już dzieckiem i nie potrzebowałam jej afirmacji. Nie chciałam jedynie burzyć spokoju. Wiedziałam, że zdarzy się taka sytuacja, w której będę musiała zareagować mocniej, bronić się, ale jeszcze nie przyszedł właściwy czas.

Nagrywany w zawrotnym tempie drugi album Nip, *Whitney*, miał się ukazać w czerwcu 1987 roku. Na dzień przed premierą płyty zjawiłam się na umówione spotkania w siedzibie Aristy, gdzie szef działu promocji R&B powiedział mi, że rozgłośnie radiowe dobijają się do nich z pytaniami o łączącą nas relację. W trakcie wywiadów na temat jej nowego albumu, ni stąd, ni zowąd zarzucali Whitney pytaniami w stylu:

– Więc... czy teraz się z kimś umawiasz?

Uprzejmie wykręcała się od rozmów na takie tematy, zaznaczając, że jej życie osobiste to jej prywatna sprawa, ale mimo to dziennikarze nadal pytali. Pierwszy singiel z tego albumu, *I Wanna Dance with Somebody*, natychmiast stał się hitem i nawet gdy temat relacji ze mną ucichł, co i raz zdarzało się, że któryś z rozmówców pytał niepodziewanie, „tak na marginesie":

– Czy jest w twoim życiu ktoś specjalny?

Po jednym z wywiadów radiowych wróciłyśmy do samochodu, a Whitney wyrzuciła z siebie:

– Naprawdę? A czy ty spotykasz się z kimś, skurwielu? Spałeś z kimś zeszłej nocy? Jak było?

To coś, co miała ochotę powiedzieć im wszystkim. Roześmiałyśmy się i zrzuciłyśmy z siebie ciężar. Ostatecznie tak samo postępowali z Dionne i wiele innych kobiet też dotykało takie traktowanie. Kiedy ukazał się jej drugi album, Whitney stała się pierwszą kobietą, której płyta zadebiutowała na pierwszej pozycji w zestawieniu „Billboardu". Jej druga płyta stała się więc wydarzeniem historycznym, ale nie to budziło największe zainteresowanie mediów.

Mogę jeszcze zrozumieć tabloidy, ale kiedy Richard Corliss z magazynu „Time" zdecydował się odnieść się do pogłosek w obszernym artykule, który ukazał się w lipcu 1987 roku, wydawało się, że ustalił się już standardowy zestaw pytań, nawet w przypadku szacownych gazet. Byłam obecna przy tym wywiadzie. Whitney przywołała mnie i poprosiła, żebym podzieliła się z dziennikarzem moimi przemyśleniami na temat spekulacji dotyczących naszej relacji.

– Mówię mojej rodzinie: „Na ulicy możecie usłyszeć wszystko, ale o ile nie usłyszycie tego ode mnie, to nie jest to prawdą" – odpowiedziałam. Sama wciąż starałam się rozgryźć naszą relację, więc nie byłam gotowa na żadne wyznania wobec mojej rodziny, a co dopiero na publiczne deklaracje.

– Ludzie widują Robyn ze mną i sami wyciągają wnioski – dodała Whitney. – Tak czy inaczej, kogo to w ogóle obchodzi, czy jesteś gejem albo czy lubisz psy?

Nie podobało mi się, kiedy tak mówiła. Dyskutowałyśmy o tym, jak mogłaby zachowywać się w takich sytuacjach, jednak nigdy nie chciała znaleźć czasu na to, by przygotować się do wywiadów. A ta plotka była nadzwyczaj żywotna. Kiedy Whit zestawiała homoseksualność z seksem ze zwierzętami albo wypowiadała się tak zdecydowanie o sobie jako kobiecie zainteresowanej mężczyznami, wydawało mi się, jakby rozpaczliwie usiłowała zmylić pościg. Jej protesty były przesadne i niekiedy nieprzyjemne. Jednak miała 100 procent racji, że to, z kim spała, było wyłącznie jej sprawą. Kiedy ukazał się artykuł w „Time", Corliss opisał mnie jako „naprawdę przystojną", co było ciosem poniżej pasa. Mojej matce również to określenie się nie spodobało.

– Jesteś piękną kobietą – podkreśliła, zapewniając mnie o tym tak jak wtedy, kiedy byłam młodą dziewczyną.

– Wszystko dobrze? – pytała często Whitney po tym, jak przedostałyśmy się przez szpaler paparazzi albo opuściłyśmy konferencję prasową, na której ktoś po raz milionowy wypytywał o naszą relację. W samochodzie ściskała mocno moją dłoń, jak gdyby chcąc się upewnić, że nadal jestem obok. Pragnęła zapewnić mnie, że bez względu na to, co mówili ludzie na mój temat – na nasz temat – nasza więź pozostawała stabilna, że byłam dla niej ważna i cenna. We wzmiance zamieszczonej pod tekstami piosenek na okładce albumu *Whitney* napisała: „Robyn, jesteś moją przyjaciółką i świetną asystentką. Bądź silna, bo jesteś dzieckiem Wszechmogącego i kroczysz w Jego miłości i świetle. Kocham cię, Whitney".

rozdział 11

Donieś tylko na siebie

Whitney zachowywała się nieco dziwnie: choć traktowała mnie z otwartością, bywała również bardzo skryta. Uwielbiała zachowywać wewnętrzną ciszę i odzywać się tylko wówczas, kiedy naprawdę miała na to ochotę. Za to kiedy była w nastroju gadatliwym, nie sposób było jej zatrzymać. W niektóre dni więcej czasu poświęcała na rozmowy z Jezusem niż ze mną. Słyszałam głos dochodzący z jej sypialni, ale starałam się nie przysłuchiwać tak osobistym wyznaniom. Wiedziałam, że była sama w swojej modlitwie, ale niekiedy jej głos wyraźnie się ożywiał – zupełnie tak jak w rozmowie z drugą osobą – że któregoś dnia zapytałam ją:

– Nip, z kim ty tam tak rozmawiasz?

Posłała mi zaskoczone spojrzenie.

– Z Jezusem. A myślałaś, że z kim?

Zdarzało się, że siedziałam w wielkim, pustym domu, znudzona, wyczekując jakiegokolwiek dźwięku. Rzadko słyszałam krzątaninę Whitney. Sygnałem było stuknięcie otwierających się podwójnych drzwi jej pokoju i przytłumiony odgłos szurania jej hotelowych białych kapci frotte, w których uwielbiała chodzić po długim wyłożonym terakotą korytarzu prowadzącym do kuchni, skąd wracała ze zwyczajową przekąską w postaci miseczki płatków zbożowych.

Whitney nie należała do rannych ptaszków, więc jeśli pracowała całą noc, rzadko zdarzało się, żeby wstawała i wychodziła wcześniej niż późnym popołudniem. Uwielbiała pływać, relaksować się przy basenie, oglądać telewizję, bawić się z MisteBlu i Marilyn – a przede wszystkim słuchać muzyki. Ja zazwyczaj wstawałam wcześnie, od razu gotowa do działania. Kiedy Nip w końcu się pojawiała w swojej piżamie, natychmiast wprowadzałam ją w sprawy, którymi zajmowałam się, kiedy spała. Przykładała wtedy palec wskazujący do ust, bezgłośnie mnie uciszając.

Rozmawiałyśmy z Whit o tym, w jaki sposób powinnyśmy zmienić nasze złe nawyki, zastępując je dobrymi. Zaproponowałam jazdę na rowerze, a potem jogging. Pewnego dnia wybrałyśmy się pobiegać w pobliżu domu. Kiedy w końcu dotarłyśmy do ostatniego zakrętu naszego niespełna kilometrowego dystansu – tak naprawdę uprawiając ni to marszobieg, ni to chód – zgodnie z planem miałyśmy pokonać końcowy odcinek sprintem. Zamiast tego Nip oznajmiła, że jest zmęczona i spragniona, a do tego chce się jej zapalić papierosa.

Jako współlokatorka Whitney była nudna jak cholera, o ile nie grała muzyka. Na jej dźwięk wyraźnie się ożywiała i rozpoczynało się przedstawienie. Silvia i ja lubiłyśmy energię, jaką generowała playlista Whit: Chaka, Stevie, Change, Walter i Tramaine Hawkins, Andraé Crouch, The Winans i Fred Hammond. Śpiewałyśmy wszystkie razem wraz z BeBe i CeCe, René i Angelą czy El DeBarge i muzyka rozbrzmiewała w całym domu i poza nim, a my lądowałyśmy w basenie!

• • • •

Nasze umiejętności kulinarne nie zwiększyły się zanadto, a żyjąc w rozjazdach, potrzebowałyśmy zdrowego jedzenia, by móc realizować wymagający harmonogram zajęć. Zasugerowałam, żebyśmy wynajęły kucharza. Whit dała mi zielone światło, ale kilka dni później oznajmiła, że musi do tej pracy zatrudnić ciotkę Bae. Cissy stwierdziła, że Bae potrzebuje pieniędzy, więc Nip uznała, że ma wobec niej dług wdzięczności.

– Naprawdę nie chcę jej obecności w moim domu; jest wścibska i będzie donosiła mojej matce o wszystkim, co się tu dzieje. Ale naprawdę mogą się jej przydać te pieniądze. To będzie słuszne – powiedziała Nip.

Wprawdzie Whitney dotrzymała słowa, zatrudniając Bae, jednak tylko Silvii pozwalała przynosić tacę z gotowymi posiłkami do sypialni albo do hotelowego apartamentu w trasie. Pewnego razu Bae zatrzymała się w innym hotelu niż my. Tam przyrządzała posiłki, po czym przynosiła je do hotelu Nip, w którym mieszkałyśmy również z Silvią. Kiedy zadzwoniła z dołu, już miałam podać jej numer pokoju, kiedy wtrąciła się Nippy:

– Nie. Powiedz, że Silvia zejdzie na dół i je odbierze.

Oczywiście ciotka Bae i Cissy nie dbały o to, czego naprawdę chciała Nip. Najwyraźniej czuły, że powinny być bliżej niej i to nadawało ton ich zachowaniu. Jeżeli nie podobało im się coś, co Whit powiedziała, zrobiła lub czego zapragnęła z myślą o sobie lub o kimś innym, Silvia dostawała za te decyzje po tyłku, a i mnie również nigdy nie oszczędzały.

W trakcie pierwszej trasy koncertowej w poprzednim roku biuro Nippy Inc. musiało przenieść się do nowego budynku. Miejsce zostało gruntownie wyremontowane, a dla potrzeb Whitney dostosowano nowy, większy gabinet. Cissy wpadła w szał, kiedy zorientowała się, że nie ma podobnego pomieszczenia. Żeby nie zaogniać sytuacji, Nippy przekazała swój gabinet ojcu, a pokój pierwotnie przeznaczony dla ojca zajęła matka. Szefowa urzędowała teraz w znacznie mniejszym pomieszczeniu, sąsiadującym z moim. Wraz z zakończeniem przeprowadzki do nowej siedziby John Houston został prezesem, a Cissy mianowana wiceprezeską, choć rzadko była obecna w firmie. Od tej pory, o ile nie podróżowałyśmy, nie byłyśmy w trasie, nie nagrywałyśmy albo nie zajmowałyśmy się jakąś inną około artystyczną aktywnością, przychodziłam do biura codziennie, czy to z szefową, czy bez niej.

Po premierze *Whitney* spadło na mnie jeszcze więcej obowiązków związanych z różnymi prośbami, harmonogramami i projektami specjalnymi. Zajmowałam się scenariuszami, podróżowałam z Whitney do Los Angeles na spotkania z autorami tekstów i producentami, wymyślałam telewizyjne i radiowe spoty zapowiadające koncerty, zatrudniałam fotografów do wykonania zdjęć okładkowych, dokumentowałam przebieg tras koncertowych oraz ściśle współpracowałam z zespołami kreatywnymi nad telewizyjnymi programami specjalnymi i reklamówkami. Wszystkie prośby kierowane do Whitney Houston przechodziły przeze mnie – dbałam dosłownie o wszystko.

Ale miałam związane ręce w kwestiach finansowych. John Houston nie dzielił się ze mną wszystkimi sprawami związanymi z kontraktami i pieniędzmi. Ogromnie mnie to frustrowało: reprezentowałam Whitney i gdy nie wiedziałam, co dokładnie zawierały klauzule pisane drobnym drukiem, czułam się bezsilna. Można było odnieść wrażenie, że w Nippy Inc. panuje chaos. Nie miałam wystarczającej władzy, by móc podejmować najważniejsze decyzje albo skutecznie wpływać na realizację naszych planów, a jeśli Nip nie było w pobliżu, musiałam dopytywać o finanse Johna – czego nie znosił i upewniał się, dlaczego potrzebuję takich czy innych informacji. Mimo wszystko trwałam w tym układzie, ponieważ naprawdę chciałam nauczyć się możliwie jak najwięcej. Kariera Nippy rozwijała się dynamicznie, a ja czułam, że powinniśmy opracowywać strategię działań w taki sposób, żebyśmy stale mogły zachowywać przewagę nad innymi.

• • • •

Pewnego wieczoru Whitney i ja poszłyśmy z wizytą do Michaela i jego żony, Donny. Zażyliśmy kokainę. Zrobiło się późno. Nip wiedziała, że nazajutrz mamy pracę i chcę wracać do domu. Co chwila przypominałam jej, że musimy się zbierać, ale mnie ignorowała. Byłam gotowa wyjść sama i zabrać samochód, ale uznałam, że po wzięciu koki siadanie za kierownicą nie było zbyt dobrym pomysłem. Desperacko chciałam się stamtąd wydostać, więc zadzwoniłam do Silvii.

Przyjechała, a kiedy chciałam wsiąść do jej auta, Whitney krzyknęła:

– Dla kogo ty, kurwa, pracujesz? To ja ci płacę!

Michael i Donna stali w oknie, gdy Whitney pomstowała na cały głos:

– Och, więc teraz jesteś szoferem. Płacę ci, żebyś była cholernym szoferem? Świetnie. Rozmówimy się po powrocie do domu. Zabierz stąd dupę Robyn, zanim ją zamorduję.

Siedziałam na siedzeniu pasażera niczym zagubiony szczeniak. Silvia spojrzała na mnie, jak gdyby chciała powiedzieć: „Co do diabła? Teraz ja mam problem".

Ale ja wpatrywałam się przed siebie i rzuciłam:

– Ruszaj. Ona nie wie, co mówi.

Kokaina sprawiała, że czułam się odizolowana – wypadałam z gry. Zaczynałam jednak poważnie martwić się coraz intensywniejszym nadużywaniem narkotyków. Z natury należałam do osób wstających skoro świt, ale jeśli imprezowałam do późnych godzin nocnych, wzdrygałam się na myśl o poranku. Nie chodziło o to, że miałam wrażenie, iż nie potrafię przestać, ale o to, że w ogóle sięgałam po narkotyki, choćby tylko sporadycznie. Mój brat zażywał je bardzo rzadko, a Bina nigdy. Moja matka nawet nie paliła tytoniu i, o ile mi wiadomo, mój ojciec nie stosował żadnych używek poza piwem i papierosami. Byłam jedyną osobą w rodzinie, która uprawiała sport (oprócz ojca), a zanim zaczęłam babrać się w narkotykach, wzbraniałam się nawet przed zażywaniem leków, choćby aspiryny.

Próbując zrozumieć, dlaczego potrzebowałam narkotycznych odlotów, zwołałam zebranie rodzinne: poprosiłam matkę, brata i siostrę, żeby wszyscy przyjechali do domu mamy. Zadzwoniłam również do ojca. Mama nie ucieszyła się z tego powodu. Po tym, co przeszła wskutek jego agresywnych zachowań, i po samotnym wychowaniu mnie i mojego rodzeństwa, uważała, że ojciec nie zasługuje na to, by zapraszać go do jej prywatnej przestrzeni. Kiedy do nich dzwoniłam, miałam już zejście po całej nieprzespanej nocy, a Whitney była wciąż na haju.

– Skąd to się bierze? – zapytałam ich, zastanawiając się, czy mieli podobne doświadczenia w młodości, tyle że nie wspominali mi o nich. Czy któreś z nich zmagało się z problemem alkoholowym albo narkotykowym? Chciałam dać im do zrozumienia, że potrzebuję pomocy.

– I uznałaś, że musisz w tej sprawie zwrócić się do swojego ojca – rzuciła matka z wyrzutem.

Chciałam zerwać z tym, co robiłam, i szukałam jakichś wskazówek. Czułam, że zmierzam w niewłaściwym kierunku. Po tym, jak ojciec opuścił nasze zebranie, mama powiedziała do mnie:

– Nigdy więcej nie ściągaj swojego ojca do mojego domu. Musisz bardziej dbać o siebie i więcej myśleć o tym, kim jesteś.

Tymczasem pomiędzy mną a Nip następował rozłam. Bez względu na to, jakie ustalałyśmy reguły dotyczące odpowiedzialnego zażywania narkotyków, ona stale je łamała i brała bez opamiętania, kiedy tylko miała ochotę. Jej kariera rozpędzała się, ja miałam pełne ręce roboty w biurze, a telefon nie cichł, nawet kiedy byłam w domu. Żonglowałam zadaniami, robiąc wszystko, czego domagała się od niej wytwórnia płytowa, organizując występy i wywiady, planując nagrania i rozpatrując biznesowe oferty napływające do biura pocztą, więc musiałam być stale w stanie gotowości. Nie mogłam zsuwać się z łóżka jak zmięta pościel, ulegając słabościom.

Prawdziwy problem polegał na tym, że zgodziłyśmy się obie, iż kokaina nie może nam dłużej towarzyszyć, a Whitney po raz kolejny miała trudności z wypełnieniem swojej części umowy. Zdawałam sobie sprawę, że wcale nie bawiła się dobrze. Za bardzo lubiła się upalać, nawet za cenę marzeń, które tak pragnęłyśmy osiągnąć. Kiedy zasugerowałam, że sprawy wymykają się spod kontroli i że może mieć problem, odparła:

– O mnie się nie martw. Whitney potrafi o siebie zadbać.

Po niedługim czasie ponownie wspomniałam Cissy o nadużywaniu przez jej córkę kokainy. Tym razem zadzwoniłam i opowiedziałam o Whitney, Michaelu, Donnie i sobie. Ale nic z tego nie wynikło, z tym wyjątkiem, że musiałam skonfrontować się z Michaelem, Donną i nieco chłodną Whitney.

– Kiedy następnym razem zachcesz na kogoś donieść, donieś tylko na siebie, do cholery! – wyrzuciła mi Donna.

Wszystkie byłyśmy mniej więcej w tym samym wieku, a wiadomo, co się dzieje, kiedy jedna z osób nie zgadza się z wyborami pozostałych – zazwyczaj zostaje odsunięta przez resztę. Nippy nigdy nie komentowała mojego zwracania się bezpośrednio do jej matki, ale było jasne, że nie słuchała moich przestróg w tej kwestii. Jakiś tydzień później Whit była w swoim pokoju, kiedy zjawiła się Cissy. Podeszła do mnie przy basenie i odniosła się do tego, co powiedziałam przez telefon.

– Ona za bardzo to lubi – podkreśliłam. – Ja potrafię przestać, ale ona nie.

– Doceniam, że mi to mówisz – rzuciła Cissy i odeszła.

• • • •

Pomimo świetnej sprzedaży albumu, *Whitney* krytykowano za łączenie zbyt różnych stylów.

Przyznaję, że *image* był diametralnie odmienny – od krótkich, zaczesanych do tyłu włosów na okładce pierwszej płyty do bujnej fryzury na okładce drugiej. I może jej skóra wyglądała na odrobinę jaśniejszą niż na pierwszym albumie, ale przecież zdjęcie zrobiono w oświetleniu studyjnym.

Mimo iż projekt okładki wyczekiwanego przez wszystkich drugiego solowego albumu doskonale pasował do całego produktu, Jon Pareles w „The New York Times" napisał dość ostrą recenzję opatrzoną nagłówkiem *She's Singing by Formula* (Ona śpiewa schematycznie). Inny krytyk napisał, że była zbyt restrykcyjnie ograniczona strategią Clive'a Davisa i nie podejmowała ryzyka, sarkastycznie odnosząc się do *I Wanna Dance with Somebody* jako do *How Will I Know II*. W każdym razie żadna krytyka nie zastopowała Whitney przed wdrapywaniem się na szczyty list przebojów. Piosenki *I Wanna Dance with Somebody (Who Loves Me)*, *Didn't We Almost Have It All*, *So Emotional* i *Where Do Broken Hearts Go* wszystkie dotarły na pierwsze miejsce amerykańskiej listy „Billboardu". Do lutego 1988 roku jej utwory okupowały pierwsze miejsce zestawienia „Hot 100" przez siedem kolejnych tygodni, bijąc tym samym poprzedni rekord ustanowiony przez The Beatles i Elvisa Presleya.

W żadnym razie nikt nie mógł twierdzić, że bezprecedensowy sukces jej debiutanckiej płyty był przypadkowy, ale prasa bacznie przypatrywała się poczynaniom Whitney Houston i miała spore oczekiwania wobec niej. Doskonale zdawałam sobie sprawę, jak wiele dni śpiewała bez wytchnienia, w jakich miejscach tłumnie stawia się prasa, znałam jej listy utworów wykonywanych na koncercie i wiedziałam, jak ciężką pracę ma do wykonania jej głos. W tym czasie wiele osób uważało, że wiedzą, co jest dla niej najlepsze, ale dopóki Nip dawała mi posłuch, sprawy układały się dobrze.

Z drugiej strony wiedziałam już, że Cissy i John wywierają sporą presję na córkę, a ja nie chciałam dać się wplątać w rodzinne intrygi. Starałam się schodzić z linii ognia i robić wszystko, co w mojej mocy z myślą o dobru Nip. W moim przekonaniu matka Whitney była kimś, kto naprawdę przejmował się cudzą opinią, ale niekiedy odnosiłam wrażenie, że jej obsesja na punkcie plotek o homoseksualizmie maskowała zaniepokojenie czymś innym: głębią naszej przyjaźni. Przeszło mi przez głowę, że może Cissy złościła się, gdyż Whitney mieszkała z dala od niej, a ja byłam tuż obok. Była rozgoryczona dlatego, że nie miała bliższej relacji z własną córką, ale nie było w tym mojej winy. W Dzień Matki Whitney i jej bracia nie wpadali do Cissy, żeby ją gdzieś zaprosić, co dla mnie, Marty'ego i Biny było oczywistością. Było mi żal Cissy, bo kiedy Nippy potrzebowała rozmowy z matką, ona akurat nie mogła tych oczekiwań spełnić. A kiedy potrzebowała poczuć bliskość córki, wówczas Whitney nie chciała już, by zawracała jej głowę. Pamiętam, jak któregoś popołudnia Cissy stanęła pod bramą domu i dzwoniła, by jej otworzyć, ale Whitney rzuciła:

– Nie otwieraj.

Na monitorze wideo widziałam, jak Cissy oddala się od bramy. Zazwyczaj przychodziła bez zapowiedzi i siadała w kuchni z ciotką Bae.

– Gdzie jest Nippy? – pytała mnie Cissy.

– W swoim pokoju. Zapukaj do niej – odpowiadałam. Jeżeli Cissy decydowała się, by zapukać do drzwi córki, często odpowiadała jej cisza.

rozdział 12

Pędząc z podwójną prędkością

Zaledwie siedem miesięcy po powrocie do domu z trasy The Greatest Love World Tour Whitney była już spłukana i nadszedł czas, by wyruszyć w kolejną, tym razem pod hasłem: The Moment of Truth World Tour. Począwszy od lipca 1987 roku aż do listopada 1988 roku miałyśmy w planie sześćdziesiąt jeden występów w Ameryce Północnej, a potem w Europie, Japonii, Australii i Hongkongu. Ostatecznie okazało się, że było to najbardziej kasowe kobiece tournée w 1987 roku.

Podróżowałyśmy w lepszym stylu niż podczas The Greatest Love Tour: autobus był luksusowy, a Whitney miała do dyspozycji pełnowymiarowe łóżko, choć zazwyczaj optowała za zwykłą leżanką, taką samą, z jakiej korzystali wszyscy. Miałyśmy dwóch osobistych ochroniarzy, więc Whit wszędzie mogła chodzić z obstawą.

Nowością było również dołączenie do naszej ekipy w połowie tournée grupy tanecznej z udziałem Khandi Alexander. Khandi i Damita Jo Freeman, tancerka zajmująca się również choreografią, siedziały wśród publiczności podczas gali rozdania American Music Awards w 1988 roku, kiedy Whitney nie tylko występowała, ale też zgarnęła kilka trofeów. Po tym show Damita napisała obszerny list do Cissy, namawiając ją na włączenie do koncertów Whitney występów tancerzy. Do tamtej pory dominowało przekonanie, że ludzie przychodzą posłuchać popisów wokalnych Whitney, które były tak nadzwyczajne, iż nie potrzeba im było żadnych dodatkowych atrakcji. Damita się z tym zgadzała, ale Whit była młoda i miała dość energii i talentu, by poradzić sobie z obiema kwestiami. Zaproszona do występu otwierającego rozdanie Grammy Awards w 1988 roku, Whitney postanowiła podjąć taką próbę na koszt National Academy of Recording Arts and Sciences. Zgodziła się wybrać dla Damity i Khandi jeden z numerów oraz zatrudnić kilku tancerzy. Siedząc wśród publiczności w Radio City Music Hall w dniu ceremonii, przypatrywałam się, jak Nip śpiewa i tańczy w szpilkach z odsłoniętą piętą w sześciominutowej wersji *I Wanna Dance with Somebody*, której towarzyszyły rozmaite układy choreograficzne typu hustle czy cabbage patch. Nazajutrz Janet Jackson zadzwoniła, by pogratulować Whitney jej tańca. Whitney spodobało się wchodzenie w interakcje z tancerzami i odtwarzanie choreografii do tego stopnia, że zdecydowała się na udział tancerzy w drugiej połowie jej tournée.

Wielu krytyków w kraju oceniało jej występy w taki sposób, jakby wiedzieli lepiej niż ona, jakie piosenki powinna śpiewać i w jaki sposób powinna to robić! Podczas pierwszej trasy koncertowej komentowali wygląd jej włosów albo strój, zarzucając, że ubiera się zbyt poważnie i dostojnie, co zresztą było prawdą. Podczas drugiej trasy nie rozprawiali już tak często o jej wyglądzie, ale zawsze potrafili znaleźć coś, do czego mogli się przyczepić, mimo iż Whit i jej płyty biły kolejne rekordy, a koncerty całkowicie się wyprzedawały. Odnosiło się wrażenie, że krytycy szukali wyłącznie tego, czego nie Whit nie zrobiła!

Dawała z siebie wszystko i nigdy nie przeszło jej przez myśl, żeby śpiewać z playbacku, nawet w trakcie nagrań wideo. Mimo to reakcje zawsze były podobne:

– Ona wcale nie tańczy, jest sztywna, jak wycięta z kartonu.

Ale nie zauważyłam, żeby krytykowali wykonawców, którzy tańczyli z tak dużą energią i do tak wymyślnej choreografii, że nie byli w stanie uniknąć śpiewania z playbacku. Krytycy muszą jednak pójść po rozum do głowy i przyznać, że miliony ludzi na całym świecie nie mogą się mylić. Słuchacze kupowali bilety, fani w różnym wieku i różnego pochodzenia doskonale się bawili. Wiem, bo byłam wśród nich.

Kiedy przyglądałam się ciężkiej pracy Whitney na scenie, chciałam ją po prostu serdecznie uścisnąć. To była moja przyjaciółka i pragnęłam, by wiedziała, że ją rozumiem. W przeszłości, kiedy dostrzegła mnie w tłumie, zdarzało się jej puścić do mnie oko, jednak zazwyczaj jej spojrzenie zatrzymywało się na mnie na trochę dłużej, niemal jakby czegoś szukała. Jakby próbowała spojrzeć na siebie moimi oczami, a ja w takiej chwili stawałam się jej lustrem.

Gdy Nip i ja pakowałyśmy bagaże przed wyjazdem do Europy wiosną 1988 roku, musiałyśmy rozejrzeć się za odpowiedzialną osobą, która nie tylko zaopiekowałaby się naszymi zwierzakami: MisteBlu, Marilyn i nowymi psami rasy akita, Lucy i Ethel, ale również pilnowała naszego domu. Ponieważ Silvia podróżowała z nami, a Whitney nie ufała braciom na tyle, by powierzyć im takie zadanie, zapytała mnie, czy znam kogoś, kto by się nadawał.

– Jedyną taką osobą jest mój brat.

Po zwolnieniu z honorami ze służby wojskowej, Marty wciąż mieszkał na południu, dlatego Michelle i ja pojechałyśmy srebrnym range roverem Whitney do Karoliny Północnej, by go stamtąd sprowadzić. Mimo że nieco wychudzony, Marty wyglądał świetnie, był pełen energii i ekscytował się przyjazdem do naszego domu.

• • • •

Zanim wyleciałyśmy na europejskie tournée, jeszcze raz spróbowałam podjąć temat nadużywania narkotyków. Coraz bardziej niepokoiłam się nadmiarem wciąganej kokainy i wpływem, jaki na nas wywierała, ale Nip nie obawiała się niczego i świetnie się czuła, upalając się beze mnie. Zasugerowałam, żebyśmy wprowadziły zasady: „Żadnego jarania, gdy pracujemy" albo: „Żadnego jarania po określonej godzinie", a z całą pewnością: „Żadnego jarania w większych grupach!". To ostatnie było szczególnie niebezpieczne, ponieważ narkotyczne sesje mogły ciągnąć się przez całą noc i nikt nie kontrolował tego, co się wówczas działo. Wydawało mi się, że Whit podpisywała się pod tym, bo wiedziała, że jest to w naszym najlepszym interesie, ale nie miałam pewności, czy dochowa tych zobowiązań, kiedy już ruszymy w trasę.

Nie tylko ja się martwiłam. Moja mama potrafiła przekazać mi kilka mądrych rad. Pamiętam, jak poprosiła, żebym usiadła i pocierając jedną dłonią o drugą, jak zawsze, kiedy coś ją nurtowało, powiedziała:

– Robyn, sądziłam, że potrafisz lepiej zadbać o własne ciało. Zaskakujesz mnie. Wiesz, Whitney ma braci, którzy będą przy niej w razie, gdyby coś się stało. Ale jeżeli coś stanie się tobie, odeślą mi ciebie do domu w skrzyni.

Te słowa i sposób, w jaki spoglądała na mnie, gdy do mnie mówiła, poruszyły mnie do głębi. Mama znała mnie tak dobrze i rozumiała, z czym się mierzyłam.

• • • •

Podczas tego tournée Whitney dziewięciokrotnie wyprzedała wszystkie bilety na koncerty w londyńskiej Wembley Arena, co oznaczało, że miałyśmy tam spędzić całe tygodnie. Zwiększało to także naszą podatność na wszelkie pokusy związane z długim pobytem w wielkim mieście. Wiedziałam, że będziemy miały dostęp do wszystkiego, czego tylko zapragniemy. Tak wyglądało podróżowanie z ogromną ekipą. Zupełnie tak jak w ostatniej trasie koncertowej ludzie oczekiwali nas i wiedzieli, gdzie się zatrzymujemy. Zatem jeżeli ktoś szukał kłopotów, nie musiał długo czekać, by je znaleźć lub by one go znalazły. Późną nocą drzwi nieustannie otwierały się i zamykały, na korytarzu słyszało się odgłosy kroków i szepty. Nie chciałam żadnych tego rodzaju kłopotów, więc gdy tylko lądowaliśmy, wybierałam opcję bezpiecznej zabawy, nie opuszczałam pokoju i słuchałam muzyki.

Gary przebywał na odwyku przez większą część amerykańskiej trasy koncertowej. Dołączył do nas w Londynie, ale daleko mu było do pełnego uzdrowienia. Ponieważ Cissy była obecna na tym tournée, jego również widywałyśmy nieco częściej niż poprzednio, niemniej nadal zdarzały się okresy, kiedy znikał bez wieści albo zachowywał się dziwacznie. Któregoś razu próbował przymilać się do mnie, kiedy siedziałam na ławce podczas rozdawania cateringu.

– Hej, hej, Rob, chodź tu – rzucił, obejmując mnie ramieniem. – Może weźmiemy sobie coś do jedzenia i wybierzemy się gdzieś?

Nie miałam zamiaru nigdzie się z nim wybierać ani tym bardziej łamać się z nim chlebem na osobności. Miał w sobie mnóstwo zawiści. Usposobienie Gary'ego i jego pełen fałszu żargon przyprawiały mnie o nieprzyjemne dreszcze.

Michael był zabawny, wrażliwy, troskliwy, ale również nie był wolny od problemów. Zanim po raz pierwszy ruszyliśmy w trasę, większość dni spędzał na tyłach podziemnego parkingu w siedzibie Nippy Inc., gdzie całymi godzinami się upalał. W trasie był głównym źródłem zaopatrzenia Whitney w kokę.

Kiedy pytał mnie, czy się przyłączę, moja odpowiedź zwykle brzmiała: „Nie".

Starałam się trzymać na uboczu.

• • • •

Pewnego ranka odebrałam telefon od Joy, jednej z tancerek Whitney, która zapraszała mnie, żebym wybrała się z nią na całodzienne zwiedzanie. Uwielbiam Londyn, zwłaszcza parki, a to był absolutnie wspaniały, słoneczny dzień, zatem przyjęłam propozycję. Nikt nie robił problemów, gdy ktoś z ekipy kierowniczej spędzał czas z kimś z zespołu albo obsługi trasy – chyba że, jak się okazało, tą osobą byłam ja.

Nie widziałam Whitney przez cały dzień, ale potrafiłam sobie wyobrazić, czym się zajmowała razem z Michaelem. Zajrzałam do Silvii, która potwierdziła, że Whitney musiała odespać nieprzespaną noc, więc oświadczyłam jej, że wychodzę. I wybrałam się z Joy do miasta. Była wysoką dziewczyną z jasną skórą i bujnymi długimi i kręconymi włosami – całkiem atrakcyjną. Nie znałam jej dobrze, bo spotykałam ją wyłącznie na próbach, ale uważałam, że jest miła.

Cieszyłam się, że zdołałam się wyrwać na cały dzień, ale po powrocie do hotelu dowiedziałam się, że kiedy zniknęłam, rozpętało się istne piekło. Otóż Silvia również postanowiła wyjść do miasta i zjeść coś z jedną z osób z ekipy. Zabrała ze sobą walkie-talkie, ale nie zdawała sobie sprawy, że krótkofalówka nie będzie działała, kiedy znajdzie się poza zasięgiem. Kiedy Nippy się przebudziła i zorientowała, że nie ma nikogo, wpadła we wściekłość. Wówczas na ratunek przyszła jej Wielka Kuda!

Przez wiele lat starałam się akceptować Cissy i kierować radą Whitney:

– Wiesz, jaka jest moja matka. Musisz ją ignorować.

Nigdy więc nie odbierałam osobiście jej ataków. Aż do tamtego dnia.

Stałam w sypialni w apartamencie Nip w hotelu Four Seasons, pomiędzy telewizorem a łóżkiem, a Nip stała z boku i płakała. Wielka Kuda podeszła do mnie, na odległość połowy wyciągniętej ręki, ganiąc mnie tak, jakbym to ja ponosiła odpowiedzialność za łzy jej córki.

– Co ty sobie myślisz, znikając w taki sposób? Powinnaś zawsze być pod ręką. Czy w ogóle wiesz, czym powinnaś się zajmować? Jesteś w pracy!

– Nie muszę tego słuchać – warknęłam na Cissy. – Takie teksty możesz zachować dla własnych dzieci.

Potem popełniłam błąd, usiłując ją wyminąć i wyjść. Sięgnęła, żeby mnie złapać, ale była tak wściekła i wytrącona z równowagi, że chwyciła dłońmi za ubranie niczym kot w zabawie. Kiedy się obróciłam, uderzyła mnie w twarz.

– Nie, mamo, przestań! – krzyknęła Nippy.

Posłuchała.

Tego dnia poszłam porozmawiać z Carol, ale miałam takie szczęście, że zastałam ją układającą włosy Cissy. Posłała mi współczujące spojrzenie, kręcąc głową, i dalej wykonywała swoją pracę.

– Wszystko w porządku, Robyn? – spytała Cissy, przełamując zalegającą ciężko ciszę.

– Tak – odpowiedziałam. – Mam kilka zadrapań, ale nic mi nie jest.

Żadnych innych przeprosin nie mogłam się po niej spodziewać. Chociaż wiedziałam, że jest jej przykro.

Wieczorem dowiedziałam się, że Nippy czuła się słaba i samotna. A kiedy opowiedziałam jej o moim dniu, rzuciła pytanie:

– Spałaś z nią? Nie okłamuj mnie.

– Całowałyśmy się. Nie zdjęłyśmy ubrań – przyznałam.

Nagle, ni stąd, ni zowąd, Whitney uderzyła mnie w twarz – to był już drugi taki cios jednego dnia, jeśli ktoś miałby ochotę policzyć, ale przynajmniej tym razem zostałam też uściskana i przeproszona. Następnie Whitney podniosła kilka grudek czarnego haszu, podpalając jedną po drugiej zapałkami. Gdy wciągałyśmy leniwie unoszący się dym, nasze nastroje się poprawiły, poczułyśmy się lżej i swobodniej.

Nocą Whitney otworzyła się przede mną i opowiedziała, że po raz pierwszy nie miała siły, by zrobić to, co powinna. Czuła, że zaczyna ją brać przeziębienie, a następnego dnia miało się odbyć show na Wembley. Była umęczona, zewsząd odczuwała presję.

– Zawiodę wszystkich. Nie mogę tego odwołać!

– Owszem, możesz – stwierdziłam. – Możesz. Nawet Muhammad Ali musiał mieć kogoś, kto w jego imieniu rzucił ręcznik.

Często powtarzałam Nip, że jest jak mistrz bokserski, a bokserzy zwykle nie wiedzą, kiedy mają już dosyć. Zamiast tego po prostu przyjmują cios za ciosem, biorą na siebie kolejne uderzenia i potrzebują kogoś w narożniku, kto zadba o to, by wycofać ich z walki, zanim będzie za późno. Poszłam do łazienki, przyniosłam stamtąd czysty, biały ręcznik i rzuciłam go na podłogę.

– Proszę bardzo. Zrobiłam to dla ciebie – obwieściłam.

Wyczuwałam jej ulgę, kiedy przyciągnęła mnie do siebie, by mnie mocno uścisnąć, zanim szybko zapadła w sen. Usiadłam na łóżku obok niej, wyczerpana całym tym dramatem.

• • • •

Sądziłam, że problem Joy został rozwiązany, do chwili powrotu do domu w lipcu, kiedy to Whitney oznajmiła mi, że zamierza ją zwolnić. Odpowiedziałam, że nie ma powodu, ponieważ Joy nie zrobiła niczego, by na to zwolnienie zasłużyć. Ale Nip już podjęła decyzję. Gdy Joy dowiedziała się, że straciła pracę, zadzwoniła do mnie. Chciała porozmawiać z Whitney i mieć szansę na wyprostowanie całej sprawy. Byłam akurat z Nip, więc włączyłam rozmowę z Joy na głośnik. Zapewniła, że nie miała zamiaru powodować jakichkolwiek niedogodności czy problemów; chciała jedynie zaprzyjaźnić się ze mną i z Whitney.

– Ale ja nie potrzebuję więcej przyjaciół – odparła Whit. – Zatrudniłam cię do tańca, a nie do nawiązywania przyjaźni, i to wszystko, co musisz robić.

Rany. Siedziałam tam, przysłuchując się, jak Nippy kończy rozmowę. Przez resztę tournée czułam się, jakbym nosiła piętno:

– Jeżeli zamierzasz umówić się z Robyn, lepiej zastanów się dobrze jeszcze raz.

• • • •

Był początek 1988 roku. Whitney pracowała bez przerwy. Byłyśmy w trasie od tak dawna, że pobyt w domu w okresie świątecznym przypominał wakacje. Mimo to bez końca następowały po sobie kolejne gale, rozdania nagród czy wywiady, a nasze życie wciąż przypominało rozmazaną smugę zdarzeń. Chociaż trwałam u jej boku, pracowałam dla niej, uznałam, że jeśli chcę rozwijać się zawodowo, to Whit musi szanować mnie nie tylko jako przyjaciółkę, ale również jako partnerkę biznesową. Myślałam, że zdobycie własnego lokum pozwoliłoby mi zrobić istotny postęp w drodze do tego celu. Omówiłyśmy to i zdecydowałyśmy, że po zakończeniu trasy poszukam miejsca niedaleko jej domu. Znalazłyśmy odpowiednie mieszkanie oddalone o trzydzieści minut jazdy i wynajęłyśmy tę samą dekoratorkę wnętrz, która projektowała nasz dotychczasowy dom. Whitney zapłaciła za wszystko.

Kilka dni przed wprowadzeniem się do nowego mieszkania, kiedy oglądałam jego wystrój, zadzwoniła do mnie Joy. Była akurat w mieście i chciała porozmawiać ze mną twarzą w twarz o tym, co się wydarzyło podczas tournée. Wspomniałam o tym Whitney, ale przyjęła to bez emocji. Za to zjawiła się przed drzwiami mojego mieszkania wkrótce po przybyciu Joy.

– Spałyście ze sobą? – spytała Whitney.

Powiedziałam jej, że nie, co było prawdą, ale ona nadal była zdenerwowana i najwyraźniej moje zapewnienia do niej nie dotarły. Whitney zażądała, żebym poprosiła moją gościnię o opuszczenie mieszkania (w tym czasie Joy zdołała już ukradkiem wymknąć się na podwórko na tyłach), a kiedy odmówiłam, obróciła się na pięcie i odeszła. Nie trzeba dodawać, że spotkanie z Joy było krótkie i gorzkie, mimo iż zaproponowałam jej, żebyśmy wybrały się na przejażdżkę samochodem i zatrzymały na noc w jakimś hotelu. Była autentycznie wstrząśnięta całym tym dramatem i doszła do wniosku, że najlepiej będzie zerwać ze mną kontakt i nie spoglądać za siebie. Nigdy więcej się nie spotkałyśmy.

Tego samego wieczoru zadzwoniłam do Silvii, która czekała na Whit w samochodzie, kiedy ta urządzała mi awanturę. Sylvia powiedziała, że Whitney była bardzo zdenerwowana i płakała przez całą drogę do domu.

Nazajutrz Whitney wróciła do mieszkania i pomaszerowała prosto do sypialni. Szaroniebieska Biblia, którą mi podarowała, leżała na swoim miejscu przy wezgłowiu łóżka. Chwyciła ją, wyrwała ostatnie strony, na których obie spisałyśmy nasze wyznania, i zaczęła je szarpać na strzępy. Zakazała mi kiedykolwiek sprowadzać Joy do mieszkania, kiedy już się do niego wprowadzę. Skapitulowałam. Koniec końców ona była jego właścicielką.

Whitney bywała zaborcza i zazdrosna, ale nie stawała mi na przeszkodzie, kiedy przez krótki czas spotykałam się z pewnym reżyserem filmowym. Jednak gdy wyczuła, że między mną a jedną z chórzystek może się rozwinąć bliższa relacja, oznajmiła:

– W porządku, Robyn, ale pamiętaj, że ona jest pobożną dziewczyną.

Nigdy nie myślałam o tym, czy chcę zadawać się z mężczyznami, czy z kobietami. Po prostu robiłam to, co czułam. Przyciągałam osoby obu płci.

Uważałam jednak, że Joy zasługuje na coś więcej niż tylko przelotny romans, a chociaż nie wspomniałam o tym Nip, to przecież była spostrzegawcza i musiała wyczuć, że w pewien sposób zależy mi na niej.

Chociaż moje nowe mieszkanie było w pełni umeblowane, w zasadzie nigdy się do niego nie wprowadziłam. Nadal byłam tak mocno związana emocjonalnie z Whitney i tak bardzo oddana mojej pracy, że dziwnie się czułam, przebywając z dala. Obie przyznałyśmy, że nie jesteśmy gotowe, by żyć osobno, zatem po jednej nocy czy dwóch poza domem zgodziłam się do niego wrócić. Nip sprzedała mieszkanie, tracąc przy tym dwadzieścia tysięcy dolarów, więc była to jeszcze jedna rzecz, jaką Cissy mogła mi odtąd stale wypominać.

rozdział 13

Can I Be Me?

Pod koniec lat osiemdziesiątych Whitney, Silvia i ja tworzyłyśmy drużynę, układałyśmy strategię dla naszych ról i planowałyśmy, jak najlepiej je odgrywać. We trzy wspólnie spędzałyśmy wakacje na Antigui oraz w należącym do Whitney pięknym apartamencie z trzema sypialniami na Williams Island w Fort Lauderdale. Whitney nadal uwielbiała chodzić na plażę i wskakiwać w pełnym biegu do wody. Kiedy się relaksowała, ja zajmowałam się wszystkim, co wiązało się z jej karierą, z wyjątkiem negocjowania kontraktów.

Każda z nas pełniła w naszej drużynie określoną rolę, ale rodzina Nip robiła wszystko, by wprowadzić chaos. Cissy i Gary nigdy nie przestawali naciskać, wtrącać się, wytykać palcem, szturchać łokciem, popychać – i nigdy nie oglądali się na to, jak ciężko pracowałyśmy i czego pragnęła Whitney. Johnowi nadal nie podobało się, że chciałam wiedzieć, co się dzieje z pieniędzmi, co niekoniecznie oznaczało, że robił coś niewłaściwego. Po prostu nie znosił, kiedy zadawałam pytania. Nie musiałam specjalnie się starać, by wpakować się w kłopoty. Pewnego razu, kiedy zapytałam pana Houstona, czym go tak irytuję, odparł:

– Samym swoim oddychaniem, skarbie.

Silvii dostawało się najbardziej. Ciotka Bae, Cissy i żona Michaela, Donna, spoglądały na nią z góry, a przecież to ona zawsze była do dyspozycji Whitney. To ona upewniała się, że Nip jadła, rozcierała jej stopy, kąpała ją i masowała o świcie, nosiła za nią biżuterię i portfel – i robiła wszystko, o co ją Nip poprosiła. To właśnie do niej zwróciła się z prośbą o poświadczenie podpisem jej testamentu. Silvia niezmiennie trwała u boku Whitney, uczciwa i lojalna, a to stało się jeszcze trudniejsze, kiedy na scenie pojawił się Bobby Brown.

• • • •

Whitney po raz pierwszy spotkała Bobby'ego w 1989 roku podczas gali rozdania nagród muzycznych Soul Train Music Awards. Tamtego wieczoru była podekscytowana, nadzwyczajnie ożywiona, wprost rozpierała ją energia. Zauważyła swoje przyjaciółki BeBe i CeCe Winans siedzące kilka rzędów przed nami. Nip podeszła do nich, żeby się przywitać, uścisnęła je i żartowała z nimi. Jednocześnie co chwila trącała pośladkiem głowę mężczyzny, który siedział w rzędzie przed nią.

Ten nachylił się nieco do przodu, dostosowując pozycję tak, by unikać kontaktu, a kiedy to się nie sprawdziło, przesunął się w bok i obrócił połowicznie w naszą stronę. Był to Bobby Brown, który zaczął się przysłuchiwać rozmowie Nip, BeBe i CeCe.

– Nip, cały czas trącasz Bobby'ego Browna – wtrąciłam się w końcu.

Przyjęła to do wiadomości i powiedziała z uśmiechem:

– Przepraszam, Bobby.

Nie robił problemu. Przedstawił się Whitney, ona przedstawiła go BeBe i CeCe, i tak to się zaczęło.

W tym okresie Nip interesowała się Eddiem Murphym, którego poznała w Los Angeles na sesji zdjęciowej do teledysku *We Are the World* i z którym spędziła trochę czasu w New Jersey – co nie powstrzymało jej przed romansowaniem z Bobbym. Kilka godzin przed tym, jak Bobby miał podjechać do hotelu w Los Angeles, Whitney poprosiła, żebyśmy z Silvią przyszły do jej pokoju. Oznajmiła nam, że wychodzi z Bobbym coś przegryźć i że być może wrócą razem – co znaczyło, że powinnyśmy się zmyć i nie przeszkadzać. Poprosiła nas również, żebyśmy poszły do apteki po prezerwatywy.

Kupiłyśmy zabezpieczenie dla szefowej, a kiedy wróciłyśmy, Nippy nadal była w szlafroku, słuchała muzyki i wyraźnie dało się wyczuć woń jej ulubionych perfum – marki Worth. Nigdy nie skąpiła sobie tego zapachu, który teraz wypełniał całe pomieszczenie. Zostawiłyśmy zakupy i zjawił się Bobby. Whitney przedstawiła go Sil i mnie, przywitałyśmy się i uścisnęłyśmy mu dłoń. I to by było na tyle. Poszłyśmy do mojego pokoju, gdzie zamówiłyśmy kolację, łącznie z winem i moim ulubionym deserem, crème brûlée z malinami.

Nazajutrz, wczesnym rankiem, Whitney zadzwoniła i poprosiła, żebyśmy przyszły do jej pokoju. Leżała rozciągnięta na łóżku. Usiadłyśmy obok niej, gotowe wysłuchać, jak przebiegła ostatnia noc.

– Dobrze się bawiliśmy – stwierdziła. Opowiedziała, że był wyluzowany i seksowny, przyjemnie pachniał i traktował ją naprawdę dobrze. Tylko że wciąż powtarzał:

– Nie mogę uwierzyć, że jestem z Whitney Houston!

– Musiałam go poprosić, żeby mówił na mnie po prostu Nippy – dodała.

Roześmiałyśmy się, ale kiedy przyznała się, że nie używali prezerwatyw przestałyśmy się śmiać. Popatrzyłyśmy na nią tak, jakby była niespełna rozumu.

– Rany, Nip – rzuciłam. – To było głupie.

Nie odpowiedziała nic, jedynie skinęła głową, potwierdzając. Następnie zapewniła, że nie zamierza angażować się z nim w poważny związek. Nie naciskałam na nią, ale sprawa z prezerwatywami naprawdę wytrąciła mnie z równowagi. Miałam nadzieję, że nie obróci się przeciwko niej.

• • • •

Zbliżały się dwudzieste szóste urodziny Whitney, która w sierpniu 1989 roku planowała urządzić z tej okazji w domu wielką fetę. Wiele osób uważało za dziwne, że nie celebrowała w taki sposób swoich dwudziestych piątych urodzin, lecz obie często rozmawiałyśmy o czymś, co określałyśmy mianem „durnej dwudziestki piątki". Było to określenie wszelkich głupich rzeczy, jakie robiłyśmy zaraz po przekroczeniu granicy ćwierćwiecza. Posiłkując się taką logiką, osiągnięcie dwudziestego szóstego roku życia stanowiło nie lada osiągnięcie. Prawdę mówiąc, Whitney tak intensywnie koncertowała, że nawet gdyby zażyczyła sobie imprezy rok wcześniej, nie znalazłaby na nią czasu.

Wiele osób zjawiło się na tylnym podwórzu rezydencji, by posłuchać muzyki, zjeść coś i się napić. Eddie wkroczył pokazowo w obstawie sześciu ludzi, ale nie został dłużej niż dwadzieścia minut. Zaledwie przekroczył próg, wchodząc do środka na tyle, na ile to było konieczne. Ustawił się przy drzwiach przesuwnych prowadzących do kuchni, gdzie krótko z Whitney porozmawiali. Każdy chciał spędzić trochę czasu z solenizantką i kiedy skończyła kolejną pogawędkę z innym z gości i odwróciła się, by znów pomówić z Eddiem, okazało się, że już wyszedł.

Natomiast Bobby przyszedł w towarzystwie brata i obaj od razu wmieszali się w tłum. Jego drugi solowy album szturmem zdobywał listy przebojów, a on zdawał się autentycznie wyluzowany i szczęśliwy. Przypominał trochę nastolatka ze swoją fryzurą „na Gumby'ego", w jaskrawo niebieskiej stylówce i z szelmowskim uśmieszkiem. Został do końca, kręcąc się pomiędzy basenem a tylnym wejściem, i najwyraźniej był zadowolony, gdy udawało mu się zwrócić na siebie uwagę Whitney.

Ku mojemu zaskoczeniu myśli i uczucia Whitney najwyraźniej kierowały się ku Eddiemu; Bobby był opcją rezerwową. W trakcie krótkiego spotkania zdołała zaprosić Eddiego, by wrócił do niej na kolację w następnym tygodniu.

Poniekąd rozumiałam, dlaczego tak bardzo interesowała się Eddiem. Ujmując to najprościej: on był Eddiem Murphym, a ona była Whitney Houston. Należał do gwiazd tej samej wielkości co ona i jednocześnie był człowiekiem równie zamożnym co ona. Whitney najwyraźniej durzyła się w nim, ale jego kapryśne zachowanie świadczyło, że on nie myślał o niej podobnie.

W dniu, w którym Eddie miał się zjawić na kolacji, tuż przed wyjściem z domu poszłam do kuchni, by nałożyć sobie na talerz coś do jedzenia. Kątem oka złowiłam postać Whitney. Ubrała się w klasyczną czarną sukienkę do kolan i pantofelki na niskim obcasie z odsłoniętą piętą. Wyglądała zjawiskowo i pięknie, kręcąc się wokół stołu nakrytego dla dwojga.

Byłam na zewnątrz i widziałam ją przez szyby masywnych okien. Przez chwilę pomyślałam, jak bardzo chciałabym, żeby zachowała się tak dla mnie, co nigdy nie nastąpiło. Wiedziałam, że nigdy nie będę mogła być z nią w taki sposób. Już nigdy więcej. I to był ostatni raz, kiedy taka myśl przyszła mi do głowy.

Nazajutrz zapytałam Silvię, jak się udała kolacja. Okazało się, że Eddie w ogóle się nie pokazał. Nawet nie zadzwonił. Whitney nie wychodziła ze swojego pokoju przez kolejne dwa dni. W domu panował spokój. Ale można było wyczuć wszechobecny smutek. Chciałam zobaczyć się z nią i powiedzieć:

– Ten facet nie zasługuje na ciebie.

Mimo to Whit postanowiła dać Eddiemu jeszcze jedną szansę. Nie wiem, kto do kogo zadzwonił, ale chwilę potem jechała do jego wytwornego domu w strzeżonej części Englewood w New Jersey. Takie przybliżanie się i oddalanie trwało miesiącami. Kiedy zbliżały się jego urodziny w kwietniu, Nip uznała, że zrobi mu niespodziankę, zjawiając się u niego z ciastem, ubrana jedynie w bieliznę i futro, zgodnie z radą ciotki Bae. Czekała przez piętnaście minut pod bramą, po czym jeden z chłopców Eddiego wyszedł i oznajmił Whitney, że nie może jej wpuścić, bo Eddie jest „zajęty".

Tamtego dnia Nippy nie wróciła do domu. Następnego również. Kiedy w końcu się pojawiła, wyglądała jak wrak człowieka, cała się trzęsła i ledwie była w stanie ustać na nogach.

Zaprowadziłyśmy ją z Silvią do jej pokoju. Pilnowałam jej, podczas gdy Sil przygotowywała dla niej kąpiel. Whitney płakała i powtarzała:

– Dlaczego oni mnie nie lubią.

Była w narkotycznym ciągu, nie spała ani nie jadła.

Następny raz widziałyśmy Eddiego na terenie wytwórni filmowej Paramount, gdzie pracował przy jakimś filmie. Whit ponownie zaczęła się za nim uganiać. Ja trzymałam się na dystans. Nagle usłyszałam wołanie Whitney:

– Hej, Robyn! Idziemy na kręgle. Przyłączysz się?

– Nie, dzięki – odpowiedziałam.

– Co z tobą? – rzucił Eddie. – Nie lubisz kręgli?

– Jasne, że lubię kręgle – odparłam na to. – Po prostu nie chcę iść na kręgle z tobą.

Silvia i ja jesteśmy przekonane, że Eddie grał na poczuciu własnej wartości Nip. Dowcipkował na jej temat, stroił sobie żarty z jej treski. Mawiał:

– Ja i Whitney jesteśmy tylko przyjaciółmi.

Nie wiem, kim tak naprawdę byli dla siebie, ale z pewnością nie przyjaciółmi.

Whitney potrafiła mówić mi, co myśli, lecz nie umiała zachować takiej samej postawy w stosunku do mężczyzn. Zatracała się w pogoni za Eddiem, chociaż lekceważył ją i jej uczucia. Naprawdę pragnęła, aby jej się z nim ułożyło, a ja nie wiem, co jej obiecywał bądź czego nie obiecywał za zamkniętymi drzwiami. Wiem natomiast, że podarował Whitney pierścionek z diamentem, który wyglądał jak pierścionek zaręczynowy, ale nigdy nie pokazał, że chce zaprowadzić ją przed ołtarz.

• • • •

W tym samym czasie, kiedy Whitney zmagała się z rozczarowaniami w życiu uczuciowym, mierzyła się również z wyzwaniami w relacjach z ciemnoskórą publicznością. Podczas gali Soul Train Music Awards w 1989 roku słyszałam dochodzące z balkonu gwizdy, kiedy ogłoszono jej nominację w kategorii najlepszego kobiecego singla R&B/Urban Contemporary. Whitney właśnie skończyła występ i stałyśmy w poczekalni za kulisami, tak by usłyszeć, co się dzieje na sali.

– Robyn, czy oni na mnie buczą? – zapytała.

Niestety, po raz drugi z rzędu została wybuczana na tej imprezie.

Oczywiście nie spodobało jej się to, ale wbrew powszechnej opinii, nieprzyjemne przyjęcie na gali Soul Train Awards wcale tak bardzo Whitney nie zabolało. Nie była jednak zdolna całkowicie zignorować tych idiotów. Było jasne, że znalazła się w takim punkcie kariery, kiedy trzeba było wprowadzić pewne zmiany.

Spędziłam wiele czasu na rozmowach z Tonym Andersonem, wiceszefem działu promocji R&B w Ariście, który przyznał mi się, że krytycy ogromnie utrudniali mu pracę. Niektórzy ludzie w „czarnych" rozgłośniach radiowych czuli się lekceważeni albo podejrzewali, że zostali wykorzystani do zbudowania marki Whitney. Nie była pierwszą ciemnoskórą artystką, która łączyła rozmaite style, ale zawrotne tempo, z jakim tego dokonała, a także krytyczne reakcje na materiał zamieszczony na jej drugiej płycie jeszcze bardziej utrudniały sprawę. Tony bronił swojej opinii w artykule opublikowanym w magazynie „Billboard", zdradzając, że stale musiał przekonywać „czarne" rozgłośnie radiowe, by puszczały muzykę Whitney, „z powodu obiekcji, że ta płyta jest «zbyt popowa» (lub, co gorsza, «zbyt biała»), choć gdy tylko zaczęli ją puszczać na antenie, przekonywali się, że nieuchronnie docierała na sam szczyt ich playlisty". Tony obstawał również przy tym, że to do Whitney jako artystki należy definiowanie tego, co znaczy określenie „czarna muzyka".

Whitney spotkała się z Clive'em, który zgodził się, że jej trzeci album studyjny powinien stanowić ukłon w stronę czarnoskórych słuchaczy. Nip chciała pracować z producentem i aranżerem Arifem Mardinem. Zachęcałam ją do tego, by posłuchała, co podpowiada jej instynkt. Wierzyłam, że zdoła w końcu nagrać więcej takiej muzyki, jakiej zawsze pragnęła się poświęcić. Jednak Clive stwierdził, że Arif przestał być modny. Arifa inspirowały rap i hip-hop, czego dowiódł w remake'u piosenki Prince'a *I Feel for You* nagranym przez Chakę Khan w 1984 roku, za który zdobyła dwie nagrody Grammy: za najlepszy utwór R&B i najlepszy kobiecy występ wokalny R&B. Wyprodukowany przez niego utwór Bette Midler *Wind Beneath My Wings* na płytę *Beaches* – ze ścieżką dźwiękową do filmu *Wariatki* – zdobył statuetki Grammy za nagranie i piosenkę roku.

• • • •

W okresie Bożego Narodzenia poszłyśmy z Whitney do kina na *Wariatki*, film o dwóch dziewczynach, które poznają się podczas rodzinnych wakacji w Atlantic City i zostają przyjaciółkami na całe życie. Agentka filmowa Whitney, Nicole David, powiedziała nam, że to całkiem dobre kino, więc Nip i ja chciałyśmy się o tym przekonać. Ciekawiła nas gra Bette i co ważniejsze chciałyśmy zobaczyć, jak w filmie została wyeksponowana jej muzyka.

Wszystko wskazywało, że to obraz dla nas idealny. Od razu przypomniałam sobie dawne dni, kiedy pakowałyśmy lodówkę i przenośny magnetofon na wózek bagażowy i jechałyśmy na plażę. Co więcej, bohaterki już jako osoby dorosłe – trzeźwo myśląca Hillary Whitney (Barbara Hershey) i zadziorna piosenkarka oraz aktorka C.C. Bloom (Bette Midler) – przywodziły na myśl relację łączącą Nippy i mnie. Poprzez romantyczne relacje, zerwania i własne wewnętrzne konflikty bohaterki *Wariatek* zawsze odnajdywały drogę prowadzącą z powrotem do siebie. Zakładałyśmy z Nippy, że z nami będzie tak samo. Wprawdzie byłyśmy na wcześniejszym etapie życiowej podróży, ale ekranowy portret trwałej kobiecej przyjaźni pozwalał nam dostrzec odbicie tego rodzaju miłości, jaką wzajemnie się darzyłyśmy. Nippy nazywała mnie siostrą, której nigdy nie miała, swoją najlepszą przyjaciółką, swoją starą, swoją ziomalką. Spoglądając wstecz, rozumiem, że po prostu potrzebowała kogoś, z kim mogłaby dzielić się pomysłami, komu mogłaby się zwierzać, kogo mogłaby kochać, komu mogłaby ufać, na kogo mogłaby liczyć – kogoś, kto by jej wysłuchiwał, ale jej nie osądzał. Kogoś, kto by rozumiał, co to znaczy prawdziwa przyjaźń.

Wyjęłyśmy chusteczki, słysząc wyznanie ciężko chorej Hillary: „Czekałam na ciebie", kiedy C.C. podchodzi do jej szpitalnego łóżka. I kiedy siedzą obok siebie i oglądają wspaniały zachód słońca, a w tle rozlega się piosenka *Wind Beneath My Wings*. Albo gdy na cmentarzu C.C. ujmuje córeczkę Hillary za rękę i odprowadza od grobu matki. I kiedy ekran wypełnił szary nagrobek z imieniem „WHITNEY" i obraz zastygł na tym ujęciu na całą wieczność. Po powrocie do domu w stanie rozdygotania wyłyśmy, usiłując opowiedzieć Silvii fabułę. Pozbierałam się na tyle, by zadzwonić do Nicole i poprosić o kopię filmu na kasecie VHS, a kiedy puściłyśmy go Silvii, ponownie nami wstrząsnął. W końcu jeszcze raz zdołałyśmy się opanować, a Whitney stwierdziła:

– Jeśli przyjdzie mi umrzeć, proszę nie znoście mi naręczy kwiatów. Wiecie, jak działa na mnie ich zapach. Chcę, żeby CeCe zaśpiewała *Don't Cry for Me* i żeby uhonorowano moje życie muzyką.

Niedawno skończyłam dwadzieścia osiem lat, Whitney miała dwadzieścia pięć, ale nasze poczucie nieśmiertelności rozwiało się wraz z tą sceną. Nie do pomyślenia był jakikolwiek scenariusz, w którym jedna z nas traci drugą, a już z pewnością nie wskutek przedwczesnej śmierci. Układałyśmy sobie życie wyrosłe z marzenia, któremu Whitney przydała skrzydeł – za sprawą jej poświęcenia się własnej pasji, jej wiary w Boga i jej przekonania, że Zbawiciel będzie nas w tym locie podtrzymywał.

• • • •

Po spotkaniu Clive napisał do Whitney długi list, a ona zgodziła się pracować z Antoniem „L.A." Reidem i Kennethem „Babyface'em" Edmondsem. Duet ten należał do awangardy gatunku new jack swing, który łączył hip-hopowe podkłady z wokalem w stylu R&B.

W początku 1990 roku poleciałyśmy do Atlanty na pierwszą sesję nagrań Whitney z ich udziałem. Nie mogła się wprost doczekać wejścia do studia z twórcami hitów spod szyldu LaFace Records. Kiedy wylądowałyśmy na miejscu, L.A. wyszedł nam na spotkanie. Whitney wsiadła do jego samochodu, a my z Silvią zostałyśmy na lotnisku, żeby odebrać bagaże i wypożyczyć auto.

L.A. miał studio nagrań w swojej posiadłości. Zaproponował, że ulokuje nas w domu gościnnym. Kiedy w końcu dotarłyśmy tam z Sil, Whitney i L.A. już rozmawiali. Wszystkie domy w tej części Atlanty wyglądały podobnie: miały sztuczną trawę przypominającą murawę na polu golfowym i elewację oblicowaną cegłą lub sztucznym kamieniem. Jednak dom L.A. był pełen ciepła, przestrzenny i gościnny. Drzwi do garażu były uniesione i widać było w jego wnętrzu rowery, zabawki i czarnego mercedesa, którym zabrał Nippy z lotniska.

Nagrania odbywały się w prywatnym studiu sąsiadującym z domem. Babyface mieszkał przy tej samej ulicy, w domu z oblicówką z czerwonej cegły, razem z ówczesną żoną, która była osobą tyleż uroczą, co skromną.

To był czas wytężonej pracy! Podczas tych sesji powstały piosenki *My Name Is Not Susan, Anymore* czy *I'm Your Baby Tonight*.

Whitney i 'Face, który napisał większość tekstów i linii wokalnych, spędzali większość czasu w studiu. W pewnym momencie 'Face powiedział, że *I'm Your Baby Tonight* potrzebuje mostka i że Nip powinna zrobić sobie przerwę na godzinę lub dwie, by mógł taki fragment napisać. Zaproponowałam, żebyśmy wzięły rowery z garażu i wybrały się na przejażdżkę po osiedlu, na co przystała z ochotą. Jechałam na czele, przed Whitney i Silvią, na wzgórze i z górki, potem zakręt, przez nieduży mostek i prosto, i znów na kolejne wzniesienie, aż wreszcie zjechałyśmy po płaskim terenie i przez pewien czas przestałyśmy pedałować. Wkrótce musiałyśmy wracać.

Nip i ja chętnie rywalizowałyśmy ze sobą i często wygadywałyśmy głupoty, by odwrócić uwagę tej drugiej. Jedna z nas wbiła sobie do głowy, że w drodze powrotnej musimy się ścigać i chwilę potem wszystkie ruszyłyśmy, ile sił w nogach. Ponieważ miałam dobrą orientację w przestrzeni, zazwyczaj jechałam pierwsza, ale Whitney stale próbowała mnie przegonić. Miałyśmy za sobą dwa wzniesienia, z których zjechałyśmy, teraz więc musiałyśmy mocno się wytężać, podjeżdżając pod górę! Nip, zacięcie pedałując, zdołała jeszcze zawołać:

– Hej, Robyn, pamiętasz, jak Michael dziwił się, że możesz tymi swoimi wątłymi ramionami i małymi rączkami kozłować piłką do kosza?

A kiedy zyskała małą przewagę, dodała:

– Ja staram się zrozumieć, jak z tymi wątłymi nogami udaje ci się pokonać tę górkę.

Robiłam, co mogłam, żeby ją rozkojarzyć, ale zgubiłam tempo i Whitney zdołała wyrwać się przede mnie i o włos pierwsza minęła linię mety.

Dopiero kiedy zsiadłyśmy z rowerów, zdałyśmy sobie sprawę, że nie ma z nami Silvii. Czekałyśmy na nią i czekały bez końca. W końcu wróciłyśmy do studia, by dowiedzieć się, że 'Face skończył pracę. Zasugerowałyśmy, że Silvia chyba gdzieś się zgubiła.

– Tak, zapewne – odparł. – Łatwo tutaj skręcić w niewłaściwą drogę.

We trójkę wsiedliśmy do samochodu 'Face'a i ruszyliśmy na poszukiwanie Sil. Gdy zbliżaliśmy się do drugiego wzniesienia, zobaczyliśmy, jak rozgrzana i spocona pcha rower pod górę.

Była wściekła i natychmiast zaczęła krzyczeć z wyrzutem:

– Wołałam do was, żebyście poczekały, ale mnie zignorowałyście. Nie mogłam wjechać na to wzgórze. To za trudny podjazd dla mnie!

W typowy dla siebie sposób Whitney odparła:

– Wsiadaj, Silvia. Robyn, ty wysiadasz. Przegrałaś, więc wracasz do domu na rowerze.

Wróciliśmy do studia nagrań, a 'Face i Whit usiedli za konsolą. 'Face wziął do ręki kartkę zapisaną odręcznym pismem i zapytał:

– Potrafisz to zaśpiewać?

Whitney wstała z krzesła i filuternie wyrywała mu kartkę, rzucając:

– Daj mi to.

W kabinie wokalnej ze słuchawkami na uszach jak koń wyścigowy bez przeszkód przemknęła przez dopiero co napisany mostek:

Looks like I'm fatal it's all on the table
And baby you hold the cards...*

Przypatrywałam się, jak 'Face uważnie jej słucha, łagodnie poruszając głową. Whitney śpiewała wprost porywająco do samego końca. Ostatecznie Whitney swoim wykonaniem *I'm Your Baby Tonight* zapewniła L.A. Reidowi i Babyface'owi ich pierwszy popowy hit z pierwszego miejsca list przebojów.

• • • •

W 1989 roku Whitney została poproszona o wręczenie Michaelowi Jacksonowi nagrody World Music Award. Przy tej okazji miało powstać nagranie wideo w posiadłości Michaela. Whitney, jej rzeczniczka prasowa Regina i ja wsiadłyśmy na dachu biurowca w Los Angeles do śmigłowca. Nieustające kołysanie i bujanie w trakcie lotu przyprawiały mnie o mdłości, ale nie narzekałam głośno. Nawet gdybyśmy musiały płynąć łodzią wiosłową, a potem jeszcze półtora kilometra wpław, byłabym przy Nip. Po czterdziestu pięciu minutach lotu przy bezchmurnej, słonecznej pogodzie, dotarłyśmy do Santa Barbara, gdzie korony drzew przypominały wielkie kwitnące pąki marihuany gotowe do zerwania. Wszystko, jak okiem sięgnąć, na obszarze wielu kilometrów, należało do Michaela Jacksona. Ten facet posiadał całe góry i doliny.

Wylądowałyśmy w kręgu wyznaczonym na asfalcie i zanim otworzyły się drzwi śmigłowca, na miejscu byli już kamerzyści gotowi udokumentować przybycie Whitney

---

* „Wygląda na to, że jestem śmiertelna, wszystko już jasne / A ty, Skarbie, trzymasz karty...".

Houston. Nikt nas nie uprzedził ani nie poprosił o zgodę na filmowanie, ale Whitney nie powiedziała ani słowa. Ja też nie. Byłyśmy w Neverland i właśnie tak się czułyśmy – jakbyśmy znalazły się w miejscu magicznym.

Jakiś młody człowiek przywitał nas i zaprowadził do naszych kwater. Mogłyśmy odświeżyć się przed lunchem z Michaelem i Bubblesem, jego oswojonym szympansem. Gdy mijałyśmy główne wejście, widziałyśmy szyld z nazwą Neverland, a także pomnik Piotrusia Pana. Byłam pod ogromnym wrażeniem. Znalazłyśmy się w domu Michaela Jacksona! Ten chłopak był żywą sensacją, kimś, kogo chciałaby poznać, a pewnego dnia poślubić dosłownie każda dziewczyna na tej planecie – łącznie z Whitney i mną.

Dom był dużym dwukondygnacyjnym budynkiem o architekturze przypominającej styl Tudorów i przywołującej na myśl urok angielskiej wiejskiej posiadłości. Na piętrze było dużo okien, przez które nie widać było wnętrz, choć odnosiło się wrażenie, jakby obserwowały nas stamtąd jakieś niewidoczne oczy. Zaprowadzono nas do jednego z dwóch bungalowów z motywami nawiązującymi do safari i polecono nam, żebyśmy się rozgościły. Nie mogłyśmy jednak zignorować ogromnej trampoliny stojącej na tyłach głównego domu, sąsiadującej z budynkiem, w którym nas zakwaterowano. Gdy tylko młody mężczyzna odszedł, wybiegłyśmy z Nip na zewnątrz i zaczęłyśmy skakać na trampolinie, uważając, by nie nabawić się kontuzji. Chichotałyśmy, podejrzewając, że Michael może nas obserwować. Okno jego pokoju wychodziło na miejsce, w którym szalałyśmy.

Po upływie mniej więcej godziny zaproponowano nam zwiedzanie domu. Młoda kobieta oprowadziła nas po kolejnych pokojach. We wszystkich panowała aura komfortu i wszystkie sprawiały wrażenie zamieszkanych. Nagle dziewczyna przystanęła i z dłonią opartą na gałce klamki, obwieściła złowieszczo:

– To pokój lalek. Czasami nocą można usłyszeć, jak chodzą.

Spojrzałyśmy po sobie, unosząc brwi, po czym przeszłyśmy przez próg. Tysiące pustych oczu okolonych długimi rzęsami patrzyły prosto na nas! Na wszystkich ścianach, od podłogi do sufitu, znajdowały się tysiące porcelanowych, plastikowych i szmacianych lalek. Pomyślałam wówczas, że to o wiele za dużo lalek jak na moje nerwy.

Kiedy wycofałyśmy się z tego pokoju, Whitney nachyliła się do mnie i szepnęła:

– Czemu powiedziała coś tak dziwacznego?

– Może to prawda – zawiesiłam głos. – Te wszystkie lalki w jednym pokoju... Wszystko może się zdarzyć.

Nie było nam dane dopytać się o kolekcję, bo wizyta w tym pomieszczeniu zakończyła nasze zwiedzanie. Nadeszła pora obiadu. Zaprowadzono nas do kuchni, którą wypełniały szczęk garnków, brzęk naczyń i aromat pieczonego chleba. Stały tam stół piknikowy, mieszanina różnych krzeseł i ława. U szczytu stołu siedział Michael. Miał łagodny i ciepły głos, najwyraźniej chciał nas dobrze ugościć i sprawić, byśmy poczuły się komfortowo. W swobodnej rozmowie wymienił imiona nas wszystkich, ale uwagę skupiał na Whitney. Bubbles siedział na wysokim krześle obok niej i zajadał się przekąskami.

Po obiedzie Michael pokazał nam resztę domu, między innymi swoje prywatne skrzydło. Stojąc przy jego oknie, widziałam całą posiadłość – w tym również trampolinę. Zaprowadził nas również do stodoły, żeby pokazać nam zwierzęta – miał lamy, pawie, węże i inne stworzenia, których nie rozpoznałam – a potem zapytał, czy chciałybyśmy pojeździć konno.

Whitney była zachwycona. Ubrała się odpowiednio do tej okazji, w dżinsy i długie buty, podczas gdy ja miałam na sobie biały nylonowy kostium, buty do biegania i krótkie skarpetki. Był to najgorszy możliwy strój do jazdy konnej. Ale pociąg już wyruszył ze stacji – dosłownie! Wsiadłyśmy do staroświeckiego czerwonego pociągu, którym pojechałyśmy do stajni. Whitney dosiadła dużego, ciemnogniadego wierzchowca, Regina również dosiadła własnego konia, a potem jakiś mężczyzna przyprowadził jeszcze jedno zwierzę, które ustawił tak, bym mogła na nie wskoczyć. Zerknęłam w bok i zobaczyłam Michaela siedzącego w wózku golfowym. Przyglądał się nam, a na jego twarzy malował się charakterystyczny uśmiech, szeroki od ucha do ucha.

Kilka godzin później, po odświeżeniu się prysznicem i zmianie stroju, nadeszła pora wręczenia nagrody. Wszyscy zebrali się w głównej części domu. Stałam z boku, aż Nip przywołała mnie, żebym posłuchała, jak ćwiczy przemowę. Nie mogłam oprzeć się wrażeniu, że Michael gapi się na mnie. Nie chciałam, żeby wiedział, że ja wiem, lecz wydawało mi się, że nie miał żadnego problemu, by wpatrywać się we mnie przez całe minuty. W końcu ktoś wywołał jego imię i odszedł. Nip zapytała:

– Widziałaś, w jaki sposób Michael gapił się na ciebie, Rob? Sądzę, że to przez twoje oczy. Musi być naprawdę zachwycony twoimi oczami.

• • • •

Byłyśmy w Europie kilka miesięcy przed premierą trzeciego albumu Whitney, *I'm Your Baby Tonight*, kiedy otrzymałyśmy telefon z Aristy z wiadomością, że szefowie wytwórni chcą, by w ramach promocji płyty Whit udzieliła wywiadu do głównego materiału w magazynie „Fame". Dziennikarz

Roger Friedman zaczął wypytywać Nip o moją rolę, więc włączyłam się do rozmowy. Podzieliłyśmy się informacjami o naszych planach dotyczących kariery aktorskiej Whitney, mówiłyśmy o produkcji filmowej i telewizyjnej, o reprezentowaniu artystów. Otworzyłyśmy się przed nim, podekscytowane możliwością przedstawienia naszej wizji komuś, kto wydawał się uczciwy. Friedman nie nękał nas pytaniami o naszą relację ani o to, czy Whitney się z kimś spotyka. Wiedziałyśmy, że artykuł, który się ukaże, przedstawi sylwetki dwóch odnoszących sukcesy kobiet o biznesowej intuicji.

Kiedy do kiosków trafił miesięcznik „Fame" z października 1990 roku, nic z tego, co znalazło się na jego stronach, nie oddawało sensu naszej rozmowy. Zamieszczony w czasopiśmie nagłówek: *Secret Life of Whitney Houston* (Sekretne życie Whitney Houston) mówił wszystko. Niemal każde słowo tego tekstu zostało skrojone tak, by dowieść, że jesteśmy kochankami. Whit czuła się pokrzywdzona, a fakt, że prośba o ten wywiad pochodziła z wytwórni płytowej, jeszcze pogarszał całą sytuację. W owym czasie dochodziły do mnie pogłoski, że Clive Davis spotyka się z mężczyznami, ale były to jedynie niepotwierdzone spekulacje do czasu, aż dekadę później ujawnił swoje biseksualne skłonności.

Po zakończeniu lektury i otrząśnięciu się z szoku, Nippy odezwała się do mnie:

– To właśnie miała na myśli moja matka, kiedy powiedziała: „Oni cię wynoszą w górę tylko po to, by cię potem zniszczyć". Rozumiesz? Już nigdy, przenigdy niczego więcej się ode mnie nie dowiedzą.

I naprawdę nie żartowała. Ten artykuł odbił się na pozycji Whitney, a także mojej, w całym naszym zawodowym środowisku i na zawsze zmienił sposób, w jaki Nip odnosiła się do udzielania wywiadów.

Cissy upierała się, że nie powinnam już więcej pokazywać się publicznie w towarzystwie Whitney. Nie mogłam jeździć z nią samochodem ani siadać przy niej na większości imprez, na których otrzymywała nagrody.

– Tańczycie dokładnie tak, jak wam zagrają – stwierdziłam, ale to ich nie ruszało.

Zdarzało się, że obie wyczuwałyśmy uporczywe obgadywanie. Whitney niekiedy ujmowała moją twarz w dłonie i mówiła:

– Robyn, wiesz, jak bezgranicznie cię kocham.

Jednocześnie radziła mi, żebym ignorowała jej matkę, jeśli mówiła coś wrednego lub próbowała usunąć mnie na bok.

Whitney miała zaledwie dwadzieścia siedem lat i już czuła się zmęczona. Nie chodziło wyłącznie o pozbawionych etyki reporterów ani o to, że nie była „wystarczająco czarna"; nie chodziło wyłącznie o jej matkę i całą resztę jej rodziny ani o wyśrubowane wymagania branży muzycznej. I nie o plotki. Chodziło o wszystkie sprawy związane z mocno wybrzmiewającym „nie" w odpowiedzi na pytanie, które tak często sobie zadawała:

– Czy mogę być sobą?

rozdział 14

Od Atlantyku po Pacyfik

Pomimo chaosu panującego za kulisami nie mogłyśmy nie ekscytować się nadchodzącym wykonaniem przez Whitney amerykańskiego hymnu narodowego podczas XXV finału rozgrywek Super Bowl w Tampie na Florydzie. W trakcie przygotowań do tego wydarzenia w początkach 1991 roku wciąż dochodziły nas wieści, że zostaną podjęte wyjątkowe środki bezpieczeństwa. Trwała właśnie operacja Pustynna Burza. Stany Zjednoczone zaangażowały się w wojnę i spodziewano się poważnych zagrożeń dla bezpieczeństwa, więc poczucie dużego niepokoju zawisło nad stadionem i okryło cały kraj.

Nasz opiekun z Narodowej Ligi Futbolowej (NFL) uprzedził nas, że na miejscu napotkamy wiele zabezpieczeń, będzie obecna Gwardia Narodowa oraz policjanci w cywilnych ubraniach, że powstaną liczne punkty kontroli bezpieczeństwa. Zezwolono nam na wprowadzenie ograniczonej liczby gości i podkreślono, że nasza grupa będzie musiała trzymać się razem, a po wejściu na stadion nie będziemy mogli już go opuścić, by ponownie się na niego dostać.

Kiedy już przeszłyśmy przez bramki kontrolne, skierowano nas w miejsce, skąd nasza eskorta miała zaprowadzić nas na środek boiska, gdzie czekali John i Donna. Whitney rozejrzała się i zapytała:

– Gdzie jest Gary?

Nikt go nie widział od chwili, gdy staliśmy przy punkcie kontrolnym i nie zobaczyliśmy go już przez resztę dnia i całą noc.

Na Florydzie spodziewaliśmy się gorąca i słonecznej pogody, jednak Tampa leży znacznie bardziej na północ, niż nam się zdawało i kiedy niebo zakryły chmury, robiło się coraz zimniej. Whitney, która podróżowała w zwiewnym wdzianku z brązowego zamszu, opatuliła nim teraz szyję, a z bagażu wyjęła rękawiczki i kapelusz.

Zgodnie z planem miała stanąć na podium przed wystrojoną w czarne smokingi orkiestrą grającą w pełnym składzie, ubrana w czarną koktajlową sukienkę bez rękawów i szpilki. Jednak po próbach dźwięku, kiedy znalazłyśmy się z powrotem w hotelu, mając do dyspozycji kilka wolnych godzin, Whitney przyszła do mojego pokoju, ciężko usiadła na łóżku i powiedziała:

– Co ja pocznę? Zamarznę w tej sukience!

Przypatrywałam się Silvii pakującej bagaże i zapytałam:

– Dlaczego nie założysz dresu, który masz w walizce?

– Jakiego dresu? – spytała.

Zaprowadziłam Nip do jej pokoju, otworzyłam walizkę i wyjęłam z niej biały dres Le Coq Sportif.

– Na pewno nie będzie nie na miejscu. To odpowiednia okazja, a tak czy inaczej nikt nie będzie patrzył na orkiestrę – wszystkie oczy będą skierowane na ciebie.

Z jakiegoś powodu, którego nie potrafię pojąć, tamtego dnia Whitney sama ułożyła sobie włosy i zrobiła makijaż. Następnie przewiązała sobie głowę białą opaską, założyła dres i parę białych tenisówek Nike Cortez z charakterystycznym czerwonym logo do kompletu. Była gotowa do zachwycenia świata autorskim wykonaniem *Gwiaździstego sztandaru*.

Zaczęła i na pełnych trybunach Tampa Stadium zapadła cisza, która utrzymywała się do chwili wyśpiewania przez nią ostatnich dźwięków. Kiedy przeszła do fragmentu melodycznego, pozbawionego słów, wszyscy ci, którzy dotąd jeszcze siedzieli, podnieśli się z miejsc. A kiedy dotarła do ostatniego słowa – *brave* – które zdumiewająco przeciągnęła do prawie ośmiu sekund, osiemdziesiąt tysięcy ludzi wypełniających stadion wiwatowało albo płakało. To było zapierające dech w piersiach wykonanie. Absolutnie nadzwyczajne.

Stojąc z boku i przysłuchując się jej, zwyczajnie odpłynęłam. Słyszałam słowa, które śpiewała, ale zatraciłam się w uczuciach. Odczuwałam dumę. I nie chodziło wyłącznie o to, że czułam dumę z tego powodu, że jestem Amerykanką. Czułam się dumna, że za sprawą interpretacji Whit mogę być świadkinią tak zdumiewającego momentu zjednoczenia. Podobne wrażenie udało jej się wywołać, wykonując autorsko *Greatest Love of All*, *I'm Every Woman* oraz *I Will Always Love You*. Jej interpretacje sprawiały, że można było poczuć coś, czego nie czuło się nigdy wcześniej. Tamtego wieczoru Whitney usunęła z naszych umysłów strach, a zamiast niego dała nam coś pięknego, poczucie wspólnoty, którego mogliśmy się trzymać.

– Jak było? – spytała mnie po zeskoczeniu ze sceny.

– Dałaś czadu – odpowiedziałam.

The Giants pokonali The Buffalo Bills jednym punktem, ale 27 stycznia 1991 roku największe zwycięstwo tak naprawdę należało do Whitney Houston, która na zawsze postawiła niebotycznie wysoko poprzeczkę na wykonanie amerykańskiego hymnu. Jej gospelowe modulacje głosu poruszyły Afroamerykanów i wielu spośród nich po raz pierwszy poczuło więź z tym utworem. Kiedy Whit go śpiewała, zapominało się o wszystkich wykonaniach słyszanych wcześniej.

Tak jak przewidziałam, nikt nie skrytykował jej dresu. Nikt nie powiedział, że Whitney jest „za mało czarna". Tamtego dnia wszyscy stali murem za tą ciemnoskórą dziewczyną z East Orange. Dowiedziałyśmy się później, że Arista chciała wydać *Gwiaździsty sztandar* w wykonaniu Whitney w formie singla. Słuchacze dzwonili do radiostacji z prośbami, by DJ-e go puszczali, a od podobnych telefonów urywały się linie w biurach Nippy Inc. i Arista Records. Kiedy singiel w końcu się ukazał, hymn w wersji wyśpiewanej przez Whitney stał się najlepiej sprzedającym się singlem Aristy w historii wytwórni. Cały dochód z jego sprzedaży Whit przekazała na rzecz Czerwonego Krzyża.

Mimo to w ciągu kilku dni po występie rozeszła się pogłoska, że Whitney Houston nie śpiewała na żywo, lecz jedynie poruszała ustami do muzyki odtwarzanej z playbacku.

Po śmierci Johna Simmonsa, Whitney uważała, że jego następcą powinna zostać Bette Sussman. Była keyboardzistką, pianistką i fantastyczną muzyczką. Zaczęła karierę, kiedy miała zaledwie dziewiętnaście lat, jako dyrektorka muzyczna wędrownej trupy wystawiającej broadwayowski musical *Godspell*. Jako jedyna kobieta w zespole współpracowała również z Cissy, co sprawiało, że była poniekąd naturalnym wyborem. Ale gitarzysta basowy Whitney, Rickey Minor, zadzwonił do Whitney i oznajmił:

– To ja jestem twoim dyrektorem muzycznym.

– Nie, wcale nie jesteś – odparła Whitney.

– Owszem, jestem – upierał się Rickey.

– Nie, nie jesteś – powtarzała Whitney. Spierali się niczym w klasycznej starej komedii. John Houston również obstawał przy Bette, jednak Rickey był zdeterminowany i nieustępliwy i najwyraźniej gotowy poświęcić się swojej pracy bez reszty, aż Whitney w końcu stwierdziła:

– Dajmy mu szansę i zobaczymy, jak sobie poradzi.

Kiedy Rickey objął funkcję dyrektora muzycznego, przeżywał niemiłosierny stres – do tego stopnia, że zaczęły wypadać mu włosy. Ale zaczął ćwiczyć jogę i wkrótce stał się biegły w zarządzaniu chaosem. Whitney darzyła go pełnym zaufaniem, a ich współpraca miała przetrwać dziesięć lat.

Kilka miesięcy przed finałem Super Bowl Nip oznajmiła Rickeyowi, że jedyną wersją *Gwiaździstego sztandaru*, jaką uważa za inspirującą, jest wykonanie Marvina Gaye'a, z którym wystąpił przed pewnym spotkaniem koszykarskim All-Star w 1983 roku. Rickey miał wzór aranżacji: musiała być możliwie prosta. Oglądałam ten mecz koszykówki w domu i siedziałam jak zahipnotyzowana, kiedy Marvin śpiewał do akompaniamentu prostej maszyny perkusyjnej. Pomysł Nip również polegał na tym, by zaśpiewać ten utwór prostolinijnie. Ale okazało się, że coś, co Whitney Houston kojarzyło się z prostolinijnością, powalało na kolana miliony słuchaczy.

Byłam akurat z Whitney tego dnia, kiedy Rickey oznajmił nam, że kierownictwo ligi domaga się, żeby nagrać „bezpieczną" wersję hymnu na wypadek jakiegoś zakłócenia bądź problemów technicznych w trakcie transmisji na żywo. Rickey dał jej jasno do zrozumienia, że tego wymaga protokół. Spotkałyśmy się więc z nim w studiu w Los

Angeles i zarejestrowałyśmy własną wersję *Gwiaździstego sztandaru*. Zapytał Nip, czy wysłuchała nagrania, a ona odpowiedziała, że nie. Odtworzył je, po czym w połowie Nip rzuciła:

– W porządku, zróbmy to.

Weszła do kabiny akustycznej, nagrała swój wokal w jednym podejściu i wyniosłyśmy się stamtąd. Nigdy więcej nie przesłuchała tego nagrania.

Ale tamtego najbardziej pamiętnego dnia na Tampa Stadium i na całym świecie wszystkie oczy były skierowane na nią. Słyszałam już, jak Whitney śpiewała wszędzie – dosłownie wszędzie! W samochodzie, na basenie, w domu, w windzie, w studiu, w łazience, w kuchni, w cudzym domu, w restauracji, w kościele. Znam ten głos tak dobrze, że potrafię ocenić na podstawie tego, jak śpiewa kilka pierwszych słów, w jaki sposób podejdzie do następnej frazy. Naprawdę wyjątkowo wyrobiłam sobie słuch pod tym względem. Tak czy inaczej nie przypominam sobie, żeby przed występem Whitney jakiekolwiek inne wykonanie hymnu narodowego podczas finałów Super Bowl było równie dogłębnie analizowane, mimo iż w poprzednich latach śpiewali tę pieśń z playbacku tak wybitni artyści jak Neil Diamond i Diana Ross. W tamten styczniowy wieczór stałam kilkanaście metrów od niej, a ona naprawdę śpiewała.

W następnym tygodniu, w trakcie prób przed występami w trasie koncertowej John Houston, adwokaci Sheldon Platt i Roy Barnes oraz Rickey dyskutowali na temat powstałych spekulacji. Spojrzałam na Whitney, która siedziała i przysłuchiwała się ich rozmowie o tym, czy śpiewała na żywo. Zanim zdołałam cokolwiek powiedzieć, odczytałam wyraz jej twarzy, który mówił: „Wiem, że ty nie musisz mnie o to pytać".

I rzeczywiście nie miałam takiego zamiaru. Nie musiałam. Nie mogłam uwierzyć w to, co słyszałam. To był obłęd.

– Wiem, że śpiewałaś – zaznaczyłam.

– Śpiewałam całym sercem – odpowiedziała Whitney.

• • • •

Ale za kulisami nie wszystko wyglądało tak różowo. Pewnego dnia w tamtym okresie Whitney urządziła sobie próbę na scenie, rozgrzewając się ulubioną piosenką Stevie'ego, *If It's Magic*. I napotkała problem, którego nie miała nigdy wcześniej. To było tak zaskakujące, jak sytuacja, kiedy idziesz ulicą i nagle potykasz się o nierówną płytę chodnikową, po czym odwracasz się, jakbyś chciała zapytać: „Co to w ogóle było?".

Piękno instrumentu wokalnego Whitney polegało na tym, że potrafiła zredukować jego siłę, a następnie gładko ją zwiększać, wznosząc się ku rejestrowi głowowemu, gdzie na samym szczycie koncentrowała się najsłodsza esencja jej głosu. Tym razem jednak nie było tam żadnej słodyczy i Whit gwałtownie przerwała próbny występ. Siedząc na stołku, rozprostowała ciało i po chwili spróbowała jeszcze raz – ale znów nie podołała. Zdała sobie sprawę, że słabo jej idzie. Przypatrywałam się, jak wstała i poszła do jednego z zamkniętych salonów. Wiedziałam, że coś z jej głosem jest nie tak, ale nie rozumiałam, co właściwie się wydarzyło.

Musiałyśmy sprowadzić lekarza.

Lekarz zdiagnozował naderwanie struny głosowej i dał Whitney maskę wraz ze środkiem do inhalacji. Nie widział powodu, dla którego struna głosowa nie miałaby się wyleczyć, ale Whit musiała pozwolić na jej regenerację. Miała praktycznie wyłączyć instrument wokalny i to niezwłocznie. To była jej pierwsza tego typu kontuzja i Whitney przyjęła ją z ciężkim sercem.

Po wizycie lekarskiej Nip wróciła na próbę i zajęła miejsce pośrodku sceny. Zespół zaczął grać, a ona wsłuchiwała się w muzykę. Odwróciła głowę, zerknęła przez ramię na swój chórek, a po chwili zwróciła się z powrotem frontem do widowni i przysunęła bliżej mikrofonu.

• • • •

Pierwszy koncert Whitney transmitowany na żywo w telewizji zaplanowano na 31 marca 1991 roku – jego emisja miała się odbyć z hangaru samolotowego w bazie lotniczej Marynarki Wojennej w Norfolk w stanie Wirginia. Poleciałyśmy tam helikopterem i pomimo naklejenia sobie trzech czy czterech plastrów ze środkiem przeciwko chorobie lokomocyjnej, nadal odczuwałam nudności. Nippy uważała to za zabawne. Zrywała boki, kiedy znajdowałyśmy się na pokładzie wojskowego śmigłowca, a ja niemalże odchodziłam od zmysłów. Zaśmiewała się serdecznie, przyglądając się, jak się kulę, gdy wzbijałyśmy się w górę i opadałyśmy, gdy kołysało nami na lewo i prawo, aż wreszcie szczęśliwie znalazłyśmy się na pokładzie USS Saratoga. Kiedy wylądowałyśmy na lotniskowcu, było wietrznie i głośno, ale byłam przeszczęśliwa, że mogłam w końcu wyjść z helikoptera. Choć wcale nie do końca odzyskałam formę, zakochałam się w marynarskich mundurach, i to do tego stopnia, że niedługo potem zaprojektowałam czarne kombinezony lotnicze na tournée The I'm Your Baby Tonight World Tour.

Ponieważ koncert był dla żołnierzy, wydawało się sensowne rozpoczęcie go wykonaniem hymnu *Gwiaździsty sztandar*. Whitney, ubrana w swój nowy niebieski mundur, śpiewała a cappella przez ponad trzydzieści sekund, zanim dołączyła do niej orkiestra. Dała wówczas popis ustępujący wyłącznie wersji zaśpiewanej podczas finału Super Bowl.

Whitney błyskawicznie zrzuciła kombinezon lotniczy, by odśpiewać *I Wanna Dance with Somebody*, odsłaniając śliczną żółtą tunikę z długimi rękawami i krótkie spodenki.

Nie wiem, dlaczego Nip zdecydowała się dodać piosenkę *A Song for You* do setlisty przeznaczonej na tamten wieczór. Wtedy wykonała ją po raz pierwszy. Właściwie to i ja pierwszy raz usłyszałam wtedy, jak ją śpiewa. Zdarzało nam się wcześniej słuchać jej razem; pamiętałam wieczory, kiedy wspólnie z Whitney słuchałyśmy muzyki, puszczając kolejne płyty na gramofonie, oglądając okładki, czytając teksty i je omawiając. Którejś nocy w naszym pierwszym mieszkaniu leżałyśmy obok siebie na podłodze z głowami wspartymi na poduszkach, a jedyne nikłe światło emitował sprzęt stereo znajdujący się przed nami. Wybrałam *A Song for You* grupy The Temptations, album, który ogromnie ceniłam. Zrelaksowałyśmy się i w milczeniu rozkoszowałyśmy dźwiękami piosenek poprzedzających *A Song for You*, szóste nagranie na płycie. Kiedy się zaczęło, klawiszowe intro wypełniło prawie kompletne ciemności, by wkrótce potem ustąpić miejsca pełnemu emocji głosowi Dennisa Edwardsa:

> *I've been so many places in my life and time.*
> *I've sung a lot of songs,*
> *I've made some bad rhymes.*
> *I've acted out my life on stages*
> *With ten thousand people watching.*
>
> *But we're alone yeah,*
> *And I'm singing this song for you*[*].

---

[*] „Byłem w tak wielu miejscach w swoim czasie / Zaśpiewałem wiele piosenek / Ułożyłem kilka kiepskich rymów / Przeżywałem życie na scenach / Słuchany przez dziesięć tysięcy ludzi / Ale teraz jesteśmy sami / I śpiewam tę piosenkę dla ciebie".

Utwór się skończył, a my leżałyśmy w bezruchu do chwili, aż przemówiłam.

– Chciałabym usłyszeć, jak ty śpiewasz tę piosenkę.

– To świetny utwór – zgodziła się – ale nie żyję wystarczająco długo, by go zaśpiewać.

Kiedy go wreszcie zaśpiewała, miała dwadzieścia siedem lat, zaledwie siedem więcej niż wtedy. Dlaczego postanowiła zaśpiewać go teraz? Co się stało? Co się zmieniło? Przyglądałam się z kabiny akustycznej, jak przysiadła na wysokim krześle i wyśpiewała tę piosenkę pełnym głosem, poddając ją własnej interpretacji, która w moich uszach zabrzmiała jak błaganie. Nigdy więcej nie słyszałam jej wykonania tego utworu na żywo.

• • • •

Można było odnieść wrażenie, że Whitney, Silvia i ja stale byłyśmy na pokładzie jakiegoś samolotu w niekończącym się locie wokół planety. Ale w trakcie krótkiej przerwy w naszym wystawnym, zabieganym życiu w 1991 roku mama i Bina oświadczyły mi, że z niepokojem przyglądają się Marty'emu. Był wychudzony, i to bardzo, a ponadto zorientowały się, że nosił jednocześnie dwie lub trzy pary spodni. Zdradziły mi, że w ich przekonaniu jest poważnie chory. Moja matka zasięgnęła języka i doszła do wniosku, że być może ma AIDS. Pomyślałam, że to niemożliwe. Marty nie wspomniał o niczym choćby słowem.

Nigdy nie dowiedziałyśmy się, w jaki sposób Marty zaraził się wirusem HIV, ale powiedział mi, że mogło do tego dojść albo wskutek transfuzji krwi po jego wypadku samochodowym (wtedy nie wykonywało się odpowiednich testów), albo z powodu jego „stylu życia". Mój brat nigdy nie wyjawił mi, że był gejem, a ja nigdy nie widziałam go w towarzystwie partnera, ale oczywiście coś takiego zakładałam. Wszyscy tak żyliśmy.

Na wieść o jego stanie, zabrakło mi słów.

• • • •

Kilka miesięcy przed tym, jak dowiedziałam się, że jest chory, Marty zadzwonił i powiedział, że chciałby do mnie przyjechać. Miał dławiący, suchy kaszel, więc dałam mu syrop, po czym ulokowałam go w pokoju gościnnym. Nazajutrz rano zapytałam go o kaszel, który słyszałam przez całą noc. Zauważyłam też świeżą ranę na jego twarzy.

– Co to takiego? – zapytałam. – Posmaruj to sobie witaminą E.

Marty przyszedł do łazienki i stał tam przez chwilę, kiedy szorowałam zęby.

– Może ty też masz to samo, co ja – rzucił sarkastycznie.

Ton jego głosu sprawił, że miałam ochotę się odciąć:

– Na pewnego nie mam tego, co ty.

Wtedy nie zdołałam właściwie odczytać jego słów. Może spodziewał się, że będę czytała między wierszami, ale tak się nie stało. Powinien po prostu wyznać mi prawdę: „Robyn, muszę ci coś powiedzieć...". Ale nigdy tak ze mną nie rozmawiał. Poprosiłam go, żeby wyprowadził mojego psa, lecz Marty nie miał na to ochoty, co wydało mi się niezwykłe, zważywszy że zawsze chętnie we wszystkim pomagał. Dlaczego nie potrafiłam dostrzec, że nie miał siły?

• • • •

Marty nadal pracował dla Whitney, opiekując się domem, kiedy wyjeżdżałyśmy. W końcu wróciłyśmy na dłużej. Tamtego wieczoru padał gęsty śnieg. Gdy przejechałyśmy przez bramę i zbliżyłyśmy się do naszego rozległego, kolistego podjazdu, przywitały nas dziesiątki śnieżnych aniołów. Było ich zbyt wiele, by można je było policzyć – wszystkie nadzwyczaj starannie wykonane i rozstawione w równych odstępach od siebie. Wyglądały magicznie, skrząc się w świetle reflektorów rozświetlających całą tę scenerię.

– Czy to wszystko zrobił Marty? – zapytała Whitney.

– Tak – rzuciłam uśmiechnięta, wiedząc, że to było dokładnie coś w stylu Marty'ego.

Wysiadłyśmy z auta i rozejrzałyśmy się wokół. Wszędzie anioły.

rozdział 15

I Will Always Love You

Przez kilka lat Kevin Costner wydzwaniał do Whitney z nadzieją, że przekona ją, by wystąpiła u jego boku w jednej z głównych ról w filmie *Bodyguard*. Podchody rozpoczął już wtedy, gdy mieszkałyśmy razem w naszym pierwszym mieszkaniu. Zazwyczaj to ja odbierałam telefon. Rozpoznawał mój głos, zachowywał się uprzejmie, pytał, jak się miewam, a ja wdawałam się z nim w krótkie pogawędki. Ale za każdym razem, kiedy próbowałam przekazać Nippy, kto dzwonił, ona jedynie machała ręką:

– Wiem, kto to był.

Nippy tłumaczyła mi spokojnie i klarownie:

– Nie chcę być aktorką. Myślałam co najwyżej o jakiejś małej rólce, a on proponuje mi zagranie jednej z głównych postaci. Nie chcę tego robić. Skąd w ogóle przyszło im do głowy, że będę w tym dobra? To byłaby ciężka harówka, na co naprawdę nie mam ochoty.

Doskonale rozumiałam jej powściągliwość. Granie w filmie byłoby naprawdę ciężką harówką, a Nip nie miałaby nad swoją pracą żadnej kontroli. I już wtedy była przemęczona.

To wcale nie znaczy, że nie zapraszano jej do udziału w innych projektach filmowych. Proponowano jej zagranie w *Straconych nadziejach*, *Karierze Dorothy Dandridge* czy nawet w *Narodzinach gwiazdy*. Jeździłyśmy do Los Angeles na spotkania ze scenarzystami i reżyserami, którzy przedstawiali nam swoje rozmaite pomysły. Czytałam scenariusze przesyłane mi do przejrzenia i miałam własną asystentkę, Marię Padulę, która pomagała mi układać plan naszych spotkań. Spotkałyśmy się między innymi z producentami, którzy chcieli, by Whitney wystąpiła w głównej roli w remake'u *Kopciuszka*. Czytałam z Whitney dialogi przed przesłuchaniem do roli współlokatorki Jodie Foster w *Milczeniu owiec*, ale kiedy spotkałyśmy się z Jonathanem Demmem, nawet nie poprosił jej o wygłoszenie tych kwestii.

– Jesteś zbyt miła – orzekł.

Któregoś dnia odpoczywałyśmy w domu w miękkich skórzanych fotelach, z nogami wygodnie ułożonymi na podnóżkach, i obserwowałyśmy rzekę Hudson, kiedy zadzwonił telefon. To był Kevin. Whitney poprosiła, aby mu przekazać, że oddzwoni, co słyszałam już nie raz. Kevin rozumiał, że jeśli miał kiedykolwiek przekonać Nip do tego projektu, musiał dać jej przestrzeń, jakiej potrzebowała do podjęcia decyzji. Ale było jasne, że nie zamierzał pozwolić, żeby o nim zapomniała. Wykazywał się również uważnością i wiedział, w jaki sposób należy ją wytrwale namawiać, nie wywierając nadmiernej presji.

Tamtego dnia Whitney rzeczywiście do niego oddzwoniła. Siedziałam obok niej, gdy rozmawiała z Kevinem przez głośnik w telefonie, i słyszałam, jak ją zapewnia, że ona jest w stanie to zrobić i że wypadnie bardzo dobrze. Ponadto dał jej słowo, że cały czas będzie przy niej i przeprowadzi ją za rękę przez cały proces produkcji. W końcu Whitney się zgodziła.

• • • •

Przed rozpoczęciem pracy nad filmem Whitney postanowiła zaskoczyć Bobby'ego, zjawiając się na jednym z jego koncertów. Nip, Silvia i ja spotkałyśmy go za kulisami, ale w ślad za nim wyłoniła się matka jego dzieci. Kobieta była wściekła i kiedy wychodziła z przebieralni, popchnęła Bobby'ego, z całą siłą napierając na jego pierś obiema dłońmi. I nagle: bach, bach, bach – oboje zaczęli wymieniać ciosy.

– Coś podobnego, ona potrafi się bić! – zawołała Silvia.

Brat Bobby'ego, Tommy, wtrącił się i przerwał bijatykę, a Bobby polecił:

– Wyprowadź ją stąd, zabierz ją z powrotem do hotelu.

– To nie w porządku. Wiesz, że to nie w porządku, Tommy! – krzyknęła.

Kiedy Tommy ją wyprowadzał, przystanęła, obróciła się, spojrzała prosto na Whitney i powiedziała:

– To nieważne, że jesteś Whitney Houston. Jeżeli zrobił to mnie, zrobi to również tobie. – Po czym odeszła pod eskortą Tommy'ego.

Przez całą bójkę nie odezwałyśmy się ani słowem, nawet nie ruszyłyśmy się z miejsca pod szatnią. Zamarłyśmy. Zerkałam na Whitney, która stała obok znieruchomiała, z oczami otwartymi szerzej niż zwykle. Nie podobało mi się to i przypuszczałam, że ta rozwścieczona matka dzieci Bobby'ego może mieć rację.

Nie miałam wiele do powiedzenia Nip na jego temat. Znałam jedynie plotki – że spotykał się z Janet Jackson, że miał gromadkę dzieci, że sypiał tu i tam z różnymi kobietami! Przekazywanie takich plotek Nip nie miało żadnego sensu; przecież one i do niej docierały. Ale w ciągu roku Whitney przestała myśleć o Eddiem i zaangażowała się emocjonalnie w relację z Bobbym. Zauważyłam, że kiedy kręcił się w pobliżu, znacznie częściej sięgała po narkotyki. I nie wciskała hamulca. Przypomniałam jej, że powinna już z tym skończyć, ale skwitowała:

– Wiem. Podziwiam cię za to, że zdołałaś z nimi zerwać. Ja też je odstawię, tylko teraz jeszcze nie jestem na to gotowa.

• • • •

Kiedy rozpoczęłyśmy pracę przy filmie *Bodyguard*, okazało się, że na żywo Kevin Costner jest równie ujmującym człowiekiem co przez telefon: rzeczowy i bezproblemowy, a ponadto z uwodzicielskim błyskiem w oku. Do naszej pierwszej interakcji doszło, kiedy zajechał na parking wytwórni filmowej Warner Bros. swoim zielonym chevroletem novą, a ja stałam pod salą, w której miało odbyć się czytanie scenariusza. Jego samochód był klasykiem bodajże z 1971 roku. Gapiłam się na auto, czekając, aż jego właściciel z niego wysiądzie. Gdy tylko postawił na ziemi swoje biało-brązowe kowbojki, odezwałam się do niego:

– Kevin, co muszę zrobić, żeby zdobyć kluczyki do twojego wozu?

Jego twarz się rozpromieniła:

– Jest piękna, prawda? Kazałem ją przywrócić do życia.

Nie przestawałam zachwycać się jego odrestaurowaną novą, a on dodał:

– Naprawdę znasz się na samochodach.

Tego samego dnia kręcili scenę miłosną. Zanim zaczęli pracę, Kevin przyszedł do przyczepy Whitney, by z nią porozmawiać. Czekałam do chwili, aż z niej wyszedł.

– Wszystko w porządku – obwieściła mi Nippy. – Powiedziałam mu: „Cokolwiek zamierzasz zrobić, nie wkładaj mi języka do ust".

Kevin zachował się tak, jak jej obiecał w dniu, w którym Whitney zgodziła się wziąć udział w filmie. Był nie tylko gwiazdą odgrywającą jedną z dwóch głównych ról, ale też człowiekiem honoru. Wziął ją za rękę i dał jej kilka dobrych rad – na przykład jak pracować oczami w scenie pocałunku. I rzeczywiście nie włożył jej języka do ust.

Któregoś dnia kierownik muzyczna Maureen Crowe, którą nazywałyśmy z Whit „naszą siostrą z Long Island", przyszła do przyczepy i podsunęła nam utwór *I Will Always Love You*, puszczając Whitney i mnie wersję nagraną przez Lindę Ronstadt. Kevina akurat nie było. Po kilku dniach zjawił się w przyczepie z oryginalnym wykonaniem Dolly Parton z 1974 roku i zapewnił, że to jest odpowiednia piosenka.

Czterdziestodwusekundowe otwarcie a cappella było pomysłem Costnera. Ten biały chłopak, wychowany w wierze baptystycznej, ma w sobie naprawdę wielką duszę. Przy lunchu opowiedział nam, że kiedyś zajmował się zamiataniem podłogi w pewnym studiu w Hollywood. To po części tłumaczyło, dlaczego on i Whitney tak dobrze się zgrali – oboje byli dzieciakami dorastającymi w religijnej atmosferze, mającymi wielkie marzenia i zawdzięczali ich spełnienie własnej pracy.

Tymczasem Whitney odczuwała presję wywieraną na nią z wielu stron. Clive był przeciwny jej udziałowi w filmie, ale kiedy mimo to postanowiła w nim zagrać, bez ustanku wydzwaniał do mnie na plan, usiłując porozmawiać z Whit na temat muzyki w tej produkcji – choć było to coś, czego producenci nie znoszą.

– Clive, muszę pracować z tymi ludźmi – tłumaczyła. Czuła się wyczerpana i wykorzystywana w sposób przekraczający granice rozsądku. Niekiedy zastanawiała się, czy w ogóle będzie w stanie przez to wszystko przejść, ale udało się jej tego dokonać. A kiedy producenci stwierdzili, że mają już wszystkie materiały gotowe, nikt nie poczuł większej ulgi niż Nip. To było siedem, może osiem miesięcy lotów pomiędzy Kalifornią, Maine, Florydą a Nowym Jorkiem, zrywanie się o świcie i wracanie z pracy zazwyczaj po zmroku. Aż wreszcie koniec! Rzecz w tym, że za cokolwiek Whitney postanowiła się zabrać, zawsze starała się dać z siebie wszystko. Z pewnością nie miała zapisanego w swoim DNA występowania w filmach. Czuła się nieswojo w roli aktorki, a tym samym odczuwała dyskomfort i nie miała pewności co do ostatecznego efektu. Kiedy tylko wróciłyśmy do domu, zadzwonili do mnie John Houston i Sheldon Platt, twierdząc, że kierownictwo Aristy nie może firmować niczego, czego nie słyszało. Dlatego 6 lipca poszłam biura Clive'a i osobiście dostarczyłam nośnik DAT i płytę CD z sześcioma piosenkami, jakie Whitney nagrała na ścieżkę dźwiękową. Wraz z filmem *Bodyguard* jej kariera wystrzeliła w kosmos.

• • • •

Mniej więcej rok przed rozpoczęciem zdjęć do filmu jej relacja z Bobbym przerodziła się w poważny związek. Rozkoszowałyśmy się z Whitney i Silvią widokiem Mont-Royal z hotelowego apartamentu Nip w Montrealu, kiedy zadzwonił Bobby. Odebrała Whit. Przysłuchiwałyśmy się.

– Co? Co takiego? Jak to się mogło stać? I nie mów mi, że to pomyłka.

Po odłożeniu słuchawki zrelacjonowała nam przebieg rozmowy, rozzłoszczona i zapłakana: Bobby pojechał do Bostonu, rzekomo po to, by oznajmić matce swoich dzieci, że jest w związku z Whit, ale zamiast tego po raz kolejny ją zapłodnił.

Whitney wściekła się jak diabli. Bobby zadzwonił ponownie wieczorem tego dnia, by jej powiedzieć, że musi się z nią spotkać osobiście, żeby się wytłumaczyć.

– Mówi ci o tym tylko dlatego, że ona zaszła w ciążę – stwierdziłam.

Spodziewałam się, że Whit w końcu go odprawi, więc byłam zszokowana, kiedy okazało się, że postanowiła mu wybaczyć. W ich relacji pojawiało się tyle sygnałów ostrzegawczych, a mimo wszystko ona wolała je ignorować.

Kilka miesięcy wcześniej spędzałyśmy trochę więcej czasu w domu. Było jak za dawnych lat, przed sławą, zanim Whit pozwoliła innym wpływać na swoje postępowanie. Kiedy byłyśmy same, rozmawiała ze mną inaczej, patrzyła na mnie inaczej, zachowywała się inaczej. W tych rzadkich chwilach była autentyczna, była sobą, szczera jak przed Bogiem – podatna na zranienia, ale stanowcza.

Leżałam na łóżku w moim dawnym pokoju, kiedy przyszła i położyła się obok mnie.

– Bobby poprosił, żebym za niego wyszła, a ja myślę, że to zrobię – oświadczyła.

– Jesteś na to gotowa? – zapytałam.

– Tak – odrzekła z błyskiem w oku.

– Kochasz go?

– Tak – odpowiedziała. – Kocham. On kocha swoje dzieci i troszczy się o nie, jest dobrym ojcem.

Spojrzałam na nią, niepewna, co powinnam powiedzieć, a wtedy ona spytała:

– Myślisz, że on mnie kocha?

Tego się nie spodziewałam! Skąd miałam wiedzieć? Nie spędziłam z nim dłuższego czasu ani nie rozmawiałam o niczym istotnym. Wiedziałam, że zdarzały się trudne sytuacje, jak wówczas, gdy Whitney i Bobby zostali wyrzuceni z hotelu Ritz-Carlton w Atlancie za zakłócanie spokoju innym gościom swoimi hałaśliwymi awanturami. Nie podobało mi się to, co widziałam i o czym słyszałam, i niepokoiło mnie zachowanie Whitney. Niemniej jedyną rzeczą, jaką mogłam uczynić, to być przy niej.

– Szczerze mówiąc, mam wrażenie, że w ogóle go nie znam, Nippy... – zaczęłam. – Ale z całą pewnością powinien cię kochać. Mam nadzieję, że cię kocha. – Popatrzyłyśmy na siebie, po czym dodałam: – Myślę, że cię kocha.

– Dziękuję – odpowiedziała i potem przez jakiś czas leżałyśmy w ciszy.

Po kilku minutach weszła Silvia. Whitney zapewniła nas obie, że nas kocha, po czym klepnęła mnie w ramię i powiedziała:

– Moja świadkowo, pamiętaj, że bezgranicznie cię kocham.

– Wiem.

Kiedy kolejnym razem byłyśmy w Hotelu Bel-Air, Bobby pojawił się w nim z bratem i menadżerem, Tommym. W tym czasie podpisał kontrakt z firmą fonograficzną MCA Records i dowiedziałam się, że miał nagrywać swój nowy projekt. Doszło do burzliwych rozmów na temat pieniędzy – dość szybko wydał całą zaliczkę, jaką otrzymał na poczet honorarium – ale nigdy nie widziałam, by cokolwiek rejestrował. Plotkowano, że część tej zaliczki wydał na pierścionek zaręczynowy. Kiedy jakiś czas później zjawił się w naszym domu agent ubezpieczeniowy, żeby oszacować wartość biżuterii Whitney, dowiedziałyśmy się, że pierścionek podarowany jej przez Eddiego był wart więcej niż pierścionek zaręczynowy od Bobby'ego. Whitney wzruszyła ramionami i poleciła przerobić pierścionek od Eddiego na kolczyki.

• • • •

Kilka tygodni później Whitney miała nagranie w Atlancie. Zapowiedziała Silvii i mnie, że wpadniemy do domu Bobby'ego. Gdy zajechałyśmy na jego brukowany podjazd, pierwszą rzeczą, jaką zobaczyłam, był zaparkowany przed domem jaguar ze sflaczałą oponą w jednym z kół; auto wyglądało tak, jakby stało nieużywane od dłuższego czasu. Dom sprawiał wrażenie zaniedbanego. Z całą pewnością nie był to dom, w którym przykładano wagę do trzepania poduszek albo układania rzeczy na właściwym miejscu.

Whitney, Silvia i ja obejrzałyśmy parterową część budynku, po czym przeszłyśmy na tył domu, gdzie znajdował się wielki ogród z basenem. Po drodze minęłyśmy pralnię. Sterty ubrań sięgały prawie sufitu i leżały porozrzucane na podłodze. Silvia odruchowo zabrała się za porządkowanie rzeczy, odnosząc się do żałosnego widoku i zapachu zgnilizny.

– Cholera, co ty robisz? Nie zostajemy tutaj!

Silvia zamarła z koszulką w dłoni. Przypuszczam, że współczuła Whitney, która wchodziła w relację z mężczyzną nie potrafiącym utrzymać porządku we własnym domu. A może zrobiło się jej po prostu przykro i współczuła nam wszystkim, a instynkt podpowiadał jej, by spróbować to jakoś naprawić.

Przeprosiłam je na chwilę, żeby skorzystać z toalety. Moja matka zawsze powtarzała, że wiele można dowiedzieć się o człowieku na podstawie tego, w jakim stanie utrzymuje swoją łazienkę. Pierwszą rzeczą, jaka zwróciła moją uwagę, była stojąca na krawędzi umywalki miska do połowy napełniona mlekiem i rozmokłymi płatkami śniadaniowymi oraz zanurzona w tym mleku skarpeta, której drugi, suchy koniec spoczywał na ceramicznym blacie. Kiedy przysiadłam na sedesie, a miska znalazła się na wysokości moich oczu, usiłowałam ustalić, czy skarpeta należy do dziecka, czy raczej do dorosłego. Umyłam dłonie i zorientowałam się, że nie ma niczego, czym mogłabym je wytrzeć. Przeszłam przez jadalnię do kuchni w nadziei, że znajdę tam papierowe ręczniki, ale ku mojemu zdumieniu zastałam w niej przystojnego mężczyznę, mniej więcej w moim wieku, ubranego w bluzę kucharza i pracującego przy piekarniku. Podniósł na mnie wzrok i uśmiechnął się, zupełnie jakby się mnie spodziewał.

– Cześć. Jestem Ian. Ty musisz być Robyn. Miło cię poznać! Jak ci się podoba dom? – zapytał z uśmieszkiem.

Rany, autentycznie ucieszyłam się na jego widok! Panujący w kuchni porządek i czystość dawały mi cień nadziei. Ian był poukładany, uprzejmy, profesjonalny i zaangażowany. Zjadała mnie ciekawość, skąd się wziął i jak w ogóle trafił do tego domu. Wyznał mi, że ma pochodzenie po części afroamerykańskie, a po części żydowskie, skończył studia prawnicze na Columbii, był złotą rączką i miłośnikiem gotowania. Matka Bobby'ego poprosiła Iana, żeby pomógł Bobby'emu poukładać sprawy finansowe. Poprosiła go również, by wpadł do domu i przygotował jakiś posiłek na powrót Bobby'ego z Los Angeles. Ian z radością zgodził się tym wszystkim zająć.

Nie byłam pewna, jak miałabym szczerze odpowiedzieć na pytanie Iana dotyczące domu.

– Jest w porządku, chociaż nie w moim stylu. Ale jest okej.

Wspomniałam mu o misce z płatkami śniadaniowymi i zapytałam o jaguara. Ian powiedział, że samochód należy do Leolah, siostry Bobby'ego, na którą wszyscy mówili Lea Lea. Wyjaśnił, że dom należy do Bobby'ego, ale zamieszkuje w nim raczej jego rodzina, którą Bobby utrzymuje. Podczas mojej rozmowy z Ianem do kuchni weszła Whitney i spytała, co robimy.

– Siedzimy i rozmawiamy z Ianem o różnych interesujących sprawach – oznajmiłam.

Przysiadła się do nas.

– Jakich na przykład? – dopytała.

– Powiedz jej, Ian – odparłam, przerzucając odpowiedź na niego.

Ian spojrzał na Whitney i nie tracąc rezonu odpowiedział:

– Zastanowiłaś się już, co poczniesz z rodziną Bobby'ego?

– Co masz na myśli? – rzuciła Nip. I zanim zdążył wytłumaczyć, dodała: – To dom Bobby'ego i tak właśnie mają się rzeczy tutaj w Atlancie. Ale w moim domu w Jersey wszystko wygląda inaczej.

Ian zdobył się na to, by zachować na twarzy wymuszony uśmiech. A chwilę później Whitney zarządziła:

– No dobrze, chodźmy już stąd.

Nie potrafię stwierdzić, co właściwie kryło się za ewidentnym poirytowaniem Nippy. Było jasne, że w ogóle nie obchodziło jej to, co Ian miał do powiedzenia. Być może sam wygląd domu mówił wszystko.

Odsunęłam krzesło, wstałam i zwróciłam się do Iana:

– Naprawdę miło było cię poznać. Powodzenia.

To była nasza pierwsza i ostatnia wizyta w tym domu. Następnym razem spotkałam Iana już na weselu.

• • • •

Jako świadkowa urządziłam Whitney wieczór panieński w RIHGA Royal Hotel na Manhattanie. Byłyśmy tam stałymi gościniami, więc czułyśmy się swobodnie, a obsługa doskonale się nami zaopiekowała. Hotel obecnie nosi nazwę London NYC i nawet dzisiaj, kiedy zdarza mi się go odwiedzić, pokojowi, którzy pracują w nim od czasów, kiedy miejsce nosiło dawną nazwę, witają mnie serdecznymi uściskami.

Wieczór panieński miał bardzo kameralny charakter, ponieważ zaprosiłam tylko osoby, które rzeczywiście były obecne w życiu Nippy w tamtym czasie: Cissy; Michelle; jej kuzynkę Felicię; moją matkę i Binę; makijażystkę Kevyn Aucoin; Natalie Cole; Sue Simmons; Rolondę Watts; druhny CeCe i Perri Reid, która była żoną L.A.; no i oczywiście Dionne Warwick. W takim towarzystwie panowała radosna atmosfera. Śmiałyśmy się, celebrując kobiecość. Whitney promieniała. Wieczór panieński pozostał imprezą prywatną i żadne informacje na jego temat nie przeciekły do prasy. Jako prezent podarowałam jej srebrną ramkę na zdjęcie od Tiffany'ego, później przesłałam wszystkim gościom wydruk fotografii upamiętniającej ten dzień.

Nie brałam udziału w planowaniu wesela. Dochodziły mnie słuchy o namiotach – jak dużo ich było i jak były wielkie – a potem dostałam faks dotyczący ogromnego tortu. Nie miałam nic wspólnego z układaniem listy gości. Kiedy zobaczyłam projekt fioletowych sukienek z motylkowymi rękawami, przeznaczonych dla druhen, oświadczyłam stylistce:

– Ja tego raczej nie założę. To nie w moim stylu.

Wolałam spódnicę i dopasowaną do ciała marynarkę.

Moja fryzura nie stwarzała większych problemów, bo kiedy byłyśmy w trasie, obcięłam się na krótko. Podczas przystanku w Nowym Orleanie panował upał i ubrania lepiły się do ciała, wszyscy spędzali czas na basenie w naszym hotelu. Trzymałam się z boku, widząc, że moja fryzura traci kształt wskutek intensywnej wilgoci. Nie znosiłam tego, że moim życiem rządzą włosy i chciałam popływać. Poszłam odszukać Carol.

– Obetnij mi je – poprosiłam.

– Jak krótko? – upewniała się.

– Na tyle krótko, żebym nie musiała znowu cię odwiedzać w najbliższym czasie – odparłam.

Kiedy skończyła, poczułam się swobodnie. Wyszłam na basen i nagle wszyscy zamilkli. Zanurzyłam się w chłodnej, orzeźwiającej wodzie, a kiedy wynurzyłam się, chłonąc światło słoneczne, czułam się tak, jakbym narodziła się na nowo! Szkoda, że Whitney nie mogła do mnie dołączyć, ale woda źle wpływała na jej treskę, więc już nie pływała tak chętnie jak dawniej.

Kiedy wyszłam z basenu, wszyscy komentowali mój odmieniony wygląd.

Słyszałam, jak Cissy powiedziała:

– Mówiłam wam, że jest szalona! Całkowicie obcięła te piękne włosy.

Na wesele wpięłam w nie bukiecik satynowych kwiatów w kolorze lawendy, dopasowany do mojej kreacji.

• • • •

Kiedy Nip siedziała przy swojej toaletce, szykując się do ceremonii, odezwał się jej prywatny telefon. Silvia podniosła słuchawkę i usłyszała w niej męski głos:

– Whitney?

– Nie, Silvia – odpowiedziała. – Kto mówi?

– Eddie – odpowiedział ów głos.

– Jaki Eddie? – dopytała Sil.

– Eddie Murphy. Czy jest Elizabeth?

Silvia wyjaśniła mu, że Whit jest zajęta, jednak w tym samym momencie Whit zapytała:

– Kto to?

A dowiedziawszy się, kto dzwoni, rzuciła:

– Czego on chce, do diabła? Czy on oszalał? Dzwoni do mnie w dzień ślubu?

Whit wzięła słuchawkę od Silvii, która zapamiętała jej słowa:

– Tak, jestem. Biorę dzisiaj ślub. Tak, jestem.

Odłożyła słuchawkę i oznajmiła, że Eddie zadzwonił, by powiedzieć jej, że popełnia błąd i żeby nie wychodziła za Bobby'ego.

• • • •

Tkanina mojej sukni nie była tak wytworna jak innych, a choć czułam się w niej wygodnie, to jednak denerwowałam się, wychodząc z altany i krocząc pomiędzy rzędami siedzeń, w miękkich trzewikach jeszcze wilgotnych od świeżo nałożonej barwiącej pasty. Nie chciałam się załamać i rozpłakać. Wszyscy patrzyli się na mnie i uśmiechali się, gdy zajmowałam swoje miejsce. Kiedy jednak ujrzałam Whitney prowadzoną przez ojca, zawładnęły mną emocje. Spojrzałam na nią, odbierając od niej bukiet złożony z róż Sterling Silver. Patrzyłam jej prosto w oczy – po raz ostatni w taki sposób.

Czułam, że dni naszego dynamicznego duetu odchodzą do przeszłości. Wiązała swoją przyszłość z kimś innym, a ja miałam nadzieję, że będzie to przyszłość, jakiej rzeczywiście pragnęła. Zasługiwała na to, by mieć własną rodzinę. Zasługiwała na wolność decydowania o tym, co chce zrobić z własnym życiem. Zawsze tylko tego dla niej pragnęłam.

• • • •

Rankiem po największej celebracji ich wspólnego życia Whitney i Bobby polecieli do Włoch w podróż poślubną, którą spędzili na prywatnym jachcie z bratem Whitney,

Michaelem, i jego żoną, Donną. To była bodaj pierwsza czteroosobowa podróż poślubna, o jakiej słyszałam. Mieli żeglować wzdłuż wybrzeża Amalfi na Capri. Uznałam to za dziwne. Gdybym złożyła przysięgę małżeńską przed tymi wszystkimi ludźmi, chciałabym potem spędzić czas wyłącznie z moim nowo poślubionym małżonkiem.

Po kilku dniach podróży usłyszałam w biurze rozmowę na temat awantury pomiędzy Whitney a Bobbym. Ktoś na pokładzie jachtu zadzwonił do Johna Houstona, by powiedzieć mu, że wydarzyło się coś złego, a kiedy nowożeńcy wrócili, Whitney miała na boku twarzy szramę. Rana miała co najmniej siedem, osiem centymetrów i biegła prostą linią od górnej części policzka do krawędzi szczęki. Poprosiłam Nip, by powiedziała, co się stało, i według jej relacji przebieg zdarzeń był następujący:

– Mieliśmy sprzeczkę. Rzuciłam szklanką, szklanka uderzyła o ścianę, rozbiła się i mnie skaleczyła. Pary kłócą się cały czas i nigdy nie robi się z tego afery. Chyba, że chodzi o mnie.

Czy uwierzyłam w jej historyjkę? Nie. Do czasu zniknięcia tej rany makijażystka Whitney Roxanna Floyd musiała dwoić się i troić, żeby ją umiejętnie ukryć.

– Roxanno – zapytałam któregoś razu – ona twierdzi, że to odłamek szkła zranił ją w twarz. Co o tym myślisz?

Roxanna spojrzała na mnie, zdegustowana, i pokręciła głową.

– Ukrywam to najlepiej, jak potrafię.

Nawet po zabliźnieniu się rany, na policzku Whitney pozostała niewielka, ale widoczna szrama.

rozdział 16

The Bodyguard World Tour

Kiedy po raz pierwszy oglądałam *Bodyguarda*, również po raz pierwszy spotkałam Lisę Hintelmann. Wytwórnia Warner Bros. zorganizowała pokaz w Nowym Jorku, a ja nie mogłam się doczekać, by zobaczyć film. Wiedząc, że Whitney potrzebuje specjalnego wsparcia i właściwej reprezentacji swojej rozwijającej się kariery filmowej, zatrudniłyśmy największą w kraju i najbardziej prestiżową agencję public relations w branży rozrywkowej. Lisa była młodą rzeczniczką prasową i pracowała z Lois Smith, legendarną wspólniczką w tej firmie.

Kilkakrotnie rozmawiałyśmy przez telefon, ale przed pokazem nie spotkałyśmy się osobiście. Kiedy już byłam w mieście zaproponowałam jej, byśmy umówiły się poza siedzibą Aristy i wybrały wspólnie na pokaz filmu. Sala projekcyjna Warner Bros. znajdowała się w odległości niespełna dziesięciominutowego spaceru.

Miałam na sobie żakiet od Armaniego, do którego założyłam czerwony beret i obszerny szenilowy szal. Lisa zjawiła się w bakłażanowym kostiumie Romeo Gigli. Kiedy szłyśmy do sali Warner Bros., wydało mi się, że jest jej zimno, więc zaoferowałam, że użyczę jej mój szal, na co chętnie przystała.

Po pokazie byłam bardzo ciekawa wrażeń Lisy. Koniec końców filmy były jej specjalnością. Uznała go za rozrywkowy mainstreamowy film z dużym potencjałem komercyjnym, a ponadto opisała debiut Whitney na wielkim ekranie jako absolutnie godny uznania.

– A co ty myślisz? – zapytała.

Zgodziłam się z większością jej opinii, ale czymś, co rzuciło mi się w oczy, był kontakt Whitney z kamerą. W każdej scenie wręcz rozjaśniała ekran, zupełnie jakby była do tej roli stworzona.

W tym samym tygodniu zobaczyłam się z Lisą w biurze Aristy na spotkaniu z szefową działu publicity. W drodze do jej gabinetu zapytałam, ile ma płyt Whitney.

– Żadnej – odparła szczerze – ale oczywiście znam jej przeboje i wiem, jak wielką jest gwiazdą.

Na spotkaniu miałyśmy wysłuchać jej pierwszego singla, *I Will Always Love You*, którego Lisa jeszcze nie znała, ponieważ wczesny pokaz filmu nie zawierał ostatecznej ścieżki dźwiękowej. Głos Whitney wypełnił pomieszczenie. Kiedy piosenka się zakończyła, dyrektor do spraw publicity zaczęła wpatrywać się w nas zza biurka i sprawiała przy tym wrażenie niezmiernie dumnej, zupełnie jakby to ona ją zaśpiewała. Przez mniej więcej minutę Lisa milczała.

– Wow – rzuciła wreszcie. A po dłuższej przerwie dodała: – Brak mi słów. To było niewiarygodne.

W końcu naprawdę usłyszała Whitney Houston.

• • • •

Kilka miesięcy później, w godzinach przedporannych w czwartek 4 marca 1993 roku, spałam w swoim mieszkaniu w Fort Lee, kiedy obudził mnie telefon od Silvii:

– Whitney jest w drodze do szpitala. Musisz tam jechać! – I trzask słuchawki.

Leżałam w łóżku, nagle całkiem rozbudzona, i żałowałam, że nie mogę być przy narodzinach pierwszego dziecka Whitney, ale mnie o to nie poprosiła. Zanim przekręciłam się na drugi bok, pomodliłam się, żeby miała lekki poród i zdrowe dziecko.

Tamtej nocy Whitney i Bobby przywitali na świecie swoją maleńką córeczkę, której nadali imiona Bobbi Kristina. Miałam ogromną ochotę, żeby zobaczyć to maleństwo i poczuć, jak to jest trzymać je w ramionach. Ale uznałam, że najlepiej będzie odłożyć moją wizytę i dać obojgu trochę przestrzeni, by mogli wspólnie oswoić się z rolą rodziców.

Kiedy wrócili do domu, Bobbi Kristina została ulokowana w sypialni naprzeciwko mojego dawnego pokoju, w którym teraz mieszkała Silvia. Kiedy skończyła mniej więcej tydzień, miałam okazję pokołysać ją w ramionach w nosidełku, które podarowałam rodzinie.

Whitney miała mniej więcej cztery trochę spokojniejsze miesiące, zanim przed wyruszeniem w trasę koncertową The Bodyguard World Tour zaplanowano jej próby.

Kiedy przychodziłam do domu, rzadko widywałam Whitney czy Bobby'ego. Spędzali niemal cały czas we własnej sypialni, odcięci od świata. Dzień po dniu w domu. Kiedy Bobby dołączył do niej w trakcie tournée, zachowywali się dokładnie tak samo, barykadując się w hotelowym apartamencie. W końcu z sypialni wyłaniał się tylko Bobby, zwykle wyglądający niechlujnie, natomiast Whitney nie pokazywała się w ogóle. Nawet narodziny Bobbi Kristiny nie zakłóciły tego schematu. Przed kamerami na rozdaniach nagród zachowywali się jak Cissy i John, prezentując wspólny front, choć miało to niewiele wspólnego z rzeczywistością.

Szczęśliwie zawsze było mnóstwo pracy. Moja główna asystentka, Maria, i ja przygotowałyśmy się do tournée, układając spoty promocyjne do radia i telewizji, dokonując selekcji zdjęć na plakaty, broszury koncertowe czy inne produkty, które miały być sprzedawane podczas koncertów.

Wreszcie w lipcu 1993 roku nadszedł moment rozpoczęcia trasy w Nowym Jorku. W wieczór otwarcia panował wielki zgiełk i odniosłam wrażenie, jakby cały Nowy Jork płonął z ekscytacji. Dane nam było cieszyć się pięciokrotnie pełną salą w legendarnym lokalu Radio City Music Hall i za każdym razem lista uczestniczących w koncercie celebrytów była długa. Mój pokój w hotelu Four Seasons był oddalony o kilkoro drzwi od apartamentu Whitney. Do moich rutynowych obowiązków należało zaglądanie do niej przed ułożeniem jej fryzury czy zrobieniem makijażu, a także w trakcie tych czynności, by upewnić się, że czuje się komfortowo i wszystko przebiega zgodnie z planem.

Kiedy rozpoczął się występ, znajdowałam się po prawej stronie sceny. Whitney weszła w tylnej części sali. Szła powoli pomiędzy rzędami siedzeń, a potem skierowała się w moją stronę, zbliżając się do schodów wiodących na scenę. Ludzie siedzący w ciemnościach wyczuli energię przenikającą wnętrze sali i jeden po drugim skupiali wzrok na pojedynczym snopie światła jasno oświetlającym Whit. Wkrótce potem wszyscy wstali i tak już pozostali do chwili, aż ona zaśpiewała pierwszą zwrotkę, stojąc pośrodku sceny przed jednym mikrofonem i w pojedynczym snopie światła.

rozdział 17

Słowo na cztery litery

Marty zadzwonił do mamy, by przyjechała zabrać go ze szpitala w Newark. Pojechałam razem z nią. Na miejscu, zgodnie ze wskazówkami personelu szpitalnego, wsiadłyśmy do windy jadącej do piwnicy. Odniosłyśmy wrażenie, jakby skierowano nas do kostnicy. Kiedy rozsunęły się drzwi windy, ujrzałyśmy na ścianie znak ostrzegawczy: „Oddział Zakaźny". Pchnęłyśmy dwuskrzydłowe solidne, metalowe drzwi i znalazłyśmy się w sali wypełnionej rozstawionymi w rzędach pryczami i łóżkami szpitalnymi.

Cała przestrzeń miała wielkość typowej sali gimnastycznej w szkole podstawowej, ale stropy znajdowały się nisko, co powodowało, że nieruchome powietrze zdawało się ciężkie i lepkie od ciepła i potu chorych. Nie przypominam sobie, żebym widziała jakikolwiek personel medyczny w białych kitlach bądź innych uniformach. Weszłyśmy głębiej do sali, rozglądając się w żółtawym świetle jarzeniówek za Martym, a ja uprzytomniłam sobie dwie rzeczy. Po pierwsze, nie było tam żadnych kobiet. Ani jednej. Po drugie, mężczyźni byli w większości ciemnoskórzy. Wyglądało to tak, jakby szpital nie wiedział, co począć z tymi wszystkimi ludźmi, zatem przetrzymywał ich w jakiejś prowizorycznej kwarantannie niczym uchodźców. Wielu chorych nie ruszało się ze swoich łóżek, niektórzy leżeli na boku, spoglądając przed siebie niewidzącym wzrokiem, podczas gdy inni snuli się po sali, wlokąc za sobą stojaki na kroplówki. Sprawiali wrażenie, jakby już uleciało z nich życie. Marty nas zauważył. Gdy tylko pomogłyśmy mu pozbierać rzeczy, pośpiesznie opuściliśmy to miejsce. Nie musiałyśmy go wypisywać.

• • • •

Kiedy już sądziłam, że nie może być gorzej, wydarzyło się coś zupełnie nieoczekiwanego i zarazem przerażającego: moja mama w drodze do pracy przewróciła się na schodach i trafiła do szpitala. Tamtego dnia Whitney i ja spędzałyśmy wspólnie czas, więc kiedy otrzymałam wiadomość telefoniczną, pojechałyśmy do szpitala razem. Weszłyśmy do sali. Mama leżała na łóżku, z oczami szeroko rozwartymi ze strachu i w masce tlenowej na twarzy.

– Jestem tutaj, mamo – odezwałam się cicho.

Trzymali ją tam przez trzy tygodnie, przeprowadzając szereg badań.

Jej stan unormował się, co zdumiało lekarzy. Po wyczerpaniu wszystkich możliwości diagnostycznych przenieśli mamę do innego szpitala. Pojechałam tam i spotkałam się z ordynatorem. Mieli własny zestaw badań, w tym test na obecność HIV. W ciągu trzech tygodni pobytu w poprzednim szpitalu nikt nie pomyślał o tym, by przebadać ją pod kątem zakażenia HIV. Nie pasowała do profilu chorego.

Dwa tygodnie później ordynator zadzwonił z prośbą, żebym przyjechała na rozmowę. Marty i ja weszliśmy do jego gabinetu, a Bina została z mamą w jej sali. Lekarz wyjaśnił nam, że wszystkie wyniki mamy zostały im odesłane z wyjątkiem testu na obecność HIV i że w większości przypadków, kiedy taki test ma wynik negatywny, jego wynik wraca do nich szybko.

– Wasza matka ma pełnoobjawowe AIDS – orzekł lekarz.

Zaniemówiłam i siedziałam jak otępiała, mój brat obok mnie, a lekarz objaśniał nam, na czym polega różnica pomiędzy HIV a AIDS. Przypatrywałam się, jak przykłada do podświetlarki kliszę rentgenowską z prześwietlenia płuc mojej matki.

– Widzicie te punkty? – odezwał się, wskazując na szereg skupisk drobnych czarnych kropek rozsianych po szarawych obszarach jej płuc. Najpierw Marty, a teraz mamusia. Chciało mi się krzyczeć, ale nie zdołałam wydać z siebie głosu.

– Czy chcecie sami powiedzieć o tym matce, czy ja mam to zrobić? – zapytał doktor.

Marty milczał i nie mógł się ruszyć, więc to ja musiałam wrócić do szpitalnej sali i słuchać, jak lekarz przekazuje naszej mamie diagnozę. Kiedy mówił, powtarzałam sobie w myślach: „Nie płacz, ani się waż zapłakać". Musiałam być silna dla niej, by dać jej do zrozumienia, że wszystko ułoży się dobrze. Kiedy doktor skończył, odezwałam się właśnie takimi słowami:

– W porządku, mamo. Jesteśmy z tobą.

Późnym wieczorem pojechałam do domu samochodem, płacząc i wyjąc przez całą drogę. Założę się, że można mnie było słyszeć z odległości wielu kilometrów. A potem byłam gotowa do walki.

Po kilku miesiącach mogłam w końcu przewieźć mamę do domu. Wciąż widzę ją na siedzeniu pasażera mojego mercedesa i słyszę, jak cichutko łka. To było dla nas uroczyste, poruszające do głębi zwycięstwo.

– Dlaczego płaczesz, mamo? – zapytałam.

– Myślałam, że nigdy nie opuszczę tamtego miejsca – odparła.

Nie przestawałam jej całować i głaskać jej policzków, mimo iż się przed tym wzbraniała, obawiając się, że może to nie być bezpieczne.

– Chcę, żebyś skupiła się na swojej pracy – powtarzała. – Rób, co do ciebie należy, Robyn.

Janet Marie Williams Crawford, moja największa fanka. Przeniosłam mamę i brata do mojego trzypokojowego mieszkania, żebyśmy byli blisko, i robiłam wszystko, co mogłam, by czuli się w nim komfortowo.

Marty został poddany konwencjonalnemu leczeniu i przez pewien czas w trakcie terapii AZT radził sobie nieźle, lecz moja matka za nic nie chciała zażywać tego leku. Wiedziała, że powoduje czernienie paznokci i jest toksyczny. Wolała pójść alternatywną drogą i poddać się terapii holistycznej, która obejmowała picie soków, masaże gorącymi kamieniami i zastrzyki z witaminy C podawane w Harlemie po dwieście dolarów za jedną dawkę. Stan mojej matki zaczął się wyraźnie polepszać dopiero po przepisaniu jej interferonu oraz leku wziewnego o nazwie pentamidyna. Kupiła sobie nowy samochód, zaczęła chodzić do kościoła i na zakupy oraz cieszyć się życiem. Kupiłam bilety lotnicze w pierwszej klasie dla niej i dla jej terapeuty, by mogła polecieć do Jacksonville na Florydzie w odwiedziny do brata, Roberta, i jego żony, Joyce.

Wciąż jednak sprawdzała u siebie poziom limfocytów T, jednocześnie będąc świadkiem, jak marnieje jej syn. Nie miałam nawet połowy tej siły, jaką mieli mama i Marty, choć oni zawsze to mnie uznawali za silną. Wcale nie byłam silna. Oni byli silniejsi o wiele bardziej.

Muszę wyznać, że całowanie policzków mojej matki oraz wszelkie inne formy czułości, jaką jej okazywałam, bardzo odbiegały od tego, w jaki sposób troszczyłam się o brata. Ale inny był również sposób, w jaki Marty walczył z chorobą. Bardzo bliska była mu kuzynka Gayle. Właściwie pod wieloma względami ich relacja bardziej przypominała więź między bratem i siostrą niż ta, która łączyła nas. Myślę o autentycznej bliskości i spędzaniu razem czasu. Mimo to Marty nigdy nie wyjawił jej, że jest chory.

W początku lat dziewięćdziesiątych AIDS stanowiło poważne zagrożenie dla homoseksualnych mężczyzn, sypiających z innymi mężczyznami. Ta choroba stała się ich piętnem. Niemało osób uważało, że geje dostali to, na co zasłużyli. Jednocześnie panowało przekonanie, że tylko oni chorowali na AIDS, co nie było prawdą. Z powodu swojej apatycznej reakcji na kryzys zdrowotny władze państwowe sprawiały wrażenie, jakby próbowały karać homoseksualnych mężczyzn. Skupiając uwagę wyłącznie na zakażonej męskiej części populacji, trzeba było czasu, by ustalić, że homoseksualny seks nie jest jedyną drogą, jaką można nabawić się HIV. Moja matka była tego żywym dowodem. Kobiety zakażały się tym wirusem od mężczyzn, co do których sądziły, iż są heteroseksualni. Ponieważ HIV/AIDS uznawano za chorobę homoseksualnych mężczyzn, w prowadzonych badaniach również skupiano się na mężczyznach i ich reakcjach na różne formy terapii. W tym kontekście nie przykładano większej wagi do organizmów kobiecych, które reagowały na leczenie inaczej.

Któregoś dnia po powrocie do domu zastałam brata ogromnie poirytowanego tym, że matka nie chciała powiedzieć, jak się zakaziła. Zamiast podzielić się z nim własną historią, mama zapytała go, dlaczego zwlekał tak długo z wyjawieniem nam, że jest chory.

– Nie chciałem być dla was ciężarem – odparł Marty.

Dla mnie wcale nie było istotne, w jaki sposób się zakazili. Oboje mieli AIDS, a ja chciałam, żeby żyli.

Niekiedy miałam obawy, że moja rodzina jest przeklęta. Przez pewien czas z nikim nie sypiałam. Nie chciałam być dotykana. Biegałam do mojego lekarza, gdy tylko kogoś pocałowałam. Odbijało mi. Kiedy zjawiłam się w jego gabinecie, żeby zrobić kolejny test na obecność HIV, doktor stwierdził, że być może powinnam o swoich lękach z kimś porozmawiać.

– Nic ci nie jest, Robyn. Wiem, że twojemu bratu i twojej matce przydarzyło się wielkie nieszczęście, ale tobie nic nie jest.

Szamotałam się pomiędzy tym, co się działo z moją rodziną i z Whitney a obowiązkami zawodowymi, ale nie byłam gotowa na rozmowę z terapeutą. Nie wydawało mi się, bym zdobyła się na szczerość przed kimś obcym. Nauczono mnie, by nie ujawniać żadnych informacji o Whit, a nie sądziłam, bym zdołała się otworzyć, nie dzieląc się naprawdę wszystkim. Zatem dusiłam emocje w sobie.

• • • •

Tamtego lata Marty i ja chcieliśmy zobaczyć spektakl *Anioły w Ameryce*, o którym wszyscy rozprawiali. Kupiłam dwa bilety. Oboje przepadaliśmy za teatrem, jako dzieci oglądaliśmy telewizyjne inscenizacje przedstawień takich jak *Gypsy*, *Zabawna dziewczyna*, *Summer Stock* i inne musicale oraz klasyczne sztuki teatralne.

Nie czuł się dobrze tamtego wieczoru, ale liczyliśmy na to, że mu przejdzie. Niestety, dręczył go tak uporczywy kaszel, że musieliśmy wyjść w trakcie drugiego aktu. Poleciłam wynajętemu kierowcy, żeby zawiózł nas do naszego domu, ale tuż przed wjazdem do Tunelu Lincolna Marty stwierdził, że nie chce się tam znaleźć i wdychać spalin.

– No cóż, będziesz musiał wstrzymać oddech – odparłam niezbyt empatycznie. – Teraz już nie możemy zawrócić.

Cierpliwość nigdy nie przychodziła mi łatwo. Moja matka zwykła mawiać: „Nigdy nie będziesz nauczycielką", ponieważ brakowało mi cierpliwości, zaś Whitney powtarzała mi, że mam więcej cierpliwości wobec obcych niż wobec własnej rodziny. Spoglądając wstecz, żałuję, że nie wykazywałam jej więcej i nie angażowałam się mocniej w zdarzenia, które miały miejsce. Sądzę, że się od nich odcinałam, ale Marty postępował podobnie. Łączył nas ten sam mechanizm samoobrony – ucieczka.

Zapewniłam bratu schronienie i otoczyłam go miłością, a mimo to pozostawał bardzo skryty. Był cichy i zamknięty w sobie, czego powodem mógł być na przykład stosunek do gejów, szczególnie jeśli byli czarnoskórymi mężczyznami. Marty żył zupełnie innym życiem, kiedy mieszkał w Karolinie Północnej, uganiając się za mężczyznami heteroseksualnymi, których określali z przyjaciółmi jako „towar". Zgodnie z relacją jego współlokatorów, wracał do domu zapięty na ostatni guzik, jak na mundurowego przystało, i szedł prosto do łazienki. Wychodził z niej w ekstremalnie krótkich spodenkach, na które mówili „waginsy", oraz koszulce bez rękawów, włosami ufarbowanymi na ciemny brąz zestawem do koloryzacji Miss Clairol, brwiami przystrzyżonymi w schludne łuki i trymowanymi wąsami. Miał zgrabne nogi. I choć miał samochód, wolał paradować w szortach pieszo.

Marty był próżny i nie chciał, by ktokolwiek widział go w nienajlepszej formie. Któregoś wieczoru rozmawiał przez telefon ze swoim przyjacielem Paulem, kiedy usłyszałam, że płacze. Zapytałam go, co się stało. Marty powiedział, że Paul nie przyjedzie, żeby go zobaczyć. To był jedyny raz, kiedy w okresie, gdy podupadał na zdrowiu widziałam go okazującego emocje. Nie należałam do osób dokopujących się do informacji. Gdyby chciał, żebym wiedziała, co czuje, toby mi powiedział.

Tamtego lata Marty zdecydował się porozmawiać z ojcem.

Jego wizyta u ojca szybko przybrała zły obrót. Marty zadzwonił do mamy, żeby po niego przyjechała, a kiedy wsiadł do jej samochodu, cały się trząsł.

– Po prostu zabierz mnie stąd, on jest odrażający.

Nasz ojciec był człowiekiem obcesowym i wymigiwał się od wszelkich prób szczerej rozmowy. To były ostatnie dni mojego brata. Niedługo po powrocie do domu, gdy dowiedziałam się, co się wydarzyło, poszłam do jego pokoju.

– Nie jestem gejem – podkreślił Marty. – Przez cały ten czas wydawało mi się, że potrzebuję akceptacji ze strony jakiegoś mężczyzny, ale wcale jej nie potrzebowałem.

Marty nigdy nie był kimś, kim w przekonaniu ojca być powinien. Dorastał zraniony tą świadomością, szukając czegoś, co sprawiłoby, że poczułby się znów w pełni sobą. Był dowcipny i utalentowany, znał się na modzie, miał zmysł majsterkowicza, potrafił gotować i szyć. Nieźle pisał i grał na wielu instrumentach – umiał tak wiele. Niektórzy uważali, że wyprzedzał swoją epokę. Ale nigdy nie mógł zostać sportowcem, jakim był mój ojciec. Tata postrzegał mojego brata jako kogoś miękkiego i słabego, niepodobnego do niego, czego nie mógł znieść. Miał rację. Marty nie był taki jak on. Był o wiele bardziej skomplikowany i o wiele bardziej uzdolniony.

• • • •

Kiedy Marty mieszkał ze mną, codziennie rano patrzył, jak szykuję się do pracy. 23 września 1993 roku, kiedy zbierałam się do wyjścia, usłyszałam, jak naciska klawisze telefonu. Bip, bip, bip, bip.

– Co robisz? – spytałam.

– Próbuję się dodzwonić do lekarza.

– Dlaczego?

– Muszę jechać do szpitala.

Centrum Medyczne Palisades było oddalone o dwie minuty drogi od domu, ale Marty bardzo jasno dał do zrozumienia, że nie chce tam wracać. Kilka tygodni wcześniej wypisał się stamtąd, a kiedy wychodziłam razem z nim, lekarz krzyknął za nim:

– Jeśli stąd wyjdziesz, to umrzesz!

– Pierdol się – rzucił Marty.

Mój brat wolał szpital Morristown Memorial, oddalony o godzinę jazdy od domu. Była to instytucja, w której rządziło myślenie perspektywiczne, a empatyczny personel poświęcał się opiece nad pacjentami cierpiącymi na AIDS i pocieszał ich rodziny. Pokoje były jasne i czyste, pielęgniarki chodziły uśmiechnięte. Chorzy potrzebowali czuć się tak, jakby mieli szansę na przeżycie i powrót do społeczeństwa, chcieli być traktowani z godnością, szacunkiem i miłością.

Personel w Morristown dobrze to rozumiał. W 1992 roku, kiedy zdiagnozowano AIDS u mojego brata i mojej matki, było to dla nich równoznaczne z wyrokiem śmierci. Jednak wciąż byli wśród żywych i wciąż chcieli żyć.

Marty tak regularnie bywał przyjmowany i wypisywany ze szpitali, że tym razem wezwałam prywatny ambulans, żeby zawiózł go do Morristown, a sama wciąż szykowałam się do pracy. Patrzyłam przez okno, jak sanitariusz zabezpiecza jego wózek, Marty podniósł na mnie wzrok i dostrzegłam na jego twarzy wyraz zniechęcenia.

Kilka godzin później zostałam wezwana do szpitala. Zastałam Marty'ego podłączonego do aparatury podtrzymującej życie. Tak rozpaczliwie pragnęłam, żeby wydobrzał, że wolałam ignorować to, co miałam przed oczami. Do dzisiaj, kiedy ktoś choruje, nie dopuszczam do siebie myśli o najgorszym.

Niebieska sportowa bluza Marty'ego z napisem „Whitney Houston" wyhaftowanym białymi wielkimi literami została przecięta pośrodku, tak by można było podłączyć elektrody do jego piersi. Mama, Bina i ja stałyśmy przy łóżku w asyście pielęgniarki, która monitorowała jego stan. Uśpiono go, by podłączyć go do respiratora, ale pielęgniarka zapowiedziała, że wkrótce środek przestanie działać. Kiedy Marty się wybudził, uniósł się nieco na łóżku i spojrzał na każdą z nas. Przeniósł wzrok z matki na Binę, a potem na mnie. Zagryzł zęby i złożył głowę z powrotem na poduszkę, nieco zawiedziony, jak gdyby chciał zapytać: „Nadal tu jestem?". Zamknął oczy i już nigdy więcej ich nie otworzył.

• • • •

Uzyskanie zgody na odłączenie go od urządzeń podtrzymujących życie nie było łatwe, ale wszystkie byłyśmy pewne co do słuszności takiego kroku – matka, siostra i ja. Musiałyśmy poczekać na lekarzy, którzy dokonaliby oceny stanu brata. Marty był wycieńczony i bez życia, wycierpiał się wystarczająco.

– Widzieliście jego oczy? On już nie chce tu być – powiedziałam.

Przed łóżkiem Marty'ego przewinął się szereg lekarzy, w końcu jeden z nich usunął z gardła mojego brata rurkę respiratora.

Obraz brata pozbawionego sił życiowych brutalnie wdzierał mi się w umysł, a nie chciałam zapamiętywać go takim. Bina zachowywała spokój. Moja matka stała w milczeniu, patrząc, jak jej syn odchodzi.

Poczułam ulgę, że nie będzie musiał już dłużej trwać w tym stanie. Moja matka również nie chciała już więcej przyglądać się niekończącym się cierpieniom syna. Ale nie potrafię sobie wyobrazić, jak czuła się w tamtym momencie. Nie wypowiedziała ani słowa. Kiedy wróciłyśmy do domu, powiedziała, że oddałaby wszystko w zamian za to, by Marty mógł żyć. Nie dbała o to, czego chciał lub kim chciał zostać w życiu. Umarło jej pierworodne dziecko.

• • • •

Mój ojciec przyszedł spóźniony na pogrzeb. Na stypę już nie dotarł. Mama skwitowała, że dla niej ojciec w ogóle nie istnieje. Przed ceremonią pogrzebową była zdruzgotana. Siedziałyśmy w aucie, a obok przesuwała się długa procesja samochodów zwożących osoby pragnące oddać ostatnie honory i złożyć kondolencje.

– Spójrz, jaka długa kolejka – zauważyła. – Zobacz, jak dużo ludzi go kochało.

31 sierpnia 1997 roku, prawie cztery lata po śmierci Marty'ego, leżałam w domu w łóżku, kiedy w późnowieczornych wiadomościach wyemitowano raport specjalny. Księżna Diana miała koszmarny wypadek samochodowy. Zostawiłam włączony telewizor, by słyszeć aktualne informacje, ale zasypiałam i budziłam się. Kiedy po raz kolejny otworzyłam oczy, na ekranie widniało zdjęcie księżnej Diany. Po lewej stronie zamieszczono datę jej urodzin: 1 lipca, taką samą jak data urodzin Marty'ego. Zmarła też w tym samym wieku, co Marty. Miała trzydzieści sześć lat. Kiedy zobaczyłam te daty, nagle doznałam objawienia. Przypomniałam sobie, jak któregoś dnia zupełnie niespodziewanie Marty oznajmił mi, że Diana jest dokładnie taka jak on.

– Jak to? – rzuciłam.

– Niezrozumiana, szukająca radości i prostego szczęścia.

rozdział 18

Kłopoty z aniołami

Dzień po pogrzebie mojego brata stałam pod prysznicem i płakałam. Marty'ego już z nami nie było. Uciekałam przed łzami, oddając się pracy. Mama radziła sobie dobrze, realizując program leczenia. Była bezpieczna z Biną, dlatego w ciągu kilku dni po pogrzebie Marty'ego dołączyłam do The Bodyguard World Tour w Tokio. Po koncercie tokijskim, który wyznaczał koniec miesiąca wypełnionego występami w wielu japońskich miastach, tournée przeniosło się do Włoch.

Bobby i Bobbi Kris również do nas dołączyli. Kilka miesięcy wcześniej, jeszcze zanim Bobby rozpoczął własną trasę koncertową, wolał zostać w domu. Whitney nie miała do niego zaufania i próbowała na odległość monitorować jego poczynania, co przypominało oglądanie zagranicznego filmu bez napisów. Z bólem i frustracją patrzyłam, jak moja przyjaciółka pozwala traktować się w sposób poniżający i pozbawiony szacunku, a potem jest skutecznie odwodzona od tego, co leżało w najlepszym interesie jej i jej córeczki: od porzucenia tego durnia.

• • • •

Pozostanie dla mnie zagadką, jakie okoliczności skłoniły Whitney do wyjawienia Bobby'emu prawdy o naszej romantycznej przeszłości. W trakcie przerwy w drugiej turze trasy koncertowej towarzyszącej filmowi *Bodyguard*, Whitney zdecydowała się zabrać rodzinę na wakacje na Bali. Pojechały z nią także Silvia i Shelly, najmłodsza córka ciotki Bae. Nippy uwielbiała wyspy – ich wilgotność, kojący wiatr, świeże owoce, komfort z najwyższej półki, spokój i wodę, która miała najbardziej intensywny odcień błękitu. Nasze podróże były błogie, luksusowe i regenerujące. To smutne, że nie potrafię sobie przypomnieć ani jednej podróży, w jaką Whit i Bobby wybrali się razem, na której nie działyby się jakieś chore rzeczy. Jakakolwiek siła utrzymywała ten związek, na zewnątrz objawiała się niczym kula chaosu. A kochająca zabawę przyjaciółka, jaką niegdyś znałam, pozwalała sobie na to, by stawać się kimś zupełnie innym.

Odczuwałam więc ulgę, kiedy nie dotarła do mnie ani jedna dramatyczna relacja czy zła wiadomość z tych pierwszych wspólnych wakacji rodzinnych. Ale wkrótce po ich powrocie nie mogłam zignorować ciszy panującej w zazwyczaj całkiem gwarnej kuchni. Nie widziałam się ani nie rozmawiałam z Whitney od ich wyjazdu na Bali, a minął już tydzień od ich powrotu.

Przyparłam Silvię do muru.

– Co jest, do diabła? – spytałam.

– Daj spokój, Robyn! – rzuciła poirytowana Sil. – Nie widzisz, jak Bobby na ciebie patrzy?

– Co? – Nie miałam bladego pojęcia, o co chodzi.

Z relacji Silvii wynika, że razem z Whit, Bobbym, Shelly i Krissi (która wówczas miała około dwóch lat) jedli kolację w restauracji w hotelu Four Seasons, gdzie się zatrzymały.

Silvia od razu zorientowała się, że coś zaszło między tą dwójką, bo Bobby kipiał ze złości. Gwałtownie zerwał się z miejsca i odszedł od stołu, podczas gdy pozostali uczestnicy kolacji przypatrywali się mu zdumieni. Whitney, Krissi, Sil i Shelly poszły za nim. Kiedy wszyscy znaleźli się w korytarzu, Bobby szarpnął Silvię za ramię i zażądał oddania mu jego paszportu. Chciał wracać do Stanów Zjednoczonych. Sam.

– Daj mi mój paszport – powtarzał. A potem krzyknął: – I przez cały czas o tym wszystkim wiedziałaś?

– O czym wiedziałam? O czym ty mówisz? – zapytała Sil.

– Wiedziałaś o Robyn i Whitney? – dopytał Bobby.

– Nie mam pojęcia, o co ci chodzi, Bobby – odparła.

– Ciotka Bae kazała Whitney powiedzieć mi prawdę i ona to zrobiła – obwieścił Bobby.

– Nadal nie wiem, o czym ty mówisz.

Silvia naprawdę nie miała pojęcia, do czego Bobby się odnosił. To, o czym mówił, wydarzyło się, zanim ona pojawiła się w naszym życiu.

Z jakiegoś powodu Whitney i ja nigdy nie zdołałyśmy na spokojnie usiąść i porozmawiać o naszym życiu, o tym, jak czułyśmy się z tymi plotkami i o ich wpływie na nas. Mknęłyśmy przez życie, nie mając czasu nawet na refleksję i rozmowę, choć powinnyśmy taki moment dla siebie znaleźć. W pierwszych latach znajomości Nip i ja rozmawiałyśmy o wszystkim – o naszych rodzinach, emeryturze i zarabianiu pieniędzy inaczej niż śpiewem. Miała wizję, że w odległej przyszłości zbuduje ośrodek na wyspie, podobny do słynnego kompleksu rodziny Kennedych w Hyannis Port. W jej marzeniach każda z nas – Whit, Silvia i ja – miała własny dom, ale byłyśmy razem.

• • • •

Byłam znużona samotnością i latem 1993 roku pomyślałam o Lisie Hintelmann. Kiedy pracowałyśmy razem, skupiałam się właśnie na pracy. Wprawdzie dostrzegałam w niej coś niezwykłego, lecz nie pozwalałam sobie na rozbudzanie uczuć, ponieważ chciałam zachowywać się profesjonalnie. Miała bajecznie długie i kręcone ciemnobrązowe włosy, była szczupła i doskonale się ubierała w klasycznym francuskim stylu – prosto z renomowanego Boston College do awangardowego centrum Nowego Jorku początku lat dziewięćdziesiątych. Cechował ją rozsądek i rzeczowość, które sprawiały, że trochę denerwowałam się w jej obecności. Byłam pewna, że nie jest samotna, i wiedziałam, że jeśli wykonałabym jakiś ruch, a ona by zareagowała pozytywnie, to lepiej, żebym naprawdę wiedziała, czego chcę.

Lisa zaczynała pracę w firmie PR-owej, skąd trafiła do miesięcznika „GQ", gdzie zajmowała się opracowywaniem projektów specjalnych. Pamiętałam, gdzie mieszkała, i zdobyłam się, by do niej zadzwonić z samochodu przez jeden z moich pierwszych telefonów komórkowych o rozmiarach cegłówki. Kiedy odebrała, wspomniałam jej, że „tak się złożyło", iż jestem w okolicy. Nie chciałam zakładać, że piła alkohol, więc powiedziałam:

– Zastanawiałam się, czy miałabyś ochotę wyjść gdzieś na gorącą czekoladę.

Lisa odparła, że dręczy ją mocne przeziębienie, więc nie może do mnie dołączyć. Poczułam ukłucie odrzucenia, ale mimo to nie ustąpiłam.

– Może potrzebujesz czegoś? – spytałam, proponując rosół.

– Mam wszystko, czego mi trzeba, dziękuję – odpowiedziała.

Poczułam, że zaczynam spadać, ale tuż przedtem, nim roztrzaskałam się o ziemię, złapała mnie, mówiąc:

– Może przełożymy to spotkanie na kiedy indziej.

Zadzwoniła do mnie po kilku dniach. Spotkałyśmy się w Chelsea na drinka i zaczęłyśmy się z wolna poznawać.

• • • •

W lutym 1994 roku Whitney urządziła Bobby'emu przyjęcie z okazji dwudziestych piątych urodzin w restauracji Tavern On the Green w nowojorskim Central Parku. Starała się robić wszystko, by poczuł się wartościowy i ważny. Zaprosiłam Lisę, a ona przyszła ubrana od stóp do głów w czerń, jeszcze wyższa niż zwykle, w dziesięciocentymetrowych zamszowych szpilkach. Wszyscy bawili się znakomicie – setki gości cieszyły się drinkami w nieograniczonych ilościach, mnóstwem wyszukanego jedzenia i pobudzającą do zabawy muzyką.

Miałam kierowcę, więc pod koniec wieczoru zaproponowałam, że odwiozę Lisę do domu. Kiedy zatrzymałyśmy się przed jej apartamentowcem, zapytałam, czy mogę skorzystać z toalety, a kiedy z niej wyszłam, stała przy drzwiach wejściowych do mieszkania, by mnie wypuścić. Nie zastanawiając się nad tym, co robię, podeszłam do niej zdecydowanie i ją pocałowałam! Rankiem następnego dnia niepewnie wybrałam jej numer, zdenerwowana, że mój zuchwały czyn mógł zniweczyć naszą znajomość. Ale Lisa przywitała mnie serdecznie i nawet przez łącze telefoniczne wyczuwałam, że się uśmiecha.

Zaczęłyśmy się spotykać regularnie i po jednej z pierwszych wspólnie spędzonych nocy obudziłyśmy się i zobaczyłyśmy cichą ulicę Manhattanu przykrytą półmetrową warstwą śniegu. Nikt nie wiedział, że byłam na drugim piętrze uroczej kamienicy w Chelsea, utulona, zaopiekowana i bezpieczna. Ale to wcale nie przytulny apartament powodował, że czułam się tak swobodnie, lecz Lisa. Moja matka mogła do mnie zadzwonić, ale nikt inny nie wiedział, gdzie mógłby mnie znaleźć. Lisa nakrywała stół, przyrządzała kolację i nalewała nam wina. Zapoznała mnie ze swoją ulubioną muzyką. Podczas takich kolacji przy świetle świec rozprawiałyśmy o życiu, podróżach, naszych rodzinach, o niej i o mnie – i byłyśmy tylko my.

Lisa nie czuła się onieśmielona, ale ja wahałam się przed wprowadzaniem jej w mój świat. Gdy tylko wniknęłam do jej przestrzeni, odniosłam wrażenie, jakby moje życie z Whitney dobiegło końca. Nie rozmawiałyśmy o tym. Ale trzymanie się z dala od tematów takich jak praca i Whitney miało na mnie pewien wpływ: w tym przytulnym apartamencie czułam się bardziej wolna i bliższa siebie niż kiedykolwiek wcześniej.

Uwielbiałam spacerować z Lisą po mieście. Mieszkała w nim od wielu lat, znała je doskonale i kochała. Zawsze przeglądała „Time Out" i inne czasopisma, w których wynajdowała interesujące miejsca i wydarzenia, którymi mogłyśmy wspólnie się cieszyć. Zwykła pytać:

– Zgadnij, dokąd się dziś wybierzemy?

Naprawdę lubiłam poznawanie miasta u jej boku – do momentu, gdy próbowała wziąć mnie za rękę.

– Proszę, nie rób tego – mówiłam wówczas bez zastanowienia. Czułam się niekomfortowo, trzymając ją za rękę w miejscu publicznym. Byłam przyzwyczajona do tego, że postrzegam siebie jako przedłużenie Whitney Houston.

Nie byłam też gotowa na poważny związek. Wciąż się wahałam, stałam na granicy pełnego zaangażowania. Musiałam zorientować się, gdzie właściwie jestem i dopiero wtedy podjąć decyzję.

rozdział 19

Czekając na miłość

Tamtej zimy Whitney niepodzielnie rządziła na ceremonii rozdania nagród za 1994 rok. Zgarnęła trzy nagrody Grammy, pięć NAACP Image Awards, pięć World Music Awards, osiem American Music Awards i jedenaście Billboard Music Awards. Na gali rozdania Soul Train Music Awards, gdzie pięć lat wcześniej ją wybuczano, tytuł rhythm'n'bluesowej piosenki roku zdobyła *I Will Always Love You* (która zdecydowanie nie jest rhythm'n'bluesowa), a Whit została uhonorowana nagrodą Sammy'ego Davisa Juniora dla artystki roku. Przyjmując statuetkę noszącą jego nazwisko, wygłosiła mowę o dyskryminacji rasowej, jakiej doświadczał Davis, oraz przypomniała, jak wyglądało życie czarnoskórych artystów w jego epoce. Następnie, po złożeniu podziękowań rodzinie, zwróciła się do mnie:

– Co do mojej drogiej przyjaciółki i asystentki wykonawczej, Robyn Crawford: jak można podziękować komuś za lojalność, oddanie i miłość? Słowa nie są w stanie tego wyrazić... Dlatego mówię: dziękuję ci i kocham cię. Nie da się nie docenić twojej wizji.

Nie wiem, co ją do tego skłoniło. Niemniej tamtego wieczoru, kiedy sama zdobyła najwyższą nagrodę Soul Train, uhonorowała właśnie mnie.

W kwietniu 1995 roku, podczas pobytu na prowincji, Bobby, jego rzecznik prasowy i ochroniarz zostali aresztowani pod zarzutem pobicia mężczyzny w klubie nocnym Walt Disney World. Pobitemu założono sześć szwów na głowie i chirurgicznie przyszyto urwany kawałek ucha. Zarzuty zostały wycofane po zawarciu poufnej ugody.

Niedługo przed aresztowaniem Bobby'ego na Florydzie „National Enquirer" zamieścił alarmujący artykuł z relacją Kevina Ammonsa, byłego chłopaka dawnej rzeczniczki Whitney. Ammons fałszywie podał się za osobistego ochroniarza Whitney i utrzymywał, że John Houston zaoferował mu sześć tysięcy dolarów za połamanie mi kolan. John rzekomo podpowiedział mu, że powinien ułożyć moje nogi „na krawężniku i pogruchotać je z pomocą kija baseballowego", po czym podkreślił: „Chcę, żeby miała połamane ręce i nogi". W trakcie wywiadu telewizyjnego Ammons zapewnił, że John dodał jeszcze: „Nie chcę, żeby ją zamordowano. To by zniszczyło Whitney".

Moja matka wychodziła z siebie:

– Niech tylko spróbują coś ci zrobić.

Mama lubiła sporządzać notatki i prowadziła skrupulatne zapiski dotyczące również tego, co działo się między mną a rodziną Houstonów. Opowiadała o tych sprawach także mojej ciotce Marlene:

– To jest praca Robyn, więc nie mieszam się do tego, ale niech tylko spróbują coś zrobić mojej córce.

Nie zwróciłam się do prawników ani do nikogo innego w Nippy Inc. Wszyscy wiedzieli o tych zarzutach, ale z wyjątkiem mojej asystentki, Marii, nikt nic na ten temat nie mówił.

Poszłam prosto do Whitney.

– Co to ma być? – zapytałam, unosząc w dłoni gazetę. Zazwyczaj ignorowałam historyjki o Whitney i o mnie, ale tę musiałam przeczytać.

Wpatrując się w nagłówek, najwyraźniej zmartwiona, powiedziała:

– Nie wiem, Robyn. Ale dowiem się.

Whitney zadzwoniła następnego dnia.

– Rozmawiałam z ojcem. Nie musisz się niczym martwić. Wszystko w porządku?

– Tak, dziękuję. A u ciebie?

– Wszystko dobrze – powiedziała i dodała: – Nic złego cię nie spotka.

Silvia powiedziała mi, że kiedy John przyszedł do domu na rozmowę, Whitney była rozemocjonowana. Płakała.

– Nie, tato! Robyn jest moją przyjaciółką.

John wyparł się na łamach prasy wszystkiego i nigdy nie zamienił ze mną ani słowa na temat zarzutów Ammonsa.

Prawda jest taka, że za każdym razem, kiedy Whitney obrywała, mnie również się dostawało. Pomimo jej sukcesu, wystawnego wesela, połyskujących obrączek i padających ze strony pary małżeńskiej zapewnień, że wszystko układa się świetnie, plotki o jej homoseksualizmie nie cichły. Po upływie dziesięcioleci Gary przyznał w wywiadzie, że chcieli mnie po prostu wystraszyć, ale zastanawiam się, czy przyszło im kiedykolwiek ma myśl, że ich groźby raniły ich siostrę oraz ich córkę, która zapewniała dobrobyt im wszystkim.

Kiedy Nip porozmawiała z ojcem, poczułam się lepiej, bo przynajmniej wiedziałam, jaką postawę przyjęła. Nawet rok później, po ukazaniu się książki Ammonsa, która ponownie odgrzebała tę historię, groźba wyrządzenia mi fizycznej krzywdy w żadnym razie mnie nie zniechęciła do Nip i lojalności wobec niej. Zastanowiłam się jednak, kto właściwie za czym stał i kto i za co otrzymał zapłatę. Zaczęłam łączyć kropki.

Choć wyprowadziłam się dawno temu, zatrzymałam swój klucz do domu, w którym niegdyś mieszkałam z Whitney. Zostawiłam w nim część moich rzeczy, np. osobiste nagrania wideo, które robiłam w trakcie tournée. Często tam wpadałam, żeby popływać albo po prostu spędzić trochę wolnego czasu.

Któregoś dnia pod koniec września 1995 roku siedziałam z Silvią przy kuchennym stole i oglądałyśmy wiadomości. Bobby'ego nie było z nami, bo Whitney znów wyrzuciła go z domu. Niedawno podczas kolejnej awantury wpadł do garażu i powybijał szyby w jej białym porsche.

Tym razem Bobby odjechał kremowym bentleyem, który był prezentem od kierownictwa Warner Bros. przesłanym Whit po zakończeniu produkcji filmu *Bodyguard*. I wdał się w strzelaninę w Roxbury, jego dawnej dzielnicy w starej części Bostonu. Znalazłyśmy krew na fotelach podziurawionego kulami wozu. W wiadomościach podano, że podczas tej strzelaniny ktoś zginął. Kamera pokazała zbliżenie Bobby'ego siedzącego na krawężniku z głową ukrytą w dłoniach. Jak zwykle nie odniósł żadnych obrażeń – nic mu się nie stało, mimo że wszystko, czego się dotknął, zamieniało się w ruinę.

Tamtego października, stojąc przed wyborem między więzieniem za jazdę pod wpływem a odwykiem, Bobby zameldował się w ośrodku terapii uzależnienia alkoholowego Betty Ford Center.

W tym samym roku Whitney podpisała kontrakt na udział w filmowej adaptacji bestsellerowej powieści Terry McMillan *Czekając na miłość*.

Kiedy w Scottsdale w Arizonie rozpoczynały się zdjęcia do tego filmu, Whitney i Bobby znowu byli poróżnieni, ale ona pozostawała czysta i myślała trzeźwo. Kobiety należące do obsady filmu nawiązały przyjaźnie i zbudowały system wzajemnego wsparcia, zaś Forest Whitaker okazał się życzliwym i empatycznym reżyserem. Whitney grała postać Savannah, producentki telewizyjnej, która przez wiele lat wierzyła ukochanemu żonatemu mężczyźnie, że odejdzie dla niej od swojej żony. W końcu przestaje żyć fantazją i uczy się budować przyszłość bez niego. Miałam nadzieję, że Whitney doskonale odnajdzie się w roli silnej kobiety i zacznie walczyć o swoje. Mniej więcej w tym czasie, kiedy kręciła scenę miłosną z Dennisem Haysbertem, Bobby zjawił się w Arizonie i został na noc. Nazajutrz rano Nip przyszła na plan wycieńczona. Wyglądała tak, jakby straciła energię życiową. To było rozczarowujące.

W okresie premiery *Czekając na miłość* Oprah poświęciła filmowi jedną z części swojego programu, do którego zaprosiła cztery odtwórczynie głównych ról. Rozmawiała z Lelą Rochon, Lorettą Devine i Angelą Bassett o tym, jak dogadywały się z innymi postaciami. Na koniec zostawiła Whitney i kiedy zwróciła się do niej, podzieliła się spostrzeżeniem, że Whit i Bobby stale zapewniali pożywkę tabloidom. Następnie poprosiła ją, żeby podzieliła się z publicznością „tym, co chciałaby, żebyśmy wiedzieli".

– Moje życie to nie wasza sprawa – odparła Whitney.

Oprah natychmiast ripostowała:

– Powiedz nam, jak się ma Bobby i jak wam się układa.

Stałam za kulisami, ufając, że Nip poświęciła choćby pięć minut, żeby przemyśleć film, i choć trochę przygotowała się do wywiadu. Powinna bez trudu skierować rozmowę na temat Savannah. Ale nie myślała trzeźwo i nie była skoncentrowana, więc zamiast tego uciekła się do standardowego zachowania, mówiąc o tym, co kojarzyło się jej z bezpieczeństwem – o swojej matce. Postanowiła raczej trzymać się starego, znajomego scenariusza, niż wymyślić coś świeżego, interesującego czy istotnego. W każdym wywiadzie, jakiego udzieliła, nawet jeśli rozpoczynał się od rozmowy o którejś z przebojowych piosenek, o wybitnym wykonaniu albo o zdobytych nagrodach, w końcu dziennikarz przechodził do plotek i pogłosek o jej skłonnościach lesbijskich bądź informacji o nagannym zachowaniu Bobby'ego.

W sierpniu 1996 roku, niespełna rok po premierze *Czekając na miłość* i początku kolejnego deszczu nagród w uznaniu dokonań Whitney, Bobby po raz kolejny został aresztowany za prowadzenie w stanie nietrzeźwości. Tym razem stracił kontrolę nad wypożyczonym czarnym porsche, przeciął pas rozdzielający jezdnie i wbił się w płot gdzieś w Hollywood na Florydzie. Złamał sobie cztery żebra i stopę. Poziom alkoholu we krwi Bobby'ego ponad dwukrotnie przekraczał limit obowiązujący w tym stanie, a ponadto w jego organizmie wykryto obecność narkotyków.

A ja czekałam, aż ona ostatecznie uzna, że ma dosyć tego wszystkiego.

• • • •

Spędziwszy całe dorosłe życie w mieszkaniach, mama zapragnęła zamieszkać w domu i kiedy byłam w trasie The Moment of Truth Tour, zaczęła się za nim rozglądać.

Po moim powrocie do Stanów Zjednoczonych opowiedziała mi o domu, który najbardziej się jej spodobał. I tym sposobem 12 grudnia 1994 roku wprowadziłyśmy się do nowego lokum. Uwielbiałam nasze wspólne mieszkanie, ale mama marzyła o domu, a ja uczyniłabym wszystko, żeby ją uszczęśliwić. Whitney szczodrze podarowała mi sto tysięcy dolarów na pierwszą wpłatę.

Janet Crawford była piękna pod każdym względem i kiedy się wprowadziłyśmy, dobrze sobie radziła, żyjąc z AIDS. Chodziła do kościoła, spędzała czas z rodziną i przyjaciółmi. Pisywała listy, a rozmawiając przez telefon, śmiała się do słuchawki. Dbała o siebie. Jej limfocyty T podniosły się do mniej niebezpiecznego poziomu. Mama czuła się dobrze i skupiała się na codziennym życiu. Tymczasem ja latałam tam i z powrotem na Zachodnie Wybrzeże, by razem z Whitney brać udział w galach rozdania nagród i sesjach nagraniowych. Kiedy byłam w domu, pracowałam z grupą artystów, których sprawami zarządzałyśmy w Angelway Artists, agencji artystycznej, którą razem prowadziłyśmy, oraz w naszej firmie fonograficznej Better Place.

Musiałyśmy zatrudnić producentów i tekściarzy do pracy z naszymi dwoma nabytkami: piosenkarką Shanną Wylie z Karoliny Północnej i zespołem muzycznym Sunday składającym się z dziewczyn z Newark i East Orange. Któregoś wieczoru późną porą zadzwonił telefon. Odezwała się do mnie Raynelle Swilling, moja bliska przyjaciółka, którą często nazywałam „moimi uszami" w branży na Zachodnim Wybrzeżu.

– Jestem w studiu z Kennym Ortizem i producentami, którzy działają pod nazwą The Neptunes, i naprawdę wymiatają. Musisz się z nimi natychmiast spotkać.

Trzymała rękę na pulsie, a ja postanowiłam wykorzystać sytuację. Po kilku rozmowach telefonicznych poleciałam z Shanną do Virginia Beach na spotkanie z zespołem producenckim Pharrella Williamsa i Chada Hugo. Dwudziestojednoletni Pharrell odebrał nas z lotniska, a kiedy wsiadłyśmy do jego samochodu, usłyszałam piosenkę Joni Mitchell *Big Yellow Taxi*.

– Co wiesz na temat Joni? – spytałam.
– Jak to co? Kocham Joni Mitchell – skwitował.

Stosunkowo mało wówczas znana ekipa The Neptunes była pierwszym zespołem producenckim, jaki z nami współpracował. Był piękny letni dzień. Pharrell zawiózł nas do dużego zielonego domu w stylu wiktoriańskim, gdzie na piętrze miał wszystko, co potrzebne do nagrań. Razem z Shanną wybrali się do sklepu, by nieco lepiej się poznać, a wkrótce po ich powrocie zabraliśmy się do pracy. Wyszłyśmy stamtąd z dwoma surowymi miksami utworów: *Let It Go* i *I Can't Explain*. Niedługo potem wynajęłam vana i zawiozłam zespół Sunday do Virginia Beach do nowego studia, jakie niedawno kupili The Neptunes i dziewczyny wyniosły stamtąd dwa pobudzające utwory taneczne: *A Perfect Love* i *Chess*.

Po kilku miesiącach Pharrell przyjechał do pracy w studiu Whitney. Przy tej sposobności opowiedziałam Whit o tym, czego mogła dokonać nasza firma fonograficzna w połączeniu z ich możliwościami produkcyjnymi. Przesłałam jej wszystkie nagrania i surowe miksy, dołączając notatki dotyczące specyfiki technicznej, tak żeby uzyskała pełen obraz. Nie mogłam się doczekać, żeby wprowadzić ją w temat. Pharrell akurat pracował nad projektem dla Space (czyli Traci Selden) i puścił trzy z jej piosenek. Zapytał mnie, czy Whitney zaśpiewałaby chwytliwą frazę w utworze zatytułowanym *Message from an Angel*:

*I would never hurt you,
But what am I supposed to do?*[*]

Podobała mi się ta piosenka, puściłam ją Nip i zostawiłam jej kopię nagrania. Wyraźnie zaleciłam jej, żebyśmy weszły we współpracę z The Neptunes i zaprosiły Space do współpracy z naszą agencją artystyczną. Kilka dni później Nip wybrała się do Crossway, ale niestety w towarzystwie Bobby'ego. „Coś podobnego!", pomyślałam. Domyślałam się, że przyszedł powęszyć, czy uda mu się coś na takiej współpracy zyskać. Pharrell odtworzył im kilka nagrań, w tym również utwory Space. Nip była zainteresowana, ale niespodziewanie, po upływie mniej więcej dwudziestu minut, z jakiegoś powodu stwierdziła:

– Będę w domu. – I oboje wyszli. Pharrell i ja popatrzyliśmy po sobie, jakbyśmy chcieli powiedzieć: „Jasna sprawa!".

– Pójdę i z nią porozmawiam – zdecydowałam.

Po upływie godziny dotarłam do domu i zastałam ich oboje w kuchni. Przygotowywali sobie jedzenie.

– No i co myślisz? – spytałam.

– Tak, da się go lubić, a jego materiał jest całkiem fajny. Ale nie mogę zaśpiewać tej frazy.

– Dlaczego, Nip? – zapytałam. – To tylko demo.

Podkreśliłam, że powinniśmy rozważyć złożenie The Neptunes oferty współpracy.

Ale wtrącił się Bobby:

– Ja lubię Chucky'ego. Chucky Thompson jest lepszy.

---

[*] „Nigdy bym cię nie skrzywdziła / Ale co ja mam zrobić?".

Chucky Thompson był producentem z Waszyngtonu, który ściśle współpracował z Seanem Combsem i Bad Boy Entertainment. Ja też lubiłam Chucky'ego, ale The Neptunes świetnie rokowali na przyszłość.

• • • •

Któregoś dnia po powrocie do domu zastałam mamę roztrzęsioną. Opowiedziała, że jechała samochodem i kiedy skręcała na skrzyżowaniu w naszą ślepą uliczkę, kierownica zaczęła stawiać wielki opór, a ona wpadła na krawężnik. Dla nas obu było oczywiste, że to skutek upośledzenia zdolności motorycznych mamy. Szczęśliwie nikomu nie stała się krzywda, a ona uniknęła mandatu, choć była tą sytuacją wstrząśnięta. Po tym incydencie jej auto stało bezczynnie w garażu.

Pod koniec 1995 roku przeżyła udar. Na szczęście byłam wtedy w domu. Przechodząc obok jej pokoju, zauważyłam, że mama osunęła się na bok. Miała otwarte oczy, ale najwyraźniej niczego nimi nie rejestrowała. Najbliższy szpital był oddalony o niespełna dwanaście minut jazdy i karetka przyjechała błyskawicznie. Nieprzytomną mamę zabrano na OIOM. Czułam w głębi duszy, że odzyska przytomność i do nas wróci, i rzeczywiście po czterech dniach otworzyła oczy i zobaczyła mnie siedzącą w nogach jej łóżka. Spoglądała na mnie zdumiona, jak gdyby chciała powiedzieć: „Gdzie my jesteśmy i dlaczego przypatrujesz mi się w taki sposób?". Nie pamiętała, co spowodowało, że wylądowała w szpitalu.

Po tygodniu została wypisana, ale był to zaledwie początek powolnego, ciągłego kryzysu. Zdałam sobie sprawę, że nie można już zostawić jej samej. Gdy siedziałyśmy przy basenie, zaczęła opowiadać mi o rodzicielstwie.

Mówiła o tym, jak bardzo kochała Marty'ego – że kochała go dokładnie takiego, jaki był.

– Oddałabym wszystko, żeby zamienić się miejscami z moim dzieckiem, zrobiłabym wszystko, by on mógł żyć – powiedziała, a po jej policzkach spłynęły łzy.

Zastanawiam się, czy mama bała się, po tym, jak widziała, że jej pierworodny i jedyny syn przegrał walkę, którą sama toczyła. Nie zadawałam jej wielu pytań. Po raz pierwszy w całym moim życiu słuchałam jej. Znacznie ważniejsze było to, żeby wiedzieć i pamiętać. Wierzyłam, że mama będzie żyła, tak samo jak wierzyłam, że żył będzie Marty. Bina uważała, że jestem na etapie wyparcia. Śmierć budziła we mnie przerażenie.

Moja matka znosiła przemoc domową w czasach, kiedy nie istniały żadne prawa chroniące kobiety. A kiedy odeszła od ojca, zaliczyła sześcioletnie studia. Zdobyła dyplom licencjacki w zakresie psychologii i tytuł magisterski w zakresie psychoterapii, jednocześnie samotnie wychowując trójkę dzieci, bez jakiejkolwiek pomocy ze strony naszego ojca. Wściekałam się, że właśnie w to miejsce przywiodło ją życie po wszystkim, co poświęciła i co osiągnęła.

Janet Crawford chodziła jeszcze do szkoły średniej, kiedy urodziła pierwsze dziecko. Trzecie urodziła w wieku dwudziestu sześciu lat. Miała ambicje zapewnienia lepszego życia sobie i swoim dzieciom. Wychowując nas, często mówiła o rozczarowaniu i winiła naszego ojca za zrujnowanie naszej rodziny.

Ja zwykłam jej powtarzać:

– Mamo, wyrzuć go z głowy i pozbądź się takiego sposobu myślenia. Udało się nam. Udało się nam dzięki tobie. Możesz być z siebie dumna.

Jej twarz rozjaśnił uśmiech.

– Jestem bardzo dumna z moich dzieci.

• • • •

Mama nie chciała spędzać więcej czasu w szpitalach, a ja cieszyłam się, że na ogół byłyśmy w stanie zapewnić jej komfortowe warunki w domu. Postawiłyśmy sobie z Biną za cel opanowanie bólu mamy, jednak wiele oznak świadczyło o postępie choroby. Nie pojechałam w trasę koncertową, więc mogłam być przy niej i razem z Biną troszczyć się o nią. Miałyśmy czas na rozmowy.

– Dbajcie o siebie nawzajem – instruowała mnie. – Pilnuj siostry i zbliż się do Jezusa.

W końcu doradzono nam kontakt z hospicjum. Przysłano nam stamtąd do domu szpitalne łóżko, ale kiedy dotarło na miejsce, moja matka kazała mi się go pozbyć, co zrobiłam. Trudno było przekręcić ją na normalnym łóżku i pomóc jej, kiedy potrzebowała basenu. Było to również bolesne dla niej. Pielęgniarka podawała jej morfinę, a Bina i ja przesiadywałyśmy przy niej do późnych godzin nocnych. Kiedy w końcu zasypiałyśmy przed świtem, prosiłyśmy pielęgniarkę, by budziła nas, gdyby tylko mama czegoś od nas chciała. I pierwszą rzeczą, jaką robiłyśmy o poranku, było zaglądanie do mamy. Nie była w stanie rozmawiać i miała zamknięte oczy, ale ja wciąż do niej mówiłam.

Ostatniej – jak się okazało – nocy siedziałam przy niej i cicho szeptałam jej do ucha, składając głowę na jej piersi.

– Mamo, chcę, żebyś już odeszła. Nie martw się o nas. Bina i ja poradzimy sobie. Możesz już odejść. Wiele nas nauczyłaś i wiemy, co robić. Nie bój się. Idź dołączyć do Nany i Marty'ego – oni na ciebie czekają. Kocham cię.

Zmarła w czwartek 18 kwietnia 1996 roku. Bina obdzwoniła niemal wszystkich członków naszej rodziny i przyjaciół z adresownika mamy, a ja skupiłam się na planowaniu pogrzebu.

Wprawdzie moja matka chodziła do niewielkiego bezwyznaniowego kościoła w Orange, ja wolałam urządzić uroczyste nabożeństwo pogrzebowe w Baptystycznym Kościele Nowej Nadziei w Newark, który mógł pomieścić więcej ludzi i do którego stosunkowo łatwo było dotrzeć. Whitney zaproponowała, że zwróci się do wielebnego Bustera Soariesa, by poprowadził ceremonię, a ja poprosiłam moją „kuzynkę", Ameenę Mateen, o wygłoszenie mowy pogrzebowej. Ubrałyśmy mamę w kremowe leginsy i bluzkę, kremową marynarkę ze złotym wykończeniem, a na jej głowę założyłyśmy opaskę. Na stopy włożyłyśmy grube, białe skarpety bawełniane. Wysłałyśmy mamę w ostatnią podróż ciepło i wygodnie.

Bez niej czułam się samotna. Czułam się tak, jakby nie wolno mi było popełnić już żadnych błędów, bo osoba, do której zawsze w takich chwilach uciekałam, odeszła. Bez względu na okoliczności mama zawsze była w moim narożniku. Wiedziała dokładnie, co robić, a czego nie, wiedziała zawsze, co powiedzieć, teraz zaś pozostała jedynie cisza. W dniu, w którym Janet Marie Williams Crawford odeszła, ja musiałam ostatecznie dorosnąć.

• • • •

Kiedy rozpoczęła się produkcja filmu *Żona pastora*, wciąż usiłowałam rozwijać naszą firmę fonograficzną i współpracę z wytwórnią płytową Elektra Records. Shanna pracowała z ekipą The Neptunes, Mario Winansem, Naradą Michaelem Waldenem i jeszcze jednym producentem poleconym przez Sylvię Rhone. W czasie, kiedy współpracowałyśmy, pomimo moich starań, nigdy nie zdołałam nawiązać z Sylvią dobrego porozumienia.

Któregoś popołudnia udałam się do siedziby Elektra Records, by puścić płytę Shanny około dwunastu osobom z kierownictwa firmy. W przestronnej, owalnej sali konferencyjnej siedzieli szefowie każdego z działów: R&B, promocji muzyki pop, marketingu, public relations, sprzedaży oraz oczywiście Sylvia. Usiadłam w samym centrum. Przesłuchaliśmy piosenki jedna po drugiej i każda z osób przedstawiła swoje uwagi. Większość z nich była pozytywna i zawierała konstruktywną krytykę utworów. Shanna wypadła naprawdę dobrze pod względem wokalnym, ale było jasne, że nadal nie mamy głównego singla ani przeboju, którego w ich przekonaniu potrzebowaliśmy, by mogli poprzeć nasz projekt w 100 procentach. Puściłam tylko Sylvii surowe miksy dwóch piosenek Sunday wyprodukowane przez The Neptunes, ale nie zrobiły na niej wrażenia. Taki już los artystów, piosenkarzy, producentów i ludzi od A&R. Nie wszystko, co proponują, każdemu przypada do gustu.

Nasza współpraca rozpadła się po spotkaniu z Sylvią i Merlinem Bobbem (człowiekiem od A&R pracującym dla Sylvii) w pewien późny piątkowy poranek. Poszłam do nich, żeby puścić im kilka nowych miksów utworów Shanny. Tee, asystentka Sylvii, współpracującą z nią od lat, przywitała nas i skierowała Shannę do gabinetu Sylvii, prosząc, by się tam rozgościła. Ja poszłam do innego pomieszczenia, parę drzwi dalej. W niewielkiej sali stało biurko z zestawem krzeseł, sprzęt audio i głośniki. Merlin wstał, żeby mnie uścisnąć, i powiedział, że Sylvia jest w drodze. Spokojnie na nią czekaliśmy, choć spóźniała się już dziesięć czy piętnaście minut. W końcu stanęła w drzwiach wyraźnie rozdrażniona, podniosła płytę CD, którą położyłam na stole, i cisnęła nią o ścianę!

Tego dnia miałam dobry nastrój, ale kiedy Sylvia rzuciła pudełkiem z płytą niczym frisbee, coś we mnie pękło. Nie potrafiłam powstrzymać się od wybuchu płaczu. Shanna usłyszała mnie i wyszła na korytarz.

– Robyn, wszystko dobrze? – spytała.

Nigdy wcześniej tak nie płakałam, a już z całą pewnością nie w sytuacji zawodowej. Współpraca została bezpowrotnie zerwana.

Po powrocie do Nippy Inc. udałam się do Los Angeles na spotkanie z ekipą Disneya pracującą nad *Żoną pastora*. Trwały już prace nad trzecim filmem Whitney, w którym grała u boku Denzela Washingtona, wysoko cenionego za filmy *Filadelfia* i *Malcolm X*. Ale w świecie Whitney sprawy nie mogłyby układać się gorzej. Była rozkojarzona, zmęczona, zmanipulowana i nazbyt łatwo dawała się wykorzystywać. Wyglądało na to, że nikt poza Silvią i mną nie myślał o tym, co jest najlepsze dla niej. Kiedyś przez moje ręce przechodziło wszystko, co trafiało do Whitney, ale teraz nie byłam w stanie skutecznie jej wspierać, bo większość czasu poświęcałam na lawirowanie pomiędzy przeszkodami, na jakie natrafiałam w jej własnej firmie. Po raz kolejny Whitney zgodziła się na udział w filmie, na jaki nie była gotowa. Zazwyczaj w grudniu leciała na Florydę lub na jakieś wyspy. Tymczasem teraz pracowała pod presją i w ciężkich warunkach, w ekstremalnie mroźnej zimie, grając wiele scen plenerowych. Mogła się nie zgodzić i prawdopodobnie żałowała, że tego nie zrobiła – mogła po prostu nagrać album gospel i w ogóle nie występować w tym filmie. Tymczasem odgrywała kolejną pierwszoplanową rolę, która jednak nie dawała jej żadnych możliwości rozwoju w kontekście celów, jakie sobie wyznaczyła.

W New Jersey, poza chwilami, kiedy Whitney i Denzel występowali we wspólnych scenach, nie spędzałyśmy z nim zbyt wiele czasu. Wracał do swojej przyczepy, ale biorąc pod uwagę temperaturę, nikt nie odbierał tego osobiście. Zakładałyśmy, że taki miał styl pracy i sposób na koncentrację. Ale kiedy z całą ekipą dotarliśmy do Maine, gdzie spodziewaliśmy jeszcze niższych temperatur, pogoda okazała się łagodna, a Denzel wrócił do życia, pokazując radosną, charyzmatyczną stronę swojej osobowości. Był absolutnym profesjonalistą.

Zdjęcia do filmu na nowo ożywiły serdeczną relację pomiędzy Lorettą Devine, Gregorym Hinesem i Whitney, którzy grali w *Czekając na miłość*, a ponadto Whitney nawiązała znajomość z Jenifer Lewis, która była osobą ciepłą, przyjacielską i zabawną na swój zwariowany sposób.

Kierownikiem muzycznym filmu był Mervyn Warren, z popularnego śpiewającego a cappella zespołu gospel Take 6, którego Whitney była fanką począwszy od jego debiutanckiego albumu. Chciała, by Mervyn, który miał istotny udział w aranżowaniu i produkowaniu ich utworów, zaangażował się w ten film. Ich współpraca w studiu układała się harmonijnie i stała się dla obojga źródłem inspiracji, co w żadnym razie nie powinno dziwić.

Whitney śpiewała muzykę, jaką kochała najbardziej, i było to widać. Ja skupiałam się na części projektu związanej z branżą gospel. Podróżowałam z Angie i Debbie Winans przy okazji promocji ich debiutanckiej płyty, *Angie & Debbie*, co wprowadziło mnie w świat rozgłośni grających gospel. Firma Gospel Centric została wynajęta, by wykorzystać muzykę z filmu, zapewnić emisje w radiu, zająć się marketingiem i zorganizować Whitney najważniejsze wywiady w mediach.

Kiedy kręciliśmy w Newark, przyszła pora na scenę w kościele. Przez większą część tego dnia pracowaliśmy w plenerze. Dodawałam Whitney otuchy, pokazując jej, że ja też marznę. Wreszcie weszliśmy do wnętrza Zjednoczonego Kościoła Metodystycznego Trójcy i kiedy odtajaliśmy, Whitney przebrała się w kościelną złotą tunikę.

Reżyserką była Penny Marshall. Pochodziła z rodziny twórców komediowych i była osobą dobroduszną i naturalnie zabawną. Urodzona na Zachodnim Wybrzeżu, tamtej mroźnej zimy w Newark chodziła w zbyt dużej parce, z okolonym futrem kapturem naciągniętym na głowę. Podeszła, by wprowadzić Whitney w kolejne sceny, w których Whit wypowiadała sporo kwestii. Mając świadomość, że wcześniej eksploatowała swój głos na świeżym powietrzu, Penny zasugerowała:

– Możesz to potraktować lekko, Whitney. Po prostu trochę poruszaj ustami do muzyki i pozwól śpiewać chórowi, w porządku?

– W porządku, Penny – odpowiedziała Whit.

Penny stanęła za kamerą na tyłach kościoła, a my z Whitney i Silvią przeszłyśmy nawą do przodu, gdzie członkowie Georgia Mass Choir zajmowali miejsca na scenicznym podwyższeniu. Widziałam, jak w kościele, wypełnionym po brzegi członkami obsady i statystami siedzącymi w ławach, w Whitney wstępuje energia. Podeszła do podium, cicho próbując kilka fraz. Jej usta przestały się ruszać, gdy rozejrzała się po „kongregacji". Jenifer Lewis, która też poczuła atmosferę, wykrzyknęła coś w stylu:

– Już się zrobiło gorąco!

Kiedy chór się rozgrzewał, Whit stanęła z boku sceny, by poprawiono jej makijaż. To było na kilka minut przed uruchomieniem kamer. Słuch Whitney dostrajał się, kiedy nuciła melodię razem z chórem, ćwicząc struny głosowe. Odwróciła się do mnie i powiedziała:

– Nie udaje się śpiewu, kiedy w mieście jest Georgia Mass Choir.

Wszyscy w kościele, którzy nigdy wcześniej nie czuli obecności Ducha Świętego, z pewnością poczuli go tamtego dnia! Modlitwy i okrzyki ku chwale Pana wypełniły świątynię wraz ze słowami *Joy to the World*, *I Go to the Rock*, *Help Is on the Way* oraz *I Love the Lord*. Mnie również napełniła obecność Jedynego.

Przeszłam na tyły kościoła i zajęłam miejsce niedaleko Penny i ekipy kamerzystów. Penny obserwowała scenę na monitorze, jej ręka uniosła się, by dać znak do wydania komendy „Cięcie!". Ale jej ciało kierowało się w innym kierunku niż głowa. Kiedy więc w końcu wykrzyknęła „cięcie", zabrzmiało to tak, jakby właśnie zakończyła zapasy z bykiem. Nie sądzę, by Penny Marshall kiedykolwiek wcześniej była w takim kościele!

Pojechaliśmy do Portland, by nakręcić sceny jazdy na łyżwach. Cieszyliśmy się z niespodziewanie łagodnej temperatury. Wszyscy z wyjątkiem nieszczęsnej ekipy, która włożyła ogromny wysiłek w przygotowanie śniegu i lodu, bo lodowisko błyskawicznie topniało.

Płyta ze ścieżką dźwiękową do *Żony pastora* ukazała się 26 listopada 1996 roku, debiutując na szczycie list przebojów gospel i pozostając tam przez dwadzieścia sześć kolejnych tygodni. Był to – i wciąż jest – najbardziej popularny album gospel wszech czasów. Podtrzymałam kontakt z ekipą Gospel Centric pracującą nad tym projektem. Tymczasem Arista skupiała się wyłącznie na piosenkach, nad którymi miał pieczę Clive: *I Believe in You and Me*, *Somebody Bigger Than You and I*, *My Heart Is Calling*, dwoma utworami z przydymionym, ochrypłym wokalem Shanny w chórkach oraz *Step by Step* w wersji Annie Lennox. Ale to część albumu w stylu gospel miała prawdziwy rozmach i zdominowała listy przebojów. Szefowie Gospel Centric pracujący nad soundtrackiem twierdzili, że otrzymali zero wsparcia od Aristy, musieli sobie radzić sami i opracować materiał z myślą o mainstreamie. Koniec końców był to okres Bożego Narodzenia. Kto wie, czego by dokonali, gdyby sprawnie współpracowali?

Whitney była producentką wykonawczą tej ścieżki dźwiękowej. Maureen Crowe, która zajmowała się konsultingiem w Ariście, zadzwoniła do mnie, by powiadomić mnie, że i ona, i Roy Lott, prawa ręka Clive'a, uznali, że powinnam zostać wymieniona na płycie jako współproducentka. Pomyślałam wówczas: „Niezły bajzel". Nie zgodzili się w ogóle wspomnieć o moim udziale przy produkcji filmu *Bodyguard,* ale chętnie przystali na umieszczenie mojego nazwiska na płycie gospel, z którą nie chcieli mieć nic wspólnego.

– Brzmi świetnie, Maureen, dziękuję – skwitowałam jej wiadomość. Nie miałam nic poza miłością do mojej siostry z Long Island.

Po wydaniu płyty Whitney wyraziła swoje rozczarowanie brakiem wsparcia ze strony Aristy, podsumowując:

– Kompletnie to zawalili.

rozdział 20

S.O.S.

Wychodziłam właśnie z domu do pracy, kiedy zadzwoniła Silvia.

– Robyn, dłużej tego nie zniosę. Bobby i Whitney znów się awanturują!

Dzień wcześniej Whitney z Silvią poleciały z Jersey do Atlanty, żeby Whit mogła zrobić niespodziankę mężowi, który był w trasie koncertowej z New Edition. Dotarły do hotelu Ritz--Carlton dopiero wieczorem i poszły prosto do jego pokoju. Długo pukały do drzwi, ale nikt im nie odpowiadał. W recepcji Whitney zażądała klucza do apartamentu męża, ale obsługa hotelowa jej odmówiła. Whit wynajęła więc pokój na tym samym piętrze.

Kiedy wróciły na górę, zastały w korytarzu Tommy'ego, Kenny'ego (producenta i zarazem ochroniarza Bobby'ego) i jeszcze jednego nieznajomego mężczyznę. Whitney zapytała, gdzie się podziewa jej mąż. I wtedy otworzyły się drzwi pokoju, z którego wyłonił się Bobby.

– Nie chcę cię tutaj. To moje sprawy i mój czas.

– Dlaczego nie otworzyłeś drzwi, kiedy pukałam? – poprosiła o wyjaśnienie Whitney.

W odpowiedzi mąż zbliżył się i splunął jej prosto w twarz. Rozpłakała się i odeszła korytarzem z Silvią. Bobby ruszył ich śladem, klnąc. Wpadł za nimi do pokoju, złapał jakąś szklankę i rzucił nią w stronę Whitney. Sil instynktownie ją odepchnęła, a szklanka ledwie ominęła jej twarz, nim roztrzaskała się o ścianę. Whitney chwyciła za hotelowy telefon, żeby zadzwonić do ojca, ale zanim zdążyła dokończyć wybieranie numeru, Bobby wyrwał jej z dłoni słuchawkę, którą następnie uderzył Whit w głowę. Whitney krzyknęła i upadła na podłogę, obiema rękoma trzymając się za głowę.

Zachowanie Bobby'ego mnie nie zaskoczyło. Bobby przypominał mi mojego ojca, który miał wiele dzieci ze związków pozamałżeńskich, ale znęcał się nad moją matką i fałszywie oskarżał ją o to, że go zdradzała. Widzieliśmy jego wybuchy szaleńczej zazdrości i agresji.

Wkrótce potem ochroniarz Whitney, który zatrzymał się w hotelu po przeciwnej stronie ulicy, został wezwany do Ritza-Carltona, by odwieźć Silvię i Whit na lotnisko. Ale w połowie drogi Whitney zmieniła zdanie i postanowiła wrócić. Jakby tego było mało, ochroniarz Whit stracił pracę po tym, jak Bobby oskarżył ją, że z nim sypia.

Podobny scenariusz powtarzał się wielokrotnie i z czasem stał się normą. Przyglądanie się temu było konfundujące i oburzające. Nie potrafiłam pojąć, dlaczego odzyskiwanie zdrowego rozsądku zabiera Whitney tak dużo czasu. Za każdym razem, gdy przydarzało się coś takiego, mówiłam sobie w duchu: „Tego już za wiele". Bobby zachowywał swoje najgorsze ekscesy na chwile, kiedy nie było mnie w pobliżu, ale opowieści o nich zawsze do mnie docierały.

Oczywiście narkotyki nie pomagały. Chciałabym móc powiedzieć, że Whitney zachowywała się trzeźwo i miała świadomość tego, co się wokół niej dzieje, ale tak nie było. A ja nie miałam już możliwości wpływania na nią ani zapobiegania takim incydentom. Kiedy Whitney wracała do domu, wcale nie odpoczywała. Po co odpoczywać, skoro zamiast tego można odlecieć jeszcze bardziej? Jej małżeństwo wysysało z niej resztki godności. Kiedyś wynajęła prywatnego detektywa, żeby ukradkiem śledził każdy ruch Bobby'ego. Detektyw potwierdził to, o czym już wiedziała. Wtedy akurat jej mąż przebywał w Los Angeles i zabawiał się z córką znanego muzyka. Byłam w domu, kiedy Whit wręczyła córce ciotki Bae, Laurie, przesyłkę z nagranymi na taśmie wideo dowodami. Poleciła jej, by zaniosła taśmę na dół i gdzieś schowała. Nigdy nie chciałam oglądać tego nagrania. Miałam nadzieję, że tym razem Whit w końcu pozbędzie się Bobby'ego, ale znów niczego nie zrobiła. Zdawałam sobie sprawę, że popada w coraz głębsze uzależnienie od narkotyków i że muszę jej pomóc.

• • • •

Kiedy następnym razem Whitney dołączyła do Bobby'ego w trasie koncertowej, towarzyszyły jej Bobbi Kris, Silvia i Shelly. Ale nie minęło wiele czasu i rozgorączkowana Silvia zadzwoniła do mnie z pokoju hotelowego w Detroit.

– Robyn, musisz przyjechać. Whitney jest w kiepskim stanie i w żaden sposób nie potrafię jej pomóc.

– Co robi?

– Jest na haju od wielu dni i wszyscy się z niej naśmiewają. Wygląda koszmarnie, Robyn. Musisz przyjechać i ją z tego wyciągnąć.

Niedługo potem siedziałam już w samolocie.

W hotelowym lobby natknęłam się na mnóstwo ludzi z obsługi koncertów. Widziałam kilka znajomych twarzy, ale starałam się nie zwracać na siebie uwagi. Poszłam prosto do pokoju Silvii znajdującego się na parterze i sąsiadującego z pokojem Nip. Idąc korytarzem, usłyszałam, że ktoś woła mnie po imieniu. Obróciłam głowę i pomachałam do jednej z tancerek, nie zwalniając kroku. Gdy znalazłam się blisko drzwi Silvii, ta wyjrzała na korytarz, po czym odezwała się cicho:

– Wejdź.

Córka ciotki Bae, Shelly, i Bobbi Kris oglądały telewizję na sofie, a Silvia zapoznawała mnie z sytuacją:

– Whitney nie wie, że tu jesteś. Ona nawet nie wie, co robi. Nie jest teraz przy zdrowych zmysłach. Bobby natomiast wynajął dodatkowy pokój na innym piętrze, by móc się w nim spotykać z pewną kobietą. Whitney podejrzewała, że zabawia się z kimś na boku i wdali się w kłótnię.

Silvia zapukała do drzwi pokoju Whitney.

– Whitney, otwórz. To ja, Silvia.

Drzwi się otworzyły, a Nip nawet mnie nie zauważyła. Kiedy weszłam, obróciła się i z lekceważącym wyrazem twarzy zmierzyła mnie wzrokiem. Starałam się wymyślić, co powiedzieć, ale żadne słowa nie przychodziły mi do głowy. Pokój był wąski, z tandetnym, tanim wystrojem – nie było to luksusowe zakwaterowanie, do jakiego przywykłyśmy. Whit wyglądała na zaniedbaną i wycieńczoną, włosy miała przesuszone i zebrane w niechlujny kok.

Chciałam ją przytulić, przyciągnąć do siebie, zabrać stamtąd. Objęłam ją i nie protestowała, ale jej ciało było bezwładne, jakby w ogóle mnie nie czuła.

– Cześć, Robyn – powiedziała głosem, w którym dało się słyszeć, że jest pod wpływem narkotyków.

– Słyszałyśmy różne rzeczy, więc przyjechałam, żeby zobaczyć, co u ciebie, przekonać się, czy wszystko jest w porządku. Silvia powiedziała, że potrzebuje pomocy i że powinnyśmy zabrać cię do domu.

– Serio? Muszę jechać do domu? – odpowiedziała, spoglądając na Silvię.

Przysunęłam krzesło i usiadłam, rozglądając się po pomieszczeniu i zastanawiając, jak najlepiej w dyskretny sposób wyciągnąć stąd Whitney.

– Zabierzmy ją do twojego pokoju – szepnęłam do Silvii.

Ale zanim zdołałyśmy się przenieść, w zadziornym nastroju wkroczył Bobby.

– Spójrz na siebie. Wyglądasz paskudnie – powiedział do Nip.

A potem dostrzegł mnie i rzucił:

– A ona co tu, kurwa, robi? Wezwałaś ją?

– Nie, nie wezwałam jej tutaj. – Odpowiedź Whitney zabrzmiała żałośnie.

– Przyjechałam, bo dowiedziałam się, że Nip jest w złym stanie i powinna wrócić do domu – wtrąciłam.

Bobby miał okazję, by wykazać się troską o swoją żonę i moją przyjaciółkę. Lub przynajmniej wyjść i wrócić do tego, czym zazwyczaj się zajmował. A jednak zapytał:

– Nippy, musisz jechać do domu? – Było jasne, jakiej odpowiedzi się po niej spodziewał.

– Nie, nie muszę jechać do domu – odpowiedziała i zwróciła się do mnie: – Ty musisz jechać do domu, Robyn.

– Przyleciałam, żeby się dowiedzieć, że nic ci nie jest. Patrzę na ciebie i widzę, że jest inaczej. Musisz się stąd wynieść, Nip.

Łypnęła na mnie i odparła:

– Czuję się dobrze.

Wstałam, wyszłam i poleciałam z powrotem do New Jersey.

Po moim powrocie powiadomiłam pana Houstona i Donnę o stanie Whitney, dodając, że nie było tam nikogo, kto mógłby zapewnić jej ochronę, poza bodyguardem Bobby'ego. Ale później nie miałam od nich żadnych informacji na ten temat.

Pozostałam w bliskim kontakcie z Silvią – miałam stale włączony pager i trzymałam go przy sobie dzień i noc. Któregoś ranka zadzwoniła do mnie spanikowana, że nie może znaleźć Whitney. Zatrzymali się w jakimś hotelu na głębokiej prowincji i Whitney zaginęła.

– Gdzie jest Bobby? – zapytałam.

Powiedziała, że wyjechał z miasta z resztą ekipy koncertowej, zabierając ze sobą Krissi i Shelly. Zadzwoniła znów z taksówki w drodze na lotnisko. Dowiedziała się, że Whitney kazała obsłudze hotelowej zarezerwować dla niej lot do Miami. Silvia niezwłocznie zadzwoniła do linii lotniczej z prośbą o wstrzymanie lotu. Kiedy dotarła na lotnisko, okazało się, że Whit została ulokowana bezpiecznie w prywatnym pokoju. Silvia zabrała ją do łazienki, umyła, pomogła przebrać się w świeże ubrania i szminką dodała jej ustom nieco barwy. W kolejnej wiadomości powiadomiła mnie, że są już w autobusie, którym Whit podróżuje w trakcie tournée. Brat Bobby'ego, Tommy, zabrał je z lotniska. Z perspektywy czasu Silvia żałowała, że nie postarała się bardziej, by zabrać Whitney na Florydę, z dala od całego tego szaleństwa.

Sil była zdecydowana powiadomić rodziców Whitney o tym, co się działo. Dochodziła do kresu wytrzymałości i była wyczerpana tym, że utknęła w środku spektaklu odgrywanego przez Whitney i Bobby'ego. Skrajnie zestresowana, czuła się niekomfortowo w obecności Bobby'ego i bała się o Whit. Co najistotniejsze, czuła, że jej obowiązkiem jest poinformowanie Johna i Cissy o tym, jak poważny jest problem narkotykowy ich córki.

Rzecz w tym, że wieści z tournée dochodziły do nas wszystkich. Dbały o to tabloidy, a do Johna zadzwonił ktoś, kto w przeszłości jeździł z nami w trasę i twierdził, że wpadł na Whitney, ale w ogóle jej nie poznał. Dopiero po jakimś czasie zorientował się, że to ona.

Spotkanie Silvii z rodzicami Whitney trwało prawie godzinę, a kiedy się skończyło, zajrzała do mojego biura, które zajmowało już całe skrzydło w tylnej części budynku. Opadła na fotel naprzeciwko i zakomunikowała:

– Powiedziałam im wszystko.

– Dobrze – odparłam. – Dobrze.

Pojawiła się szansa, że w końcu zareagują.

W maju tamtego roku Whitney miała w planach tournée po Pacyfiku, osiem do dziesięciu koncertów w Japonii, Tajlandii, Australii, na Tajwanie i Hawajach, co było dla mnie kompletną niespodzianką. O ile potrafiłam się zorientować, wtajemniczeni w ten plan byli wszyscy poza mną. Silvia zadzwoniła, by powiadomić mnie o najnowszych wydarzeniach: została ulokowana w studiu (czyli ukarana) i nie wolno jej było wchodzić do domu Whitney. Dodała, że nie pojedzie z Whitney w tournée pacyficzne – The Pacific Rim Tour. Chciała wiedzieć, dlaczego ją to spotkało.

– Co takiego zrobiłam? – zachodziła w głowę.

Weszłam w tryb detektywa, lecz szczerze mówiąc, nie miałam pojęcia, od czego zacząć. To, co się działo, po prostu nie miało sensu. Ludzie odpowiedzialni za wyeliminowanie Sil pozbawili Whitney osoby, na której wsparcie mogła liczyć, która doskonale znała jej potrzeby i wiedziała, jak zapewnić jej wygodę. Ponieważ do startu tournée zostało zaledwie parę tygodni, próbowałam dowiedzieć się wszystkiego dyskretnie, nie czyniąc zbytniego zamieszania. Kręciłam się w pobliżu, wyczekując właściwego momentu, w którym mogłabym porozmawiać z Whitney na osobności. Nie ufałam nikomu.

Tymczasem Whitney trzymała się na dystans i milczała. Uznałam, że w ramach solidarności z Silvią ja również nie wezmę udziału w tym tournée. Kiedy w końcu zobaczyłam się z Whitney, już wiedziała, że nie wyruszam z nią w trasę.

– A więc nie lecisz z nami, Rob?

– Nie – odparłam. – Mamy zaplanowanych kilka sesji w studiu i najlepiej, żebym tam była.

Siedząc na sofie, skinęła głową. Bae, Carol i parę innych osób krzątało się w kuchni. Usiadłam obok Nip i zapytałam, jak się czuje.

– Jestem gotowa uporać się z tym szajsem i mieć ich wszystkich z głowy.

– Dlaczego Silvia z tobą nie jedzie? – zapytałam.

– Donna i prawnicy powiedzieli mi, że tak będzie dla niej najlepiej.

I wtedy przerwano nam rozmowę, do której już nie wróciłyśmy.

Przed wyjazdem na lotnisko Whitney powiedziała Silvii:

– Szkoda, że nie mogę cię ze sobą zabrać. Ale nie wolno mi. Mówią, że nie mogę ci ufać.

– Kto ci to powiedział? – zapytała Silvia.

– Wszyscy. Adwokaci, moi rodzice, Donna. To nie ja, to oni.

Uściskała Silvię, prosząc, by dbała o siebie, i dodała, że zobaczą się po jej powrocie za miesiąc.

Silvia została zdegradowana z funkcji asystentki Whitney Houston do roli pakowaczki bagaży i sprzątaczki studia. Posyłano ją do domu Whit, by czyściła kocie kuwety i zajmowała się podobnymi sprawami. Upokorzona wyznała mi, że ma dosyć i chce odejść. Zapewniłam ją, że Whitney wkrótce wróci i wspólnie coś wymyślimy. Musiała tylko jeszcze trochę wytrzymać. Ale była skrajnie znużona. Nawet jeśli nikt nie przychodził do studia, musiała w nim być. Jedynym pozytywem tej sytuacji było to, że mogła zakończyć pracę punktualnie o siedemnastej, co nigdy nie było możliwe w obecności Whitney.

Któregoś ranka po zakończeniu trasy koncertowej Silvia jechała do studia, gdy zauważyła Bobby'ego wlokącego Whitney po werandzie domu. Zatrzymała się, wyskoczyła z samochodu i pobiegła interweniować. Stanęła pomiędzy nimi i krzyknęła do Whitney, żeby uciekała. Bobby złapał Silvię i odepchnął, więc i ona zaczęła biec przez trawnik, minęła korty tenisowe i w ślad za Whit pomknęła do domu. Przy głównym wejściu znajdowała się wartownia, ale brat Donny, Darren, któremu siostra nagrała pracę „wartownika", wolał przymknąć oko na to, co się dzieje.

Silvia poleciła, żeby Whitney weszła do środka.

– Otwórz Whitney drzwi! – krzyknęła na ciotkę Bae, jednocześnie starając się odwrócić uwagę Bobby'ego do chwili, aż Whitney zdoła dostać się do domu. Bobby dostrzegł zaparkowane przed garażem czarne porsche Nip i wyładował swoją złość na nim, skacząc po dachu auta i kompletnie go niszcząc.

Dramat z udziałem porsche odbył się rankiem, a wczesnym popołudniem Whit w końcu rozjaśniło się w głowie. Kazała Bae zadzwonić do studia i powiedzieć Silvii, żeby przyszła do domu. Gdy Silvia weszła, Nip leżała na sofie i poprosiła ją, żeby usiadła obok. Silvia instynktownie zaczęła masować jej stopy. Nippy przyznała, jak bardzo za nią tęskni, i obiecała, że już nigdy więcej jej nie zostawi. W trakcie rozmowy zadzwonił telefon. To była Donna, która chciała rozmawiać z Silvią. Najwyraźniej ciotka Bae musiała zadzwonić do niej i przekazać, że Sil znowu jest w domu.

Silvia odebrała i powiedziała:

– Whitney poprosiła mnie, bym tutaj przyszła.

A wtedy Whit wstała z sofy, wzięła od niej słuchawkę i powiedziała:

– Mam gdzieś, co mówisz i co mówią inni. Ona nie wraca. Zostaje ze mną. To ja tu płacę rachunki.

Wracając na sofę, spojrzała na Silvię z uśmiechem.

– Wiem, że mnie kochasz.

• • • •

W coraz większym stopniu kariera Whitney brała górę nad jej życiem prywatnym i spychała na margines sprawy, które naprawdę się dla niej liczyły. Zamiast kierować się własnym instynktem, Whitney była coraz bardziej zajęta robieniem wszystkiego, co zdaniem innych robić powinna.

Presja związana z karierą nie pozwalała jej również na poświęcanie czasu własnej córce. Jedyne, czego Bobbi Kristina kiedykolwiek pragnęła, to niepodzielna uwaga mamy, ale zazwyczaj tego właśnie jej brakowało. Dziewczynka nigdy tak naprawdę nie nawiązywała przyjaźni, nie nocowała u koleżanek, nie była zapraszana na przyjęcia urodzinowe. Większość czasu spędzała z dorosłymi. A kiedy siostrzenice, bratanice, bracia przyrodni i siostry przyrodnie przychodzili do jej domu, musiała dzielić się mamą z nimi. Pod koniec każdego tygodnia na ogół pakowano jej rzeczy i wysyłano ją na weekend do Donny albo ciotki Bae.

Z tego powodu matka i córka nawiązywały relację przede wszystkim w studiu nagrań albo podczas występów na żywo. Kiedy Whitney zapraszała Krissi do mikrofonu i dawała jej wskazówki, córka za każdym razem stawała na wysokości zadania. Podobnie jak matka pragnęła śpiewać i już w wieku czterech lat miała dość wiary w siebie, by to robić.

Wiele lat później moja terapeutka zauważyła, że kiedy jeszcze byłam małym dzieckiem, musiałam już zachowywać się jak dorosła. Byłam silnie związana z matką i obawiałam się o jej bezpieczeństwo – pamiętałam sytuację, gdy musiałam wrócić do domu z letniego obozu, żeby upewnić się, że nie została sama z problemami. Byłam wplątywana w kłótnie rodziców, próbowałam interweniować i ich uspokajać. Zastanawiałam się, czego świadkiem była Krissi we własnym domu, jak bardzo wpływała na nią toksyczna relacja jej rodziców. W wieku pięciu lat stale powtarzano jej, że matka jest zmęczona albo śpi. Z całą pewnością rozumiała, że to coś anormalnego.

Dzieci wiedzą. Mimo wszystko, jeśli ogląda się nagrania Whit i Krissi występujących razem na scenie, nie sposób zaprzeczyć istnieniu łączącej ich miłości.

Po kilku miesiącach od zakończenia The Pacific Rim Tour byłyśmy w hotelu na Manhattanie. Mimo iż uzgodniłyśmy, że nazajutrz po południu Whitney pokaże się publicznie z Clive'em, ona przez całą noc imprezowała z Michaelem. Wiedziałam, że nie wywiąże się z obietnicy i było mi jej żal. Uznałam, że nie ma sensu odwlekać tego, co nieuniknione, więc zadzwoniłam do Clive'a, żeby odwołać spotkanie. Trzech podejść wymagało, by przyjął ten fakt do wiadomości.

– Nie uda się jej.

– Nie czuje się dobrze.

I wreszcie:

– Clive – ona nie jest w stanie się ubrać. Nie nadaje się do wyjścia.

Natychmiast zadzwoniłam do Johna Houstona i powiedziałam mu, że według mnie Clive wie o problemie Whitney i zrelacjonowałam mu naszą rozmowę. Wymeldowałam się z hotelu i poszłam prosto do jego gabinetu, gdzie pan Houston mnie oczekiwał. Podkreśliłam, że natychmiast trzeba coś zrobić, bo inaczej trudno przewidzieć, jak długo Whitney wytrzyma taki tryb życia. Pan Houston oświadczył mi, że rozmawiał z Clive'em, który zasugerował pewien ośrodek odwykowy – w Silver Hill. Dodał, że będę musiała pojechać na konsultację, żeby przekazać specjalistom wszystko, co wiedziałam, i wytłumaczyć im, dlaczego uważam, że Whitney jest kandydatką na pacjentkę. Szpital cieszył się wielką renomą w zakresie terapii uzależnień i jednocześnie zachowywał dyskrecję w przypadku leczenia znanej osobistości. Krążyły plotki, że kilka miesięcy wcześniej był tam Michael Jackson.

Był piękny słoneczny dzień, kiedy pojechaliśmy z Johnem do Connecticut na spotkanie z dyrektorem medycznym Richardem Francesem. Przekazałam mu wszystko, co moim zdaniem powinien wiedzieć. Między innymi opowiedziałam, że Nip wspomniała o zażyciu kokainy po raz pierwszy w wieku czternastu lat; że brałyśmy ten narkotyk razem; i że od ślubu wyraźnie zaczęła go nadużywać. Że zmieniło się jej zachowanie i stawała się coraz bardziej odizolowana. Była wychudzona i nie wyglądała zdrowo. Ze względu na jej stan musieliśmy odwoływać niektóre z jej wcześniejszych zobowiązań.

W drodze powrotnej z Connecticut John zapewnił mnie, że postąpiłam słusznie, a teraz trzeba będzie tylko nakłonić Whitney, by zgodziła się poddać terapii odwykowej. Wróciliśmy do gabinetu, gdzie zastaliśmy czekającą na nas rozwścieczoną Cissy. Zdenerwowało ją, że pojechaliśmy do Silver Hill i nie zabraliśmy jej ze sobą.

– Dlaczego nie wiedziałam, że dzieją się takie rzeczy? Ona jest również moją córką.

Gdy odchodziłam, słyszałam, jak się kłócą.

Później John zajrzał do mojego biura, by powiedzieć, że jedzie do domu porozmawiać z Nip. Bobby'ego nie było, co dawało mu sposobność do rozmowy z córką w cztery oczy. Wieczorem wciąż nie miałam od niego żadnych wieści, więc zadzwoniłam do jego domu.

– Ona nie chce jechać – oznajmił.

Musiałam mieć pewność, że naprawdę rozmawiał z Whitney, więc poszłam do niej. Do dziś pamiętam wyraz jej twarzy, gdy powiedziała:

– Tak, ojciec rozmawiał ze mną. Nie jestem gotowa na wyjazd do środka odwykowego. Nie chcę tam jechać.

Byłam tak zawiedziona, że nie wiedziałam, co powiedzieć. Po chwili dodała:

– Mam wizytówkę lekarza. Ojciec mi ją dał. Zadzwonię, kiedy będę gotowa.

Tyle razy rozmawiałyśmy na temat zażywania kokainy. Teraz jednak jej nałóg stał się o wiele głębszy i straszniejszy niż kiedykolwiek wcześniej. Whitney zdawała sobie sprawę, że jest w tarapatach.

Po upływie mniej więcej tygodnia zawiozłam Whitney do domu Clive'a w Westchester. Wieczorem tego dnia Clive zadzwonił, by powiedzieć, że Whitney przyznała się do zażywania narkotyków.

– Lubi to. Powiedziała mi, że to lubi – skwitował.

Zaoferował Whitney swój dom w Hamptons i zasugerował, aby sprowadziła tam dwie osoby, którym ufa. Dodał, że wynajmie prywatną pielęgniarkę, by była na miejscu. Następnego dnia Whitney rozważała taki wyjazd, ale kiedy w domu zjawił się Michael, rodzeństwo zaszyło się w pokoju na tyłach na dwa dni. Do tematu Hamptons nigdy nie wrócili.

rozdział 21

My Love Is Your Love

Cindy Madnick, księgowa w Nippy Inc., była rudowłosą, rzeczową kobietą po sześćdziesiątce. Jeśli ktoś chciał dowiedzieć się, jak wygląda sytuacja finansowa firmy, Cindy była właściwą osobą, by udzielić takich informacji. Nienawidziła nas wszystkich.

Nie wiem, czy zachowywała się tak samo wobec każdego, ale przy mnie dawała upust swojej frustracji. Wchodziłam do niej, wesoło ją pozdrawiając i pytając, jak się ma, a ona brała ode mnie rachunki i mówiła:

– Ta biedna dziewczyna zostanie bez grosza, kiedy z nią skończycie. Matka Bobby'ego traktuje nas jak bankomat: „Muszę zapłacić za kablówkę, za prąd, za ogrzewanie".

– Żal mi tej dziewczyny – ciągnęła. – To hańba. Pracuje tak ciężko, a przy takim tempie wydatków dla niej nic nie zostanie.

Następnie, po zakwestionowaniu szczodrych napiwków, jakie wręczyłam pokojowym i odźwiernym, przepraszała, że wyładowała na mnie złość i wręczała mi gotówkę bądź czek.

Pierwszy raz usłyszałam, że Whitney nie ma pieniędzy – to znaczy ma aktywa, ale nie ma gotówki – w 1987 roku. Podróżowałyśmy na koncerty po całym świecie przez jedenaście miesięcy w ciągu roku, Święto Dziękczynienia obchodziłyśmy w Australii i miałyśmy zaledwie dwa tygodnie wolnego w okresie Bożego Narodzenia.

– Jeśli chcesz wiedzieć, gdzie się podziały twoje pieniądze, kto je wydaje, na co i dlaczego, zapytaj Cindy – poradziłam Nip. – Nie musisz nawet iść do jej biura. Możesz pojechać do jej domu. Mieszka w odległości piętnastu minut od firmy. Albo po prostu do niej zadzwoń.

Kiedy Whit skontaktowała się z Cindy, szybko dowiedziała się, że spłacała szereg hipotek członków rodziny, płaci za ubezpieczenia ich samochodów, paliwo i wiele innych rzeczy. Dowiedziała się nawet, że spłacała kredyt na mieszkanie i na samochód oraz pokrywała bieżące rachunki jednego ze starszych podwładnych. I że jej ojciec na pobliskiej stacji benzynowej Mobil założył na Nippy Inc. rachunek, z którego korzystało wiele osób.

– Moja matka zarabia wystarczająco dużo pieniędzy! Dlaczego płacę za wszystkie jej zakupy? – oburzała się Nip.

Podjęła decyzję o odebraniu niektórym pracownikom Nippy Inc. firmowych kart kredytowych i poinstruowała Cindy, żeby przestała płacić za wydatki rodziny Brownów. Pozwoliła zachować kartę Silvii. A jednak, bez względu na to, jak ogromne pieniądze Whitney zarabiała dzięki rekordowej sprzedaży płyt, całkowicie wyprzedawanym koncertom, kasowym filmom, krajowym i międzynarodowym nagrodom oraz rozmaitym prywatnym przedsięwzięciom, musiała zarabiać jeszcze więcej, by nadal utrzymywać wszystkich i płacić za wszystko.

Mijało kilka miesięcy i jej ojciec mówił:

– Whitney nie ma już pieniędzy. Czas ruszać w trasę.

Próbowałam nieco spowolnić bieg spraw w świecie Whitney, ograniczając napływ próśb i uświadamiając jej, jak wielki ciężar na siebie bierze. Mimo to wciąż zbyt wiele na nią spadało. Przypominało to sytuację z czasów, kiedy się poznałyśmy: korzystałyśmy z jednego z urządzeń w prowizorycznym parku rozrywki rozstawionym naprzeciwko kościoła, do którego chodziła Nip. Było nam niedobrze. Krzyczałam do operatora, żeby zatrzymał maszynę, ale on w ogóle mnie nie słyszał.

Któregoś popołudnia robiłam sobie w domu Whitney coś do jedzenia i sięgnęłam do szuflady po łyżkę. Zauważyłam, że na każdej są niebieskie i czarne kropki, zupełnie jakby zostały opalone w ogniu.

– Co się stało z tymi łyżkami? – spytałam.

Wszyscy, którzy byli wtedy w kuchni, odpowiedzieli unisono:

– To Michael.

W głowie zapaliło mi się światełko. Jakiś czas wcześniej Michael Houston przyszedł do mnie pierwszy raz w odwiedziny. Powiedział, że akurat przechodził obok i pomyślał, że do mnie zajrzy. Wyciągnął dwa jointy i zaproponował mi jednego.

– Jasne. Chętnie wezmę macha – powiedziałam.

Zaciągnęłam się raz trochę mocniej i raz delikatniej i zaraz zaczęłam się pocić, jakby brało mnie przeziębienie. Gwałtownie słabłam i traciłam nad sobą kontrolę. W ustach miałam dziwny smak i strasznie chciało mi się pić, i to nie tylko z powodu nieprzyjemnego zapachu.

– Co to jest? – zapytałam.

– Woolie.

Nigdy o czymś takim nie słyszałam i zaczęłam panikować. Było mi zimno, miałam wrażenie, że jestem bezbronna i coś mi zagraża. Michael polecił mi się zrelaksować, dodając, że już tego próbował i że wszystko będzie dobrze. Wiedziałam, że dzieje się ze mną coś złego, ale czułam, że muszę przez to przejść. Kiedy zaczęłam wracać do siebie, kazałam mu wyjść. Tamtego wieczoru zadzwoniłam do Nip i powiedziałam jej, że przyszedł do mnie Michael i dał mi do palenia jakieś świństwo.

– Co to było? – dopytywała się.

– Wyglądało jak joint, ale jeden mach sprawił, że oddzieliłam się od własnej duszy.

Dowiedziałam się później, że „woolie" to joint nasączony kokainowym crackiem.

Będąc u Whitney, przyglądałam się łyżce, którą trzymałam w dłoni, kiedy odezwała się Silvia:

– Michael coś w nich podgrzewał i okropnie śmierdziało!

Whitney zapytała, czy może trochę spróbować, ale odparł: „Nie. Nie chcesz tego szajsu. Nie poradziłabyś sobie z tym".

• • • •

Zawsze mnie niepokoiło, gdy Whit mówiła:

– Clive twierdzi, że muszę wracać do pracy.

Wpadła w schemat ulegania naciskom i podejmowania się zajęć, które nie były jej wyborem. Któregoś dnia jesienią 1998 roku siedziałam w gabinecie Clive'a, który puszczał mi potencjalne utwory na czwarty album Whitney. Płyta *My Love Is Your Love* powstała szybko, mniej więcej w siedem tygodni, łącznie ze stworzeniem projektu okładki. Zdjęcie okładkowe wykonała przyjaciółka Lisy, Dana Lixenberg, bardzo utalentowana fotografka.

Piosenkę *If I Told You That* zaplanowano jako duet z Michaelem Jacksonem. Kiedy nadeszła pora, żeby zwrócić się z pytaniem do króla muzyki pop, to Whitney polecono do niego zadzwonić.

Minął prawie tydzień, nim uzyskała odpowiedź. Czuła się zlekceważona. I całkiem słusznie. Nie tylko wręczyła mu World Music Award w Neverland niemal dziesięć lat wcześniej, lecz również towarzyszyła Michaelowi na imprezie United Negro College Fund.

Michael nigdy nie oddzwonił. Zamiast tego przesłał przez kogoś wiadomość, że nie chce nagrywać tej piosenki.

Whitney poczuła się zraniona tym, że Michael nie odezwał się do niej osobiście, nawet jeśli nie chciał się w ten projekt angażować. Kiedy Nip czuła rozczarowanie, raczej o tym nie rozprawiała. W większości przypadków uwewnętrzniała swoje uczucia i przechodziła nad zdarzeniem do porządku dziennego. Dlatego po tym, jak Michael odmówił, po prostu stwierdziła:

– Sama ją zaśpiewam.

Utwór *If I Told You That* wyraźnie pasował do Michaela Jacksona. Gdy Whitney zjawiła się w studiu, by go nagrać w wersji solo, odczuwało się, że kogoś tu brakuje.

A jednak Nip weszła do pokoju wokalnego w czarnych okularach przeciwsłonecznych, włożyła słuchawki i ujeżdziła ten kawałek, zupełnie jakby siedziała w siodle znakomitego konia galopującego po wzniesieniach Neverland. Wiedziałam, że czeka nas prawdziwa gratka, gdy Nip zdecydowała się sama wszystko zaśpiewać. Uwielbiałam patrzeć na nią, kiedy nagrywała tę piosenkę, a potem wykonywała ją na żywo. Śpiewanie jej na koncertach sprawiało Whit wielką przyjemność.

• • • •

Niedługo po wypuszczeniu albumu *My Love Is Your Love* John Houston zwołał zebranie w sali konferencyjnej, żeby omówić szczegóły światowego tournée. Gdy zagłębialiśmy się w niuanse opisów koncertów, zauważyłam, że niektóre występy są zaplanowane jeden po drugim. I że wszystkie zostały już całkowicie wyprzedane. Ze względu na to, jak szybko rozeszły się bilety, rozumiałam, że zostaną dodane kolejne koncerty. Pan Houston pękał z dumy; jego dziewczynka potrafiła wygenerować setki tysięcy dolarów za jedno show, a były to kwoty wówczas niespotykane. Jednak przed finalizacją wszystkich planów musiał zadzwonić do szefowej. John wybrał numer Whitney i włączył głośnik. Przez kilka ostatnich tygodni nie widywałam jej często ani z nią nie rozmawiałam, zatem nie miałam pojęcia, jakiej kondycji fizycznej i mentalnej powinnam się u niej spodziewać. Ale gdy tylko odebrała telefon, już wiedziałam. Jej głos był chrapliwy i stłumiony.

– Halo – odezwała się i jednym tchem dodała: – Bobby jest ze mną na linii.

Pan Houston wymieniał daty, liczby potencjalnych dodatkowych koncertów, kwoty, jakie miały przynieść poszczególne występy, a także całkowity zysk, jaki odnotują po powrocie do domu.

– I co myślisz, maleńka? – zapytał na koniec.

Whitney już miała to skomentować, ale się powstrzymała.

– Co o tym sądzisz, Bobby?

– To niewystarczająca kwota. Potrzeba więcej pieniędzy.

Po krótkiej wymianie zdań zakończyli rozmowę, a ja słuchałam, jak pan Houston odczytuje wymagania dotyczące koncertów, które chce dodać, informacje o tym, ile ich będzie i gdzie. Zaczęłam myśleć o tym, jak może wyglądać taki występ oraz jak stresujące i wyczerpujące będą one dla Nip. W nowym projekcie brało udział kilku najmodniejszych producentów muzyki z pierwszych miejsc list przebojów, więc zdawałam sobie sprawę, że bez względu na obciążenie, Whitney musiała wyglądać i czuć się świeżo. Podniosłam kwestię jej garderoby i byłam zszokowana, kiedy John odpowiedział, że będzie musiała nosić kostiumy z poprzednich tras koncertowych, gdyż brakowało pieniędzy na zakup nowych.

Konieczność odświeżenia starej garderoby była ostatnią rzeczą, na jaką chciałam zwracać uwagę Whit. Musiałam wpaść na jakieś rozwiązanie. Zamiast jeszcze bardziej pogarszać jej nastrój stwierdzeniem, że nie ma pieniędzy na kostiumy, zaproponowałam coś innego:

– Zawsze płaciłaś za swoje kreacje, kiedy jeździłaś w trasy. Może tym razem znajdziemy projektanta, który zgodzi się ubrać ciebie, tancerzy i zespół. Co ty na to?

– Zróbmy tak! – odpowiedziała bez wahania.

Poprosiłam ją o wymienienie kilku ulubionych projektantów. Podała mi trzech: Versace, Yves Saint Laurent, Dolce & Gabbana. Nie było czasu do stracenia, więc z błogosławieństwem Whitney natychmiast zabrałam się do pracy. Po wykonaniu kilku telefonów podjęłam decyzję, by zacząć od Dolce & Gabbana, a oni szczęśliwie odpowiedzieli bez najmniejszej zwłoki.

Umowa, jaką wypracowałyśmy, była prosta: dom mody miał zaprojektować i dostarczyć kostiumy na tournée, wyposażając w odzież Whitney, tancerzy i członków zespołu. W zamian za to Dolce & Gabbana poprosili Whitney, by pojawiła się na tygodniu mody w Mediolanie, wzięła udział w afterparty po pokazie i nosiła wyłącznie ich kostiumy na scenie i podczas imprez promocyjnych. Zapewnili mnie również, że wszystkie stroje zaprojektowane dla Whitney zostaną uszyte na miarę i nigdy nie będą reklamowane ani sprzedawane. Bobby miał podróżować z Whitney, więc projektanci zgodzili się ubrać i jego, by mógł towarzyszyć Whitney na imprezach, na których musiała się pojawić.

• • • •

Amerykańskie tournée rozpoczęło się 22 czerwca 1999 roku w chicagowskim Arie Crown Theater, w którym było około czterech tysięcy miejsc siedzących. Whitney przed wyjazdem za granicę chciała wystąpić w mniejszych lokalach, ponieważ wolała czuć bliską, osobistą więź z publicznością. To jednak oznaczało, że musiała dać dwa koncerty w każdym mieście, a w większości przypadków były one zaplanowane jeden po drugim. W czasie, kiedy trasa została ułożona, Whitney nie była w formie, jakiej wymagał tak potwornie napięty harmonogram. Mimo to zdołała dać szesnaście z dwudziestu koncertów.

Jeden z występów, zaplanowany w lokalu na dwanaście tysięcy osób, został odwołany w ostatniej chwili. Byłam tam wtedy, gdy usłyszałam zakodowaną informację „P1 negatywny". Natychmiast poczułam, jak ściska mi się żołądek. Wiedziałam, że jej przybycie się opóźniło, a ja musiałam co chwila zerkać na trawnik szczelnie wypełniony przez tłum fanów wyczekujących wejścia gwiazdy na scenę. W końcu poszłam z powrotem do biura i dowiedziałam się, że Whitney nie przyjedzie.

To było okropne. Koncert miał się rozpocząć już za czterdzieści pięć minut, a jedyne, co mogłam zrobić, to tylko obserwować, jak sytuacja się rozwinie. Nikt wśród publiczności nie buczał. Jednak podniósł się charakterystyczny, nieprzyjemny szmer rozczarowania, zniechęcenia, zawiedzionej nadziei lojalnych fanów Whitney Houston.

・・・・

Zdarzały się również jasne punkty w jej pracy. Przez wiele lat otrzymywałyśmy prośby, żeby Whit wystąpiła podczas wydarzeń organizowanych przez New York City Pride[*], ale nigdy nie przyjęła takiej oferty ze względu na konflikt terminów z zaplanowanymi trasami koncertowymi, nagraniami, filmami i innymi zobowiązaniami. W końcu jednak, latem 1999 roku, pojawiła się na trzynastej dorocznej imprezie Lesbian and Gay Pride Dance na nabrzeżu West Side w Nowym Jorku. Remiksy jej utworów robiły furorę w rozgłośniach radiowych i na scenach klubowych, więc wyczucie czasu nie mogło być lepsze i nie sposób sobie wyobrazić bardziej sprzyjającej atmosfery. Noc była idealnie ciepła i mglista, a na nabrzeżu bawił się tłum przeszło siedmiu tysięcy ludzi. Whitney miała wystąpić bez zapowiedzi jako niespodzianka na zakończenie wieczoru. Zasugerowałam jej, żeby założyła kostium od Dolce & Gabbana: czarną bluzkę bez rękawów i ozdobione srebrnym pasem spodnie capri. Było już dobrze po północy, kiedy wbiegła na scenę. Ekstatyczny tłum dosłownie oszalał, gdy zaczęła śpiewać rozszerzoną wersję *Heartbreak Hotel*. Whit dała się ponieść wibracjom tego ludzkiego zbiorowiska. Uniesiona nad ziemię energią publiczności, podskakiwała radośnie, nie

---

[*] New York City Pride (występująca też pod nazwą Hertiage of Pride) to istniejąca od 1984 roku organizacja non-profit, która działa na rzecz równouprawnienia osób różnych płci i przekonań, organizując liczne wydarzenia służące aktywizacji społeczności LGBTQIA+, eventy kulturowe, imprezy upamiętniające i rocznicowe, a także protesty – m.in. jeden z największych na świecie marszów, New York City Pride March, przyciągający corocznie w czerwcu dziesiątki tysięcy uczestników i miliony widzów.

zdradzając najmniejszych oznak zmęczenia. Nigdy nie widziałam jej takiej. Kiedy przeszła do piosenki *It's Not Right but It's Okay*, niezaprzeczalnie dało się wyczuć miłość bijącą od wielobarwnego tłumu.

Około drugiej w nocy Whit zeszła ze sceny. Jej skóra połyskiwała od potu.

– Rany! Ci ludzie byli tacy podnieceni! Mieli mnóstwo energii – powiedziała, gramoląc się do samochodu.

– Tak – rzuciłam. – Długo na ciebie czekali.

– Wiem – potwierdziła. – Dobrze się bawiłam.

I kiedy to powiedziała, uświadomiłam obie, że od dawna nie słyszałam od niej takich słów. Wyglądało na to, że niezależnie od dokonań w swojej muzycznej podróży, jej życie składało się głównie z ciężkiej, niekończącej się pracy. Wszystkie te platynowe płyty rozwieszone na ścianach w żadnym razie tego nie zmieniały. Kiedy w końcu usłyszałam, jak Nip mówi „dobrze się bawiłam", wprawiło mnie to w przygnębienie.

Upłynęło tak dużo czasu od chwili, kiedy miałyśmy okazję poczuć klubową atmosferę. Właściwie po raz ostatni byłyśmy z Whitney w klubie w 1987 roku, po ukazaniu się *Love Will Save the Day*. Późnym popołudniem udała się do studia nagrań mieszczącego się nad lokalem, w którym nagrywano program *Late Night with David Letterman*, przy skrzyżowaniu Broadwayu i Pięćdziesiątej Czwartej Ulicy, by tam pracować z producentem Johnem „Jellybeanem" Benitezem.

Jellybean, który początkowo zyskał rozgłos dzięki współpracy z Madonną, miał wspaniałe jedwabiście czarne włosy do ramion, złocistą portorykańską karnację, chłopięcy uśmiech i emanował pewnością siebie. Nie był wysoki, ale z tym swoim błyskiem w oku i niezapomnianym uśmiechem naprawdę miał charyzmę. Dołączyła do nas młoda Latynoska, która nie mogła mieć więcej niż dwadzieścia trzy lata. Jellybean przedstawił ją nam jako Toni C., tekściarkę. Kiedy wcisnął przycisk odtwarzania, z głośników popłynął instrumentalny utwór *Love Will Save the Day*, a Whitney zbliżyła się do mikrofonu i już się od niego nie oderwała. Skończyła śpiewać, po czym usiadła za konsolą, obok Jellybeana, pomagając w wyborze najlepszych ścieżek wokalnych, a on wstępnie zmiksował piosenkę. Kiedy w końcu wyszłyśmy ze studia i dotarłyśmy do samochodu, była szósta rano. Whitney wsunęła kasetę do odtwarzacza, odpaliła głośno *Love Will Save the Day* i pomknęłyśmy po West Side Highway i dalej po Moście Waszyngtona pod niebem zalanym pomarańczowym światłem z wolna wschodzącego słońca.

Po opublikowaniu piosenki, Whit pojawiła się pewnego wieczoru w sławnym nowojorskim lokalu Paradise Garage przy King Street. Benitez przedstawił ją gościom i zapętlał ten utwór tak długo, aż publiczność zaczęła słaniać się ze zmęczenia.

• • • •

Pod koniec 1999 roku Whitney udzieliła wywiadu dla czasopisma „Out", najpoczytniejszego miesięcznika społeczności LGBT, i był to jej pierwszy wywiad dla takiego wydawnictwa. Rozmowa odbyła się w Beverly Hills. Dziennikarz Barry Walters, również czarnoskóry, najwyraźniej darzył ją sympatią, co musiała zauważyć, ponieważ zdawała się zrelaksowana i nieskrępowana przez większą część rozmowy. Kiedy jednak pojawił się Bobby, Whit się spięła i zaczęła się z nim przekomarzać. Gdy zaś Walters wrócił do tematu „pogłosek", zareagowała w sposób zaskakujący i przesadny:

– Nie klękam przed żadnym facetem, czyli coś musi być ze mną nie tak. Nie mogę po prostu śpiewać. Nie mogę być po prostu utalentowaną, uzdolnioną osobą. Taka osoba musi być lesbijką.

Poczułam zażenowanie. To była pierwsza oznaka tego, jak miała przebiegać dla niej i dla mnie reszta podróży do Los Angeles.

rozdział 22

2000

Niezależnie od zbliżających się występów na rozdaniu statuetek Grammy, gali wręczenia nagród Akademii Filmowej czy ceremonii nominacji do Rock & Roll Hall of Fame, sesji nagraniowej z George'em Michaelem i rozdania nagród Soul Train Music Awards, Whitney miała jeszcze inny napięty plan do zrealizowania. Po tym, czego byłam świadkiem podczas tournée, nie wiedziałam, jak przez to wszystko przebrnie. Potrzebowała odpoczynku, relaksu i przede wszystkim odwyku.

Na czterdziestej drugiej dorocznej gali Grammy Whitney zaśpiewała dwie piosenki zarekomendowane przez Clive'a. Tamtego wieczoru nie miała optymalnego głosu. Nie była w najlepszej formie wokalnej od pewnego czasu, ale wcale nie brzmiała źle. Była wyczerpana emocjonalnie, fizycznie i duchowo. Prawdziwą chwilą prawdy była jej przemowa z okazji odebrania wyróżnienia za *najlepszy wokalny występ kobiecy R&B* za piosenkę *It's Not Right but It's Okay*. Whit wyszła na podium ustawione na scenie i zwróciła się do swojej matki:

– Zapomniałaś dać mi moje notatki. Będę musiała improwizować.

Przypuszczam, że w tamtym momencie spojrzała na męża siedzącego wśród publiczności i nawet stojąc w glorii własnej chwały, poczuła, że to jemu musi pozwolić zabłysnąć. Wciąż musiała udowadniać światu, że ich miłość jest autentyczna, więc ze sceny obwieściła:

– Skarbie, to dla ciebie, dla prawdziwego króla R&B.

Stałam za kulisami obok producenta show, oboje spoglądaliśmy w monitor. Kiedy obrócił się, żeby odejść, spojrzał mi prosto w oczy i położył dłoń na moim ramieniu.

W weekend w programie Saturday Night Live, podczas przeglądu aktualności, Tina Fey wyśmiewała się z Whitney, że nie pamięta nazwisk „prawdziwych królów rhythm'n'bluesa". Dodała, że Whitney i Bobby występują w kasynie Aladdin w Las Vegas, a „bilety są po sto pięćdziesiąt dolarów – lub dwieście dolarów, jeżeli Whitney i Bobby rzeczywiście się zjawią".

Whitney czuła się zobowiązana, kiedy Clive poprosił ją, by przy okazji wprowadzenia go do Rock & Roll Hall of Fame 6 marca to właśnie ona go zaprezentowała. Kilka tygodni przed ceremonią powiedziała mi, że zgodziła się to zrobić. Powiedziałam, że moim zdaniem nie powinna czuć się zobligowana. I tak robiła dobrą minę do złej gry, a zdawałam sobie sprawę, ile potrzeba energii, żeby zrobić makijaż i fryzurę, dobrać odpowiednią kreację, a potem zdobyć się na przyklejony uśmiech, kiedy w głębi serca chce się płakać. Tłumaczyłam jej, że Clive nie miałaby kłopotu, żeby namówić do tej prezentacji kogoś innego. Ale Whit twierdziła, że musi się tego podjąć. A potem się nie pojawiła.

Przewidziałam również, że Whitney nie powinna brać udziału w ceremonii rozdania Oscarów w tamtym roku. Nigdy, przenigdy nie powinna przyjść na próby w stanie, w jakim się zjawiła, a już na pewno nie w towarzystwie Bobby'ego. Jej mąż siedział rozwalony w pierwszym rzędzie w Shrine Auditorium, z szeroko rozłożonymi i wyciągniętymi nogami i płaszczem owiniętym wokół głowy. To było okropne. Whitney zaś miała na sobie kapelusz w stylu Doktora Seussa, ciemne okulary przeciwsłoneczne i płaszcz. Ewidentnie było to ostatnie miejsce, w jakim miała ochotę przebywać. Ale zgodziła się. Dramat rozegrał się już w trakcie prób. Dyrektor muzyczny Burt Bacharach był sfrustrowany, ale opanowany. Przypatrywałam się, jak rozmawiał z Whitney, która tłumaczyła mu coś w kwestii swojego głosu. Zgaduję, że nosiła się z myślą, żeby powiedzieć, że jest chora i musi zrezygnować z udziału w ceremonii. Ale zamiast tego zeszła ze sceny i obwieściła mi bezemocjonalnie:

– Właśnie mnie wywalił.

A potem było nieudane nagranie z George'em Michaelem. Clive nie zrezygnował z wizji zrealizowania *If I Told You That* jako duetu. Zaproponował Whitney, by weszła do studia z George'em i zarejestrowała nową ścieżkę wokalu z myślą o remiksie tanecznym. Dzień przed zaplanowaną sesją kilka razy dzwoniłam do pokoju hotelowego Whitney, ale nie odbierała. Silvia zdradziła mi, że tego dnia Bobby poprosił ją o złożenie zamówienia przez room service, a kiedy im je przyniosła, zastała w apartamencie straszny bałagan. Nip ani Bobby nawet nie opuścili sypialni. Zadzwoniłam do Clive'a, by go uprzedzić, że prawdopodobnie nie dojdzie do sesji. Oczywiście wieczorem zadzwonił Bobby, by potwierdzić, że Whitney nie może podjąć się tego nagrania.

Clive zadzwonił ponownie i zakomunikował mi, że George zamierza zatrzymać się w mieście do czwartku, więc możemy zaplanować sesję na inny dzień. W środę rano zadzwoniłam do Whitney, by zapytać ją, czy mogłaby zaśpiewać w czwartkowe popołudnie. Odebrał Bobby i przekazał jej wiadomość. Słyszałam, jak powiedziała, że mogłaby, Bobby powtórzył jej odpowiedź, po czym się rozłączył. Powinnam już wtedy wiedzieć, jak to się skończy.

Do czwartku rano nie było żadnych wieści od Nippy. Wiedziałam, że do sesji nie dojdzie. Powiadomiłam Clive'a, który zapytał, czy byłabym tak uprzejma i kupiła jakiś miły podarunek dla George'a i zawiozła go do studia w geście szacunku. Spytałam, co mogłoby mu się spodobać i usłyszałam, że czarna koszula.

Pojechałam więc bez zwłoki do salonu Freda Segala i wybrałam elegancką, klasyczną zapinaną na guziki koszulę w czarnym kolorze. Poprosiłam, by sprzedawca zapakował ją jak prezent, i pojechałam do studia na spotkanie z George'em. Przekazałam mu złe wieści, które przyjął ze spokojem. Powiedział, że następnego dnia leci z powrotem do Wielkiej Brytanii. Koszula mu się spodobała.

Na gali rozdania nagród Soul Train Music Awards Whitney miała wręczyć Mary J. Blige statuetkę dla artystki roku – Sammy Davis Jr. Entertainer of the Year Award. Kiedy dotarłam do Shrine Auditorium, Whitney była już w swojej przyczepie i szykowała się do wyjścia na scenę. Pierwszą osobą, jaką zobaczyłam, był Bobby, dopiero potem ujrzałam Silvię, stylistkę włosów Ellin i makijażystkę Roxannę, która zawsze dawała mi znać, jeśli zjawiałam się w nieodpowiednim momencie.

Przywitałam się ze wszystkimi, a Whitney spojrzała na mnie i zapytała:

– Czego chcesz, Robyn?

– Niczego. Wszystko jest w porządku. George Michael wrócił do domu do Wielkiej Brytanii. Zajęłam się tym.

Opowiedziałam jej, że bardzo mu się spodobała koszula, którą mu podarowałam w ramach przeprosin w jej imieniu.

Ni stąd, ni zowąd Bobby się wściekł.

– Czyś ty, kurwa, zwariowała? – wrzeszczał. – Nie kupujesz żadnym facetom prezentów od mojej żony! Oszalałaś?

Wówczas wtrąciła się Whitney:

– Przeprosin za co?

Doskonale rozumiałam, dlaczego zostałam złajana. Mieli zjazd po narkotykach i odchodzili od zmysłów. Nie mogłam uczynić niczego, by naprawić tę sytuację. Nie byłam już dłużej w stanie chronić Nippy. Zrobiłam wszystko, co było w mojej mocy, i po raz pierwszy uprzytomniłam sobie, że muszę ratować siebie.

Zignorowałam Bobby'ego i spojrzałam Whitney prosto w oczy.

– Wiesz, co – rzuciłam. – Mam naprawdę dosyć tego szajsu. Staram się wykonywać moją pracę, a ty pozwalasz mu mówić do mnie w taki sposób? To koniec, Nip. Odchodzę.

Wyszłam z przyczepy, pomagając drzwiom, by solidnie zamknęły się za moimi plecami. Po latach Silvia wyjawiła mi, że po moim wyjściu Whitney stwierdziła:

– Ona za cholerę nigdzie nie odejdzie.

• • • •

Opuściłam Los Angeles najbliższym samolotem lecącym na wschód. Whitney i reszta ekipy wrócili dwa dni później. W ogóle nie spałam i wychodziłam z siebie, bez końca odtwarzając w pamięci tamtą scenę. Niemniej w swojej decyzji pozostałam nieugięta. Nie chciałam porzucić Nippy, ale okoliczności nie pozostawiały mi wyboru. Nadszedł czas, bym odeszła.

Zadzwoniłam do niej na prywatny numer – ten sam, z którego skorzystał Eddie Murphy w dzień jej ślubu. Odebrał Bobby. Powiedziałam mu, żeby przekazał wiadomość Nip, bo muszę z nią porozmawiać osobiście. Po wszystkim, przez co przeszłyśmy razem, czułam, że musimy usiąść i porozmawiać.

Whitney oddzwoniła i zadeklarowała:

– W któryś dzień w tym tygodniu.

Tydzień minął. Wybrała inny dzień i ten też minął. A potem trzeci termin. W końcu zadzwoniła do mnie Donna i obwieściła:

– Whitney kazała mi przekazać, że postanowiła przyjąć twoją rezygnację.

Kilka godzin później siedziałam w biurze naprzeciwko Donny, składając formalne wypowiedzenie. Nie usłyszałam niczego w rodzaju: „Robyn, bardzo mi przykro, że sprawy tak się potoczyły. Naprawdę powinnyście porozmawiać. To nie ma żadnego sensu". Nic takiego nie nastąpiło. Po dwóch dekadach, które spędziłyśmy z Whitney, kiedy byłyśmy przyjaciółkami, kochankami, partnerkami w zbrodni, współpracownicami, po wielu latach wspólnego życia, trzymania wspólnego frontu, bycia dla siebie i dbania o siebie nawzajem, nasz czas się kończył. Tyle jeszcze mogłyśmy osiągnąć, lecz zamiast ująć dłoń, którą do niej wyciągałam, ona pozwoliła, by wszystko się rozwiało.

Układanie tekstu wypowiedzenia było trudne. Nie wiedziałam, co napisać i jak to sformułować. Do kogo właściwie adresowałam pismo – do Nippy Inc. czy do Whitney? To była moja pierwsza prawdziwa praca w dorosłym życiu, a miałam już czterdzieści lat. Zdecydowałam, że najlepiej będzie zachować zwięzłość i ostatecznie pismo zawierało tylko trzy zdania.

To nie była okazja do tworzenia elaboratu, rozwodzenia się nad wszystkimi powodami mojej decyzji i tłumaczenia, że zrobiłam wszystko, co mogłam, by jej pomóc. To nie była okazja do przelewania na papier frustracji i lęków. Czułam się zraniona, byłam pełna niepokoju i nie potrafiłam sobie wyobrazić, jak będzie wyglądało moje życie bez Nip.

W wieczór złożenia rezygnacji Whitney zadzwoniła do mnie do domu.

– A więc naprawdę odchodzisz, co? – zapytała.

– Tak, Nip. Dlatego chciałam, żebyśmy się spotkały. Tak wiele razem przeszłyśmy, że powinnam powiedzieć ci, dlaczego tym razem uważam, że muszę odejść, a także powinnam powiedzieć ci, dokąd moim zdaniem to wszystko zmierza. I muszę wiedzieć, co ty o tym mylisz, w jakim miejscu jesteś.

– Wiem – powiedziała. – Porozmawiamy.

rozdział 23

California Dreamin'

Dzień po złożeniu rezygnacji z całą mocą spadła na mnie świadomość tego, co się wydarzyło. Nurtowały mnie uporczywe pytania: „Co ja teraz zrobię?", „Jak dużo mam pieniędzy?", „Czy zostanę w New Jersey?". Nie rozważałam wcześniej żadnej z takich kwestii i nie miałam odpowiedzi. Jedyne, co wiedziałam na pewno, to to, że przeszłość mam już za sobą i nie zamierzam się cofać.

Z łatwością przyszłoby mi użalanie się nad sobą, zwłaszcza wobec słów mojej matki wciąż rozbrzmiewających w mojej głowie:

– Robyn, ty nigdy niczego nie dokończyłaś.

Och, jak pragnęłam pobiec do mamy! Ale to było niemożliwe. Nagle uprzytomniłam sobie, że nie mogę już więcej nawalić, że nie mam już miejsca na błędy. Środki na moim rachunku bieżącym, moje oszczędności i kwota z rachunku emerytalnego, którą spieniężyłam wbrew radom Cindy z Nippy Inc. i innej księgowej spoza firmy, zapewniały mi finansową poduszkę i pozwalały spać spokojnie w nocy. Jednak musiałam zacząć od początku, krok po kroku.

Tamtego lata spakowałam wyposażenie mojego mieszkania, zamówiłam firmę przeprowadzkową, zrobiłam przegląd range rovera i pojechałam do zachodniej Kalifornii z moim chow chowem, Knute'em. Wybrałam Kalifornię po części ze względu na obawę, że jeśli zostanę dłużej na Wschodnim Wybrzeżu, to mogę się złamać i pobiec z powrotem do Nippy.

W drodze do Kalifornii miałam dużo czasu na przemyślenia. Czułam się samotna, ale pocieszała mnie obecność Knutie'ego na siedzeniu pasażera. Podróż samochodem przez cały kraj była dla nas obojga istnym wariactwem. Któregoś wieczoru kończyło mi się paliwo i rozpaczliwie usiłowałam zlokalizować stację benzynową. Knute wyczuł moje podenerwowanie i spoglądał na mnie poczciwymi ślepiami, jakby chciał mi powiedzieć: „Cholera, Rob". Ostatnia rzecz, jakiej pragnęłam, to żeby skończyła mi się benzyna gdzieś pośrodku niczego. Samotna czarnoskóra kobieta i jej czarny pies. Miałam pieniądze na hotele, ale te, które wyglądały na bezpieczne, nie przyjmowały zwierząt. Nie zamierzałam zatrzymywać się przy jakiejś podejrzanej spelunie, a już na pewno nie po zmierzchu! Zamiast tego zatrzymałam się na dobrze oświetlonym postoju dla ciężarówek, pospacerowałam trochę z Knute'em, żebyśmy mogli rozprostować kości i zażyć ruchu, po czym wróciłam do samochodu na kilka chrapnięć i ruszyłam dalej w drogę. Przemierzanie Stanów Zjednoczonych na kółkach to przygoda zapierająca dech w piersiach i choć mieliśmy chwile, w których byliśmy wystraszeni nie na żarty, to również doświadczaliśmy momentów przejmującego piękna.

Mimo wszystko byłam wyczerpana, nieco zagubiona i nie opuszczał mnie płaczliwy nastrój. Strasznie tęskniłam za

Nip. Prowadząc samochód, słuchałam dużo muzyki i starałam się zachować trzeźwość myślenia, by nie ulec uczuciom, od których uciekałam. Ani razu nie dopuszczałam do siebie myśli, że moja decyzja o odejściu oznaczała stratę przyjaciółki.

6 lipca 2000 roku wprowadziłam się do mieszkania w Sherman Oaks w Kalifornii. Dałam Knute'owi trochę wody i przekąskę, następnie usiadłam na szarej, kosmatej wykładzinie pokrywającej całą podłogę, wpatrując się w popcornowy sufit, którego nie znosiłam. Z mojej torby podróżnej wyciągnęłam poduszkę, ułożyłam ją sobie pod głową na podłodze i zamknęłam oczy. Odmówiłam modlitwy i dałam sobie rok w krainie Los Angeles. Byłam gotowa.

• • • •

Któregoś popołudnia, kiedy szykowałam się do wyjścia z mieszkania, zadzwonił telefon. To była Silvia.

– Whitney chce z tobą porozmawiać.

Nip zapytała, czy czuję się dobrze i czy mam wszystko, czego mi potrzeba. Powiedziałam, że mam się nieźle i że życie w Los Angeles wygląda dokładnie tak, jak to sobie wyobrażałyśmy. Wszyscy przemieszczali się w samochodach, po godzinie dwudziestej trzeciej ulice pustoszały, a energia życiowa miasta przywodziła na myśl stan zatrzymania akcji serca. Byłyśmy dziewczynami ze Wschodniego Wybrzeża, nieprzywykłymi do poczucia, jakby wokół nas nie było żywego ducha.

W New Jersey i Nowym Jorku zawsze czuje się buzującą energię. W Los Angeles musisz należeć do sceny muzycznej albo być naprawdę blisko z kimś, kto do niej należy, w przeciwnym razie trafiasz na boczny tor i umierasz z nudów. Cieszyłam się tym czasem wyciszenia i relaksowania się z grupą przyjaciół. Ale wszyscy byli tak oddaleni od siebie i wszystko było tak rozproszone, że na koniec dnia ostatnią rzeczą, jaką miałam ochotę zrobić, był powrót do samochodu.

Silvia odzywała się do mnie kilka razy w miesiącu, by przekonać się, jak sobie radzę. Dopiero wiele lat później dowiedziałam się, że za tymi telefonami stała Whitney, która podobno często rozpaczała, że nie ma mnie przy niej. Sama do niej prawie nie dzwoniłam, bo wiedziałam, że w nasze kontakty wmieszaliby się wszyscy wokół niej.

Mój plan na najbliższy czas obejmował skoncentrowanie się na zespole, który wciąż jeszcze reprezentowała nasza agencja artystyczna: na girlsbandzie Sunday, składającym się z trzech sióstr i dwóch kuzynek, które ściągnęłyśmy z Nip do naszej wytwórni płytowej Better Place. Dziewczyny były w wieku od czternastu do osiemnastu lat i tworzyły chór w kościele, do którego należała ich babcia.

Roy Lott, dawniej prawa ręka Clive'a, w pierwszym roku szefowania firmie fonograficznej Capitol Records zawarł ze mną umowę i zgodził się przyjąć Sunday do swojej stajni! Pojechałam do siedziby głównej Capitol Records przy skrzyżowaniu Hollywood i Vine, by omówić podejście do przygotowania płyty dziewczyn. Ich brzmienie było funkową, pogodną odmianą kościelnej muzyki soulowej i powiedziałam Royowi, że chciałabym, aby współpracowały z producentami, których dla nich wybrałyśmy, oraz by mogły uczestniczyć w procesie pisania utworów. Miałyśmy już dwie piosenki z sesji, jakie zorganizowałam dla Sunday w studiu nagraniowym The Neptunes w Virginia Beach, zanim jeszcze ten duet producentów zyskał rozgłos, a jego brzmienie stało się powszechnie rozpoznawalne. Zapłaciłam sto dwadzieścia tysięcy dolarów, żeby ściągnąć do Capitol Records mistrzów.

Zespół Sunday budził żywe zainteresowanie wielu producentów. Wśród nich byli między innymi Keith Crouch, który odpowiadał za sukces debiutanckiego albumu Brandy; duet Soulshock & Karlin, który wyprodukował *Heartbreak Hotel* dla Whitney; oraz Warryn Campbell, który współpracował z grupą gospel Mary Mary. Nie minęło wiele czasu i razem z Sunday zaczęłam podróżować po kraju na koncerty i eventy promocyjne.

Być może, realistycznie na to patrząc, nie powinnam była spodziewać się, że dziewczyny zdołają w stosunkowo krótkim czasie ogarnąć wszystko, co je spotykało, ale trzeba się było z nimi szarpać na każdym kroku. Miały niewielkie życiowe doświadczenie i może za dużo od nich oczekiwałam. Kiedy przyjechałam, żeby zabrać je na zaplanowane z wyprzedzeniem zakupy w Los Angeles i sprawić im stylowe stroje, wyszły z hotelu w bandanach i z wałkami we włosach.

– Czy możecie choć trochę się ogarnąć i współpracować?

Zrobiły, o co prosiłam, ale przez resztę dnia były na mnie obrażone. Kiedy opierały się moim sugestiom i radom, powinnam traktować je z większą stanowczością. Natrafiałyśmy również na trudności w Capitol Records i wyczuwałam, że entuzjazm Roya słabł, choć nigdy tego wprost nie powiedział.

Pojechałyśmy do Nowego Jorku na sesję dla czasopisma „Vibe", w której brali udział artyści i ich protegowani. Gdy tylko ujrzałam Whitney, zwróciłam uwagę na to, że jest jeszcze chudsza niż zwykle. Nie pamiętam, czy miała tamtego dnia jakieś inne umówione spotkania, ale była w biegu, więc nie miałyśmy okazji porozmawiać. Kiedy sesja się zakończyła, uściskałyśmy się, a ona powiedziała mi, bym wpadła do niej do domu.

Pierwszy singiel grupy Sunday, *I Know*, ukazał się w 2000 roku i dotarł na 32. miejsce listy przebojów R&B

oraz na 98. miejsce na liście Billboard Hot 100. Jednak firma fonograficzna Capitol nigdy nie wydała ich albumu – odłożyła go na półkę. A byłyśmy tak blisko.

• • • •

Po tym, jak odeszła matka, stało się oczywiste, że Bina cierpi z powodu zaburzeń psychicznych. Wyraźne objawy pojawiły się, gdy zaczęła zaklejać telewizory, przesłaniając ich ekrany arkuszami papieru, przekonana, że inwigiluje nas rząd. Mel, jej mąż, zadzwonił do mnie, by powiedzieć, że dostał informację od funkcjonariusza policji po służbie, który widział Binę przechadzającą się wzdłuż jednej z nitek autostrady New Jersey Turnpike. Spotkałyśmy się w szpitalu, gdzie zdiagnozowano u Biny chorobę afektywną dwubiegunową.

Dowiedziałam się później, że zaburzenia dwubiegunowe są dziedziczne. Poskładałam w całość wszystkie elementy i zrozumiałam, co zwykła mawiać moja matka na temat rodzinnej dyspozycji. Podkreślała, że w jej linii rodziny występowała pewna emocjonalna delikatność, „słabość układu nerwowego". Najmłodszy spośród jej trzech braci, Roland, spędził kilka lat w armii, a jego wojskowe doświadczenia poważnie dały mu się we znaki. Wuj Roland nie znosił tego, w jaki sposób był traktowany przez białych przełożonych i stale wdawał się z nimi w konflikt, po części ze względu na swoje sympatyzowanie z Narodem Islamu, a po części z powodu ciemnego koloru skóry. W ramach kary za niesubordynację został zamknięty w niewielkiej skrzyni, opuszczony do ziemnej jamy i pozostawiony w niej do czasu, aż się załamie. Nie bez powodu określał tych ludzi mianem „białych diabłów".

Po zwolnieniu z wojska Roland już nigdy nie był sobą. Często mówił do siebie. Kiedyś, gdy nocował w naszym domu, wszedł do mojej sypialni, przygwoździł mi ręce do łóżka i usiłował wejść na mnie. Zaczęłam krzyczeć i matka z bratem przybiegli mi na ratunek. Miałam dwanaście lat. Moja matka załatwiła mu pobyt u rodziny w North Ward w Newark.

Innym razem jechaliśmy samochodem. Roland siedział na siedzeniu pasażera, a ja z tyłu.

– Spójrzcie na ten budynek! Wali się! – zawołał nagle.

– Żaden budynek się nie wali, Rolandzie – odpowiedziała natychmiast moja matka.

Niektórzy członkowie bliższej i dalszej rodziny matki również cierpieli z powodu zaburzeń psychicznych.

Bina miała trzydzieści lat, kiedy formalnie postawiono jej diagnozę. Podobno trauma związana z dotkliwą stratą aktywowała jej chorobę.

Jednym z ostatnich życzeń mamy było to, żebyśmy nawzajem o siebie dbały. Postanowiłam sprowadzić Binę do mojego mieszkania w Los Angeles. Była naszym kalifornijskim maleństwem, urodzona tam w 1965 roku. Uznałam, że być może powrót do miejsca urodzenia i wspólny pobyt pomoże nam odnaleźć klucz do poskładania na nowo jej życia. Kiedy już zamieszkałyśmy razem, uzgodniłyśmy, że będzie nadal przyjmowała lekarstwa i regularnie poddawała się badaniom.

• • • •

W kwietniu dostałam telefon z Arista Records w sprawie propozycji pracy w marketingu w ich nowojorskiej siedzibie. Powiedziałam, że jestem zainteresowana, a w odpowiedzi usłyszałam, że ktoś do mnie zadzwoni ze szczegółami dotyczącymi kolejnych kroków. Arista wykupiła mi lot do Nowego Jorku, ulokowała mnie w hotelu i zaprosiła na rozmowy. Spotkałam się z L.A. Reidem. Opowiedział mi o Usherze i paru innych artystach, puścił mi wiele utworów i nagrań producentów, z którymi zamierzał współpracować, między innymi The Neptunes. Podobało mi się to, co puszczał, a także to, co mówił o swojej stajni artystów i o projektach, nad którymi miałam pracować. Ani razu w trakcie rozmowy nie wypłynęło nazwisko Whitney Houston.

Wróciłam do Los Angeles do czasu, aż ponownie sprowadzili mnie do Nowego Jorku na kolejną serię spotkań, tym razem z ludźmi zajmującym się muzyką pop. Zadzwoniłam do Whitney i powiedziałam jej, że jestem po rozmowach kwalifikacyjnych z Aristą. Chciałam mieć pewność, czy to ona pociągała za sznurki w tej sprawie. Kiedy zapytałam, czy ma z tym coś wspólnego, zaprzeczyła:

– Nie, to wyłącznie twoja zasługa.

Wszystkie osoby, które spotykałam, najwyraźniej cieszyły się, witając mnie na pokładzie. Zapewniali mnie, że wkrótce otrzymam ofertę i że skontaktuje się ze mną ktoś z działu personalnego.

Był już maj, a ja porządkowałam mieszkanie, słuchając muzyki, kiedy zadzwonił telefon. Odezwała się do mnie Donna Houston. Nie rozmawiałyśmy ze sobą od czasu mojego odejścia.

– Słuchaj, adwokat Whitney chce zadać ci kilka pytań. Zgadzasz się?

Znaliśmy się z nim dobrze, więc odpowiedziałam, że jasne.

Chwilę potem przedstawił mi się ktoś, kogo nie poznałam w czasie pracy z Whit. Pytał, jak długo znam Whitney i czy pracowałam dla niej.

– Jak długo żyłyście razem? Czy utrzymywałyście relacje seksualne?

Czułam się tak, jakby ktoś mnie w coś wrabiał. Przyjęłam postawę defensywną.

– Posłuchaj, nie muszę ci niczego mówić. Nie mam pojęcia, o co chodzi, ale nie podoba mi się ton, jakim się do mnie zwracasz. Jeżeli Whitney chce się czegoś dowiedzieć, przekaż jej, żeby do mnie zadzwoniła.

Po mniej więcej dwudziestu minutach zadzwoniła Whitney i nie była dla mnie miła.

– Wszystko, co musiałaś zrobić, to powiedzieć „nie"! To wszystko, co musiałaś zrobić! – krzyczała mi prosto do ucha.

– Nip... – tylko to byłam w stanie z siebie wydusić, zanim trzasnęła słuchawką.

Może tamte pytania wymagały jedynie odpowiedzi „tak" lub „nie", ale przesłuchanie przez prawnika wprawiło mnie w dyskomfort. Cała sprawa mocno mnie zaniepokoiła, począwszy od niespodziewanego telefonu Donny, która nie powiedziała mi, o co właściwie chodzi, i postawiła mnie w niezręcznej sytuacji. Usilnie starałam się jednak tego tematu nie drążyć.

Niedługo potem dowiedziałam się, że przesłuchanie przypuszczalnie miało związek z artykułem w czasopiśmie „Globe". Jedna z osób z kierownictwa Capitol Records wyjawiła mi, że skontaktował się z nimi telefonicznie dziennikarz pisujący do jednego z tabloidów i poprosił o przekazanie mi faksu z nadzieją, że odpowiem na jego pytania. Dostałam ten faks i nie zdziwiło mnie to, że zawierał te same stare pytania o moją relację z Nip.

Przez wiele lat przywykłam do czytania tej wielokrotnie odgrzewanej historii, ale nie chciałam, żeby jakiś artykuł z wątkiem seksualnym ukazał się właśnie teraz, kiedy miałam przejść do Aristy. Zwróciłam się do L. Londella McMillana, młodego afroamerykańskiego prawnika, który był znany ze współpracy z Prince'em i który pomógł mu uwolnić się od Warner Bros. Records. McMillan podjął się mojej sprawy i wysłał list do autora artykułu.

• • • •

Od czasu wyjazdu z New Jersey wiele się o sobie dowiedziałam. Istniało inne życie i całe mnóstwo nowych rzeczy, których warto było doświadczyć. Potrafiłam radzić sobie sama, ale wciąż nie umiałam zaufać samej sobie w relacji.

Nie miałam pojęcia, jak wygląda zdrowa relacja, i nie powalałam nikomu się do mnie zbliżyć. Nie wiedziałam też, czego właściwie chcę. I wciąż nie wiedziałam, czy chciałabym żyć z mężczyzną, czy z kobietą. Straciłam własną tożsamość, pracując z Whitney i oddając jej siebie bez reszty. Uświadamiałam sobie z niepokojem, że skończyłam czterdziestkę i wciąż nie wiem, kim właściwie jestem.

Tego dnia w rozmowie z Biną wyjawiłam:

– Wiesz, jestem gotowa na miłość, gotowa, by się dla kogoś poświęcić.

Zwykłam myśleć, że lepiej jest żyć samotnie, ale w głębi serca czułam inaczej. Pragnęłam mieć u boku kogo bliskiego. Bardzo chciałam dowiedzieć się czegoś o sobie od kogoś, kto byłby ze mną szczery i mówił mi zarówno o dobrych, jak i złych stronach Robyn Crawford.

Wiedziałam, że Lisie zależało na mnie i lubiłyśmy spędzać czas ze sobą. Ale choć dobrze się przy niej czułam, nie zawsze byłam w pełni obecna. Nie rozmawiałyśmy od kilku lat. Zawsze przyjmowałam pozycję obronną, chroniłam się przed nadmierną intymnością, unikałam odsłaniania swoich słabych punktów. Wyjaśniłam to wszystko mojej siostrze i na koniec dodałam:

– Zamierzam zadzwonić do Lisy i mam nadzieję, że zechce ze mną porozmawiać. Jeżeli jest w związku, to będę musiała poczekać, bo wiem, jak lojalną jest osobą. Jeżeli nie jest w związku, to będzie moja. Jestem gotowa nauczyć się miłości.

Bina się roześmiała.

– Robyn, mówisz poważnie? Jesteś taka zmienna. Nie wiem, czy potraktowałabym cię poważnie!

Jej śmiech mnie zaskoczył, ale taką właśnie mnie widziała. Nie zraziłam się i mimo wszystko zostawiałam Lisie wiadomość nagraną na domowym telefonie. Wieczorem oddzwoniła. Powiedziałam jej, w jakim punkcie życia się znajduję i że się zmieniłam. Wyznałam, przez co przechodziłam w ostatnich latach i czego dowiedziałam się o samej sobie po odejściu z Nippy Inc. i przeprowadzce do Kalifornii. Wspomniałam o perspektywie posady w Arista Records i że niedługo przylecę do Nowego Jorku na kolejną rozmowę. Miałam nadzieję, iż zechce zjeść ze mną kolację. Z ulgą przyjęłam, że zgadza się na spotkanie. Kiedy usiadłyśmy naprzeciwko siebie, Lisa wysłuchała mnie, nie tak jak ktoś, kto próbuje rozniecić na nowo uczucia, ale jak ktoś, kto mnie rozumie i troszczy się o mnie. Widziała, że potrzebuję pomocy. A potem często rozmawiałyśmy przez telefon. Wyznałam jej, że jestem gotowa opuścić Los Angeles i wrócić na Wschodnie Wybrzeże.

Bina i ja leżałyśmy na moim łóżku, rozmawiając o pracy i perspektywie ponownej przeprowadzki, kiedy dostałam telefon z Aristy z informacją, że dostałam posadę zastępczyni dyrektora marketingu. Proponowali mi dwuletni kontrakt i niezłe wynagrodzenie. Wykupili mi również kolejny bilet lotniczy i zaprosili na spotkanie z całym zespołem w lipcu. Czułam się dumna i ekscytowałam się nową karierą, zamierzając wykorzystać tę świetną szansę i spisać się jak najlepiej.

Pod koniec czerwca Lisa przyleciała do Sherman Oaks, żeby pomóc mi w pakowaniu. Wszędzie było mnóstwo pudeł! Znajomy zgodził się przewieźć samochodem dostawczym moje rzeczy z powrotem na Wschodnie Wybrzeże. Arista zaproponowała przetransportowanie mojego range rovera, ale ponieważ byłam z Biną, doszłyśmy do wniosku, że możemy razem pojechać autem. Uznałam, że to może być niezła przygoda. Wkrótce jednak okazało się, że leki psychiatryczne Biny wywoływały u niej senność. Musiałam więc prowadzić przez szesnaście, osiemnaście godzin dziennie, robiąc przerwy tylko na toaletę i jedzenie, podczas gdy moja siostra na ogół spała na siedzeniu pasażera. Lek działał na nią otępiająco i nadal tak działa, ale musi go zażywać.

Dotarłyśmy do New Jersey w weekend Dnia Niepodległości, co dało mi wystarczająco dużo czasu, by się rozpakować i przygotować do objęcia nowej posady i rozpoczęcia nowego etapu kariery w dawnej branży. Moja przyjaciółka Susan wspaniałomyślnie zaproponowała mnie i Binie, żebyśmy zatrzymały się u niej, w czasie, gdy szukałam dla nas mieszkania.

Wydało mi się dziwne, że nie mam żadnych wiadomości od nikogo z Aristy o tym, kiedy powinnam spodziewać się kontraktu, ale cierpliwie czekałam, zakładając, że wszystko będzie w porządku, o ile dostanę umowę do 16 lipca. Nigdy wcześniej nie przechodziłam przez proces rekrutacyjny i nie wiedziałam, jak zazwyczaj przebiega. Ale nadszedł 16 lipca, a ja nadal nie miałam żadnych wieści z firmy, więc zadzwoniłam do znajomego, który tam pracował. Gdy tylko usłyszał mój głos zapytał:

– Robyn, L.A. nie dzwonił do ciebie?

– Nie – odpowiedziałam. – W ogóle nikt się do mnie nie odzywał.

– L.A. miał cię powiadomić. Pozwól, że ja zadzwonię do niego, nie ruszaj się nigdzie.

– Nie zamierzałam, nic innego nie robię.

Nie minęła chwila, kiedy zadzwonił L.A.

– Robyn, naprawdę bardzo mi przykro. Ale nie mogę cię zatrudnić – oznajmił.

Po dłuższej pauzie zdołałam jakoś odnaleźć słowa, by dopytać go, co takiego się wydarzyło. Odparł, że nie może wdawać się w szczegóły, ale że naprawdę jest mu bardzo przykro.

– Jeśli tylko będziesz czegoś potrzebowała, jeśli będę mógł ci jakoś pomóc, zadzwoń – zaoferował.

W głowie mi wirowało i zanim się zorientowałam, automatycznie wyrzuciłam z siebie:

– Dziękuję.

rozdział 24

Życie

Po otrzymaniu wiadomości z Aristy czułam się zagubiona. Wciąż przebywałyśmy w domu Susan – zajmowałyśmy z Biną jego najwyższą kondygnację. Nadal mam przed oczami siebie leżącą w łóżku i spoglądającą na siostrę, która śpi obok. Zachodziłam wtedy w głowę: „Jaki powinien być następny krok? Jak mam się z tego wszystkiego wydobyć? Jak w ogóle się w to wszystko wpakowałam?". Znalazłam się na jakiejś żałosnej obcej planecie.

Zarówno mama, jak i Marty zostawili nam ubezpieczenie na życie. Jean Riggins, była dyrektor wytwórni płytowej i moja przyjaciółka, udzieliła mi szczodrej pożyczki w wysokości sześciu tysięcy dolarów i te środki pomogły mi przetrwać w Kalifornii. Teraz jednak, w drugim tygodniu pobytu u Susan, miałam na koncie niespełna pięć tysięcy.

Zadzwoniłam do kuzynki Dollie, która mieszkała na obrzeżach Atlanty, i wprowadziłam ją w sytuację, opowiadając, przez co przechodzimy razem z Biną.

– Wyślij ją do mnie! – zaproponowała. – Kocham Binę, a ona może mi pomóc przy wielu sprawach, jakimi się teraz zajmuję. Zaprzęgnę ją do pracy!

Poinformowałam Dollie o chorobie afektywnej dwubiegunowej siostry oraz niedawno zdiagnozowanej cukrzycy typu 2. Dollie miała rozległe znajomości i wspomniała o zaprzyjaźnionej lekarce, która mogła skierować Binę do endokrynologa. Dodała, że skontaktuje się z oddziałem psychiatrii w miejscowym szpitalu, by uzyskać informację o możliwościach leczenia.

Dollie i jej mąż, Larry, życzliwie przyjęli Binę w swoim domu, nie w ramach przysługi, lecz dlatego, że zawsze ją lubili. Poza tym byliśmy rodziną. Mogłam trochę odetchnąć. Odesłać Binę do Dollie i skupić się na pomocy samej sobie.

• • • •

Od przeprowadzki z powrotem na wschód kilka razy rozmawiałam z Lisą, ale nadal się z nią nie widziałam. Dzwoniła do mnie i pytała, jak się mam, a ja odpowiadałam, że dobrze. I chciałam wierzyć, że to prawda. Ale nie czułam się na tyle dobrze, by pozwolić jej na spotkanie twarzą w twarz. Żyłam na piętrze domu Susan, czytałam, pisałam, albo oglądałam jakiś program w telewizji, a kiedy dzwoniła Lisa, chciało mi się płakać. Czułam się słaba i godna pożałowania, i pragnęłam, żeby mnie ktoś przytulił.

Czasem przejeżdżałam obok mojego dawnego domu, żeby zobaczyć drzewa, które zasadziłam: sosnę amerykańską dla mojej matki i świerk srebrny dla Marty'ego – oba zdrowe i pięknie rozrastające się. I patrzenie na nie stało się moją rutyną. Po kilku miesiącach poczułam, że zaczynam dochodzić do siebie. Kiedy następnym razem Lisa zaprosiła mnie na kolację, przyjęłam zaproszenie. Uwielbiałam jej gotowanie, a także jej towarzystwo i rozmowy z nią. Wybrałam butelkę wina i wróciłam do jej mieszkania. Potem poszło już z górki.

Lisa odziedziczyła pasję odkrywczyni po matce, która była agentką biura podróży. Lubiła organizować małe i duże wyjazdy, więc kiedy poczułyśmy impuls, by wyrwać się z wielkiego miasta – a zdarzało się to często – wynajdywała dla nas interesujące i romantyczne ustronne zajazdy i pensjonaty bed & breakfast w stanie Nowy Jork. W epoce przed upowszechnieniem GPS wyruszałyśmy w piątek – ja za kierownicą range rovera, a Lisa obok mnie z ogromnym atlasem rozłożonym na kolanach. Miałyśmy zasadę: jeżeli natkniemy się na korek, zjeżdżamy z autostrady. Lisa szukała alternatywnych tras i bocznych dróg, którymi często trafiałyśmy do prowincjonalnych miasteczek z uroczymi niewielkimi lokalami serwującymi dobre jedzenie. W końcu, kiedy docierałyśmy do kwatery, którą Lisa zarezerwowała, wchodząc do najnowszego weekendowego pensjonatu doświadczałyśmy ekscytującego momentu odkrycia. Wyjazdy zapewniały nam ucieczkę, jakiej obie potrzebowałyśmy, a ponadto dzięki nim nasza przyjaźń rozkwitała i stawałyśmy się sobie coraz bliższe.

• • • •

Wprawdzie miałam jeszcze trochę rzeczy u Susan, jednak większość czasu spędzałam u Lisy. Sprawiała, że czułam się mile widziana, ale z czasem postawiła mi ultimatum. Zgodziła się rozważyć poważny związek ze mną tylko pod warunkiem, że zgodzę się podjąć terapię.

Z początku nie byłam pewna, co o tym myśleć. Wiele lat temu wspominałam Whitney, jak moja mama zabrała mnie na terapię. Niepokoiła się o to, jaki wpływ wywarły na mnie kłótnie rodziców. Dlatego w każde sobotnie przedpołudnie odwiedzałyśmy terapeutę. Był białym mężczyzną. Siadałam obok niego na podłodze i rysowałam albo budowałam z klocków i równocześnie z nim rozmawiałam. W końcu powiedziałam mamie, że nie chcę tam chodzić, a ona się zgodziła.

Lisa chodziła na terapię już w wieku dorosłym i stwierdziła, że naprawdę muszę popracować nad sobą, żeby wynieść pożytek z takich sesji. Tłumaczyła mi, że nie chodzi wcale o rozmowę. Żeby terapia zadziałała, terapeuta musi być kimś, z kim jestem w stanie rozmawiać swobodnie i szczerze, przed kim mogę się odsłonić w każdej sprawie.

– I skąd wiadomo, że to działa? – zapytałam.

– Jeśli nie płaczesz, to nie działa.

Zgodziłam się pójść na terapię.

Przez wiele lat wpajałam sobie, że wszystko, co zrobiłam bądź mówiłam, było konsekwencją relacji z Whitney. Ale miałam całe mnóstwo problemów, z którymi musiałam się uporać i chociaż myśl o przechodzeniu przez ten proces onieśmielała mnie, wiedziałam, że muszę to zrobić. Musiałam zmierzyć się z moją przeszłością, żeby móc uchwycić teraźniejszość i zbudować przyszłość z Lisą.

Rzecz w tym, że nie miałam ubezpieczenia ani pracy, która pozwoliłaby mi płacić za terapię z własnej kieszeni. Lisa się wycofała, zapewniając mi przestrzeń, której potrzebowałam, by pójść naprzód. Nie wierzyłam w siebie na tyle, by w ogóle próbować znaleźć jakąś pracę. Musiałam też zadbać o własne zdrowie, a w tym celu musiałam pójść do szpitala w Bellevue, by zdobyć ubezpieczenie zdrowotne.

Jeśli ktoś nigdy nie był w tym szpitalu, powinien urządzić sobie tam wycieczkę. Moja matka bała się pobytu w szpitalach w Nowym Jorku, twierdząc, że są stare, zimne i przepełnione. Ten opis pasował do Bellevue. Przyszłam tam rankiem i główny budynek był wypełniony do granic możliwości. Ludzie stali w długich kolejkach – a mówiąc o długich kolejkach mam na myśli takie jak te w Black Friday, pomnożone przez cztery. Stałam co najmniej w trzech różnych: do rejestracji, po jakiś numerek oraz do kogoś, z kim w końcu mogłam porozmawiać. Wyczerpujące, ale przynajmniej na koniec zdobyłam kartę ubezpieczenia i mogłam zapisać się do przychodni St. Vincent's Hospital, by zrobić okresowe badania i załatwić zniżkę na terapię.

• • • •

W tamtym okresie byłam w innej przestrzeni mentalnej, jedynie egzystowałam, niewidzialna, przepływając przez dni – niemal w ogóle nie spotykałam nikogo, kogo znałam lub kto znał mnie. Kilka ulic dalej, w Madison Square Garden, 7 września 2001 roku odbyła się impreza z okazji trzydziestej rocznicy debiutu Michaela Jacksona. Whitney wykonywała utwór *Wanna Be Startin' Somethin'* wraz z Usherem i Mýą.

Nie oglądałam tej gali, ale nie uszły mojej uwadze materiały prasowe z następnego dnia. W drodze do sklepu spożywczego w Chelsea minęłam kilka kiosków z gazetami, które ukazywały na pierwszych stronach wychudzoną postać Whitney Houston. Po powrocie do mieszkania Lisy zadzwoniłam do Nip. Odebrała Silvia, która powiedziała, że Whitney wyszła z domu kilka dni przed koncertem i nadal jest w Nowym Jorku, chociaż odwołała drugi wieczorny występ. Zastanawiałam się, dlaczego Silvia nie wyjechała razem z nią. Wyjaśniła mi, że Donna orzekła, że ma zostać w domu. Nigdy wcześniej nie widziałam, by Nip tak wyglądała. Nie mogłam pogodzić się z tym, jak ci wszyscy pracujący dla niej ludzie mogli ją ubrać, uczesać, umalować i pozwolić wyjść na scenę w takim stanie. Jej rodzina też tam przecież była.

Starałam się skupić uwagę na sobie. Znalazłam terapeutkę i wieczorami chodziłam na mityngi Anonimowych Narkomanów. Nie zażywałam od lat, ale od czasu do czasu doświadczałam czegoś, co nazywałam „kokainowymi ciągotami". Niekiedy chodziło mi po głowie, żeby trochę spróbować, odczuwałam taką pokusę.

Mityngi otwierały mi oczy. Wchodziłam po schodach, potem zmierzałam wąskim korytarzem do sali, gdzie stało mniej więcej dwanaście krzeseł w trzech rzędach zwróconych w stronę niewielkiego podium, na którym stawali ludzie i dzielili się swoimi świadectwami: „Moja żona i dzieci wyprowadzili się ode mnie", „Wczoraj straciłem pracę" albo „Nie piłem ani nie brałem heroiny od sześciu miesięcy i pięciu dni". Nie wstałam ani razu, by opowiedzieć o sobie. W porównaniu z tym, co słyszałam, moje doświadczenia wydawały się niemalże trywialne. Nie miałam żadnego problemu z narkotykami.

Ale nie dlatego tam byłam. Starałam się zrozumieć, dlaczego w ogóle pomyślałam o tym, by zrobić coś, czego naprawdę robić nie chciałam.

• • • •

Kilka dni później, w absolutnie zachwycający, słoneczny poranek wrześniowy, Lisa była w Toronto, a ja planowałam wybrać się do centrum Nowego Jorku na rolkach. Okna mieszkania były otwarte, a radio nastawione na stację Hot 97. Weszłam pod prysznic i niedługo po odkręceniu kranu usłyszałam niezwyczajnie poważny ton głosu DJ-a:

– Cokolwiek robicie, trzymajcie się z dala od centrum Manhattanu.

Zaniepokojona włączyłam telewizor, żeby dowiedzieć się czegoś więcej.

Natarłam skórę balsamem, zerkając w ekran. Jakiś samolot właśnie uderzył w wieżę World Trade Center, pozostawiając w niej koszmarną, ziejącą dziurę.

To był czysty surrealizm. Podbiegłam do okna, zapominając, że jestem naga, następnie chwyciłam T-shirt, założyłam go i wychyliłam się przez okno. Z naszego apartamentu rozciągał się widok na centrum miasta, a spoglądając na niebo, dostrzegałam tysiące arkuszy papieru rozrzucone niczym białe konfetti na tle czarnego dymu. W powietrzu niósł się charakterystyczny zapach. Miasto wypełniły odgłosy syren. Złapałam telefon stacjonarny i wybrałam numer Lisy, ale słyszałam w słuchawce jedynie sygnał świadczący o tym, że numer jest zajęty. Próbowałam użyć komórki, ale z podobnym skutkiem, z tym wyjątkiem, że po kilku sekundach automatyczny kobiecy głos zakomunikował:

– Wszystkie linie są teraz zajęte.

Musiałam skontaktować się z Lisą, usłyszeć ją, powiedzieć jej, że nic mi nie jest, a potem wymyślić, jak najbezpieczniej możemy się zobaczyć. Ogłoszono bowiem komunikat, że nikt nie może dostać się do miasta ani się z niego wydostać. Czułam się osamotniona. Nie pamiętam, kiedy znów zaczęły działać linie telefoniczne, ale odezwała się do mnie Susan z pytaniem, czy nic mi się nie stało.

W końcu Lisa zdołała wydostać się z Toronto. Oczywiście wszystkie lotniska były zamknięte. Stwierdziła, że panował tam chaos i nie miała pojęcia, jak i kiedy uda się jej dotrzeć do domu. Ona również czuła się osamotniona. Dopiero dwa dni później zdołała dotrzeć do mieszkania. Przeszła przez próg i rzuciła mi się w ramiona.

• • • •

Dotrzymując swojej części naszego porozumienia, przeszłam kilka sesji z moją nową terapeutką, Karen, co najwyraźniej mi pomogło. Przez godzinę wyrzucałam z siebie wszystko, co leżało mi na sercu, po czym prawie zawsze wychodziłam z jej gabinetu z twarzą poczerwieniałą od płaczu. Pamiętałam, co powiedziała Lisa i miałam nadzieję, że to znaczy, iż terapia działała! Osobie tak wrażliwej jak ja płacz przychodzi z łatwością, zwłaszcza kiedy odczuwam frustrację albo silne emocje. Jednak w tej sytuacji uznałam swoje zachowanie za dziwne.

Karen stwierdziła, że mam depresję i przepisała mi niedużą dawkę środka przeciwdepresyjnego. Wkrótce mój stan zaczął się poprawiać. Świat zaczął się nieco rozjaśniać. Postrzegałam wszystko bardziej klarownie i z wolna zaczęła mi powracać pewność siebie. Przez dwa lata chodziłam na spotkania z Karen, a ona pomogła mi zrozumieć, że jako dziecko zbyt szybko musiałam stać się dorosła, by chronić własną matkę. Doświadczyłam wielkich strat i nie pozwoliłam sobie na ich przepracowanie. Moje odejście z Nippy Inc. również było ciężką stratą, mimo iż Whitney wciąż żyła.

We wrześniu 2001 roku napisałam do Whitney list, którego nigdy nie wysłałam.

Nip: odezwałam się do ciebie trzy dni temu, ale wciąż nie mam od ciebie żadnej wieści. Chciałam napisać do ciebie już dawno, ale za każdym razem, gdy brałam do ręki długopis, brakowało mi słów. Smutne, co? Tyle jest jeszcze do powiedzenia... Jestem w Nowym Jorku, naprzeciwko tej części miasta, w której toczy się wartkie życie. Siedzę w samochodzie i czekam, aż otworzy się pewien lokal. Deszcz na szybach przypomina łzy.

Jest pięknie. Wiesz, że kocham życie! Jest pełne, czasem radosne, czasem bolesne. Przez długi czas czułam ciężar w sercu. Wielki ciężar. W każdej sekundzie dnia tęskniłam za mamą i Martym. Moje życie się zmieniło. Niekiedy człowiek nie zmienia się, gdy zmienia się życie, ale wtedy musi je dogonić, by móc żyć dalej. Mam plany i w wielu z nich chodzi o to, by cieszyć się życiem. Zbyt wiele czasu spędziłam na braniu odpowiedzialności za los innych ludzi. Nadeszła pora, by wziąć odpowiedzialność za własny.

Jak się miewasz? Co jest dla ciebie ważne? A co nie? Wiesz, że masz we mnie przyjaciółkę – na zawsze. Kiedykolwiek zdecydujesz się zadzwonić do mnie albo przyjechać, żeby mnie zobaczyć, ja będę. Spędziłam znaczną część życia z tobą i nie zmieniłabym absolutnie niczego. Chociaż gdybym wtedy wiedziała to, co wiem teraz, być może inaczej rozwiązałabym niektóre sprawy. Nie wiedziałam. Nie będę się już więcej zadręczała. Życie jest za krótkie. Wiesz o tym – kocham cię. Musisz wiedzieć, że martwię się o ciebie. Chcę, żebyś była szczęśliwa, zdrowa i w pełni sobą. Możesz i musisz znów stanąć mocno na nogi. Wiem, że Bóg obdarzył cię również tym darem!

Zawsze jestem tutaj, i tam, i wszędzie dla ciebie,
Robyn

PS. A tak, zapomniałabym: Bina jest na wakacjach z rodziną. Los Angeles okazało się dla niej dobre – znacznie lepiej jej na duchu. Muszę po prostu mocniej ją kochać.

• • • •

W końcu znów zaczynałam czuć się w pełni sobą i byłam gotowa wyjść do ludzi i znaleźć pracę. Lisa zaprosiła mnie, żebym dołączyła do niej podczas pokazów filmowych. Chodziła na nie, by wyszukiwać materiały okładkowe dla magazynu „Esquire", w którym pracowała. Lubiłam przesiadywać z nią w intymnej atmosferze kameralnych sal projekcyjnych.

Ilekroć Lisa miała w pracy imprezę, towarzyszyłam jej. Często dzieliła się ze mną pomysłami rozpatrywanymi w gronie redakcyjnym czasopisma, zwłaszcza jeśli dotyczyły muzyki, a przy kolacji robiłyśmy sobie prawdziwą burzę mózgów, omawiając takie tematy.

Jeden z artykułów opisywał najbardziej prominentne postaci rządzące w branży muzycznej; wśród nich był L.A. Reid. Każdy z szefów miał zostać wystylizowany i sfotografowany wraz z najbardziej popularnym artystą reprezentującym sukces tej firmy fonograficznej. Większość prominentów i artystów miała pojechać do Los Angeles na rozdanie nagród Grammy. Lisa zaskoczyła mnie, stwierdzając, że w jej przekonaniu nadeszła pora, żebym wybrała się w podróż do Los Angeles. „Esquire" wynajął apartament na ostatnim piętrze hotelu w Century City.

Dla mnie była to okazja, by spotkać się z L.A. twarzą w twarz i dowiedzieć czegoś o propozycji pracy, którą wycofał. Nie zauważył mnie, kiedy dotarł na miejsce. Zostawiłam go w spokoju, kiedy zajmowała się nim ekipa stylizująca; następnie w osobnym pomieszczeniu sąsiadującym z apartamentem przystrzyżono go i ułożono mu fryzurę. Jednak kiedy tylko wyszedł na korytarz, czekałam na niego.

– Cześć, Robyn – rzucił, całując mnie w policzek. Jeśli nawet był zaskoczony na mój widok, nie okazał tego.

Przeszłam od razu do rzeczy:

– Możesz mi teraz powiedzieć? Muszę wiedzieć.

Odparł bez wahania:

– Whitney nie podobało się to, że chciałem cię zatrudnić.

Te słowa sprawiły, że zdrętwiałam.

Wkrótce potem Lisa zjawiła się w korytarzu, w którym stałam.

– I co ci powiedział?

Przekazałam to jej. Nie trzeba dodawać, że się wściekła, a ja spędziłam resztę dnia na pomaganiu tam, gdzie byłam potrzebna. Wieczorem po powrocie do naszego pokoju Lisa zaczęła uskarżać się na Whitney, zdumiona, że zrobiła mi coś takiego.

– Jaka przyjaciółka, jaka osoba postępuje w taki sposób? – oburzała się.

Potrafiłam z siebie wykrzesać tylko tyle, że w moim przeświadczeniu to wcale nie była jej decyzja.

– Nie powiedziałaby niczego, co mogłoby mi zaszkodzić – tłumaczyłam. – Nie myśli teraz trzeźwo. Jest pod wpływem otaczających ją ludzi.

Tamtej wiosny Lisa i ja zaczęłyśmy rozglądać się za miejscem na kolejny weekendowy wypad. Tak się szczęśliwie złożyło, że otrzymałyśmy zaproszenie, by zatrzymać się wraz przyjaciółmi i rodziną w Bucks County w Pensylwanii. Zakochałyśmy się w tamtym miejscu. Łączyło nas marzenie o zabytkowym domu. Doskonale się bawiłyśmy, jeżdżąc w weekendy do Bucks County i rozglądając się za potencjalnymi nieruchomościami. Lisa uzależniła się od przeglądania serwisu realtor.com z ofertami nieruchomości, często zaglądała do niego już o świcie.

Wprawdzie planowałyśmy pozostać na pensylwańskim brzegu rzeki Delaware, któregoś późnego wieczoru natknęłyśmy się na dom po stronie New Jersey, w czarującym miasteczku Stockton. Nazajutrz rano zadzwoniłyśmy do naszego agenta nieruchomości i kilka dni później stałyśmy przed wejściem do magicznego dwustupięćdziesięcioletniego wiejskiego domu z otynkowanego kamienia, pokrytego bluszczem i krytego dachówką. 20 lipca 2002 roku Lisa podjęła ciężko zarobione pieniądze, które oszczędzała przez wiele lat, i kupiła swój pierwszy dom.

Trzeba było zrobić remont. Ponieważ nie pracowałam, to ja chodziłam na spotkania z budowlańcami i wymyślałam, jakie prace mogę wykonać samodzielnie. Jednego dnia zdecydowałyśmy się rozebrać taras na tyłach domu i sama zajęłam się realizacją tego pomysłu. Założyłam kombinezon, wzięłam młot pneumatyczny i zabrałam się do dzieła. To był solidny wysiłek fizyczny, który – jak się okazało – posłużył mi również jako doskonały sposób na uwolnienie się od frustracji. Do końca dnia pozbyłyśmy się tarasu.

Wkrótce przyszła pora na sprowadzenie mojego psa, Knute'a, i odzyskanie moich rzeczy z magazynu. Wśród nich był cenny sprzęt audio i video: cztery zestawy dwunastocalowych głośników Tannoy, wzmacniacz Hafler, europejskie i amerykańskie dwukasetowce i odtwarzacze VHS, urządzenia DAT, dwa odtwarzacze LaserDisc i dwa gramofony Technics. Oprócz tego co najmniej osiem kufrów z ubraniami, a w jednym z nich kurtka koncertowa Whitney Houston i moja kolekcja kurtek skórzanych w stylu vintage. W dniu przyjazdu ciężarówki znajomy pomagający mi w przeprowadzce powiedział, że mojego sprzętu audio nie ma. Kilka miesięcy później odkryłam, że przepadły również wszystkie moje skórzane kurtki.

Na urodziny w tamtym roku Lisa zaplanowała pobyt w historycznym pensjonacie bed & breakfast w północnym New Jersey. Zarezerwowała Apartament Kapitański na ostatnim piętrze z widokiem na wodospad. Po długiej przechadzce zmieniłyśmy ubrania i poszłyśmy na kolację do naprawdę eleganckiego lokalu Restaurant Latour w ośrodku Crystal Springs Resort. Przy naszym stoliku dla dwojga nieśpiesznie sączyłyśmy oszałamiająco dobre wino, by potem rozkoszować się niezapomnianym, wytwornym przeżyciem kulinarnym.

Po powrocie do apartamentu urządziłyśmy sobie wspólną kąpiel przy świetle świec, pod rozgwieżdżonym niebem widocznym przez okno dachowe nad jacuzzi. Rozmawiałyśmy o wszystkim, co było dla nas ważne, o tym, czego pragnęłyśmy od życia, i jak mogłybyśmy zrealizować nasze marzenia. Moja matka często mawiała, że życie tak naprawdę zaczyna się dopiero po czterdziestce. Teraz miałam czterdzieści dwa lata i tamtej nocy zrozumiałam, że w końcu znalazłam partnerkę, jakiej zawsze pragnęłam.

Cieszyłam się spokojem i ciszą, jakie towarzyszą życiu na prowincji, zaprzyjaźniałam się z niektórymi spośród cudownych sąsiadów, znalazłam zatrudnienie w recepcji w lokalnym klubie tenisowym. Któregoś dnia Lisa zadzwoniła, by mi powiedzieć, że skontaktował się z nią Stefano Tonchi, były dyrektor kreatywny mody w „Esquire", który został wydawcą „T": magazynu stylowego „The New York Times". Chciał porozmawiać ze mną o pracy nad specjalną edycją nagród Grammy.

Ubrana w dżinsy, białą koszulkę, cardigan i mokasyny pojechałam na Manhattan, gdzie spotkałam się z Kathy Ryan, dyrektorką działu fotografii, i Kirą Pollack, która blisko współpracowała z Kathy i Stefano. Chciały zrobić materiał z udziałem najwybitniejszych producentów z rejonu Virginia Beach. Moje zadanie polegało na kontaktowaniu się z przedstawicielami artystów i przedstawieniu im propozycji, a w razie pozytywnego przyjęcia oferty na planowaniu terminów wywiadów i sesji fotograficznych.

• • • •

Wkrótce po ukazaniu się tego materiału zostałam zwolniona z klubu tenisowego, w którym pracowałam, za to, że za często wdawałam się w rozmowy z klientami i oglądałam mecze koszykówki. Mieli rację – obsługa recepcji mi nie odpowiadała. Niedługo potem znalazłam nową pracę, tym razem na farmie oddalonej o dziesięć minut drogi od domu. Właściciel hodował drzewa brzoskwiniowe, jabłonie i śliwy, choć jego główną uprawą były szparagi i miał ich nieprzeliczone grządki, zajmujące parę hektarów gruntu. Widząc, że jestem w dobrej formie, farmer skierował mnie do zbierania szparagów i dał mi do zrozumienia, żebym się naprawdę szybko uwijała!

Było gorąco jak diabli, ale nauczyłam się, jak wyrywać te maleństwa precyzyjnie i szybko. Nosiłam płócienny fartuch z kieszeniami, który umożliwiał mi wyrywanie ich obiema rękami i wrzucanie do kieszeni. Gdy przechodziłam od grządki do grządki, brałam kilka i zjadałam. Człowiek, który nadzorował prace, najwyraźniej nie miał nic przeciwko temu.

– Jak smakują? – pytał.

– Są pyszne – powtarzałam po każdym kęsie. Kiedy znosiliśmy wszystkie kosze do stodoły, oglądał po kilka szparagów z każdej partii, żeby upewnić się, że ich wygląd i smak spełniają standardy. Zostałam tam do końca sezonu.

Stockton stało się moją kryjówką, miejscem, w którym mogłam zniknąć przed wszystkim, czym kiedyś byłam. Nasz dom stał przy wąskiej wiejskiej drodze. Gdyby dwa samochody chciały równocześnie przejechać niewielki mostek, z którym graniczyło nasze podwórko, jeden z nich musiałby przepuścić drugi. Mimo to dopadały mnie tabloidy, programy rozrywkowe i newsowe. Za każdym razem, kiedy przydarzało się coś dramatycznego w cyrku rodziny Houstonów, ktoś zawsze musiał mnie o tym powiadomić. Dziennikarze koczowali pod moim domem, a nawet parkowali na parkingu po przeciwnej stronie ulicy. Fotografowie umiejscawiali się nieco dalej, na wzniesieniu, kierując swoje teleobiektywy na drzwi wejściowe. Niektórzy dziennikarze dzwonili wielokrotnie, inni przysyłali paczki FedExem i oferowali pieniądze w zamian za moją współpracę. Usiłowali przeprowadzać wywiady z naszymi sąsiadami, a niektórzy nawet pukali do naszych drzwi. Lisa radziła mi, żebym nigdy nie wyrzucała śmierci ubrana w samą piżamę.

• • • •

Niepokoiły mnie wszystkie złe wiadomości, które słyszałam na temat Nip. Pragnęłam zrobić coś, by jej pomóc, ale nie miałam pojęcia, co więcej mogłabym uczynić. Zapewniłam ją, że moje drzwi zawsze będą dla niej otwarte. Kilka razy rzeczywiście dzwoniła do mnie i zostawiała wiadomości na telefonie stacjonarnym, którego często nie sprawdzałyśmy.

W moje urodziny odebrałam następującą wiadomość:

– Cześć, Robyn. Założę się, że nie wiesz, kto to.

Zaśmiała się, po czym dodała:

– To twoje urodziny, prawda? Ile masz lat, sześćdziesiąt? Odezwij się do mnie. Jeżeli nie znasz numeru, to ja też nie znam.

Zachichotała ponownie i odłożyła słuchawkę. Nie znałam jej numeru, a na ekranie telefonu wyświetliła się wiadomość, że numer jest zastrzeżony. Szczerze mówiąc, rzeczywiście jestem skłonna uwierzyć, że nie znała własnego numeru telefonu. Chyba nigdy go nie znała.

Innym razem, kiedy zadzwoniła, udało nam się porozmawiać. Było to niedługo po jej telefonie pod numer alarmowy

911, na który zadzwoniła w Atlancie po bójce z Bobbym. Podobno kiedy policja dotarła na miejsce, Whit krwawiła z ust.

Zapytała, jak się mam, a ja odparłam krótko:

– Mam się świetnie. Chcę wiedzieć, jak ty się masz.

Odpowiedziała, że dobrze. Nie próbowałam naciskać, by wyjawiła mi coś więcej, zamiast tego pozwoliłam jej pokierować rozmową. Nadal bardzo pragnęłam pomóc Whitney, ale w moim życiu wiele się zmieniło. Rozumiałam, że mogłabym jej pomóc jedynie wtedy, gdyby ona uznała, że potrzebuje pomocy. Zapytała mnie, z kim sobie układam życie.

– Pamiętasz Lisę? – odpowiedziałam pytaniem na pytanie.

Przerwała mi i odparła:

– Pamiętam Lisę.

Czułam, że muszę coś dodać:

– Kiedy pracowałyśmy razem dla ciebie, łączyły nas wyłącznie interesy.

– Przecież nic nie mówię – odpowiedziała.

Poza tym nie pamiętam niczego więcej z tamtej rozmowy. Ala moje drzwi pozostawały otwarte dla Whitney i jej córki. Lisa rozumiała, że tak musi być. Dałam jej moje słowo, że skupię się na życiu, jakie razem budowałyśmy, i na rodzinie, jaką chciałyśmy mieć. Ale rozumiałyśmy również, że gdyby Whitney zadzwoniła albo stanęła przed naszymi drzwiami, to byśmy ją przyjęły.

• • • •

Oprócz sporadycznych rozmów z Whitney w tamtych latach pozostawałam w kontakcie również z jej dyrektorem muzycznym Rickeyem Minorem. Mieszkał na Zachodnim Wybrzeżu, ale kiedy przyjeżdżał na wschód, zazwyczaj się spotykaliśmy. Zapytałam go, czy mógłby wykorzystać moje doświadczenie w swoim zespole, na co się zgodził. Moje pierwsze spotkanie z Rickeyem odbyło się w miejscu prób na Manhattanie i zajęło nam cały dzień i całą noc. Moja rola polegała na asystowaniu Rickeyowi przy opracowywaniu planów produkcyjnych i zapisów nutowych, pilnowaniu, żeby zespół znał wszystkie szczegóły dotyczące miejsc i dat, a także załatwianiu wszystkiego, czego on lub członkowie zespołu potrzebowali – czyli w zasadzie dbałam o Rickeya i jego zespół.

Nie spałam do świtu, przygotowując nuty dla każdej sekcji: perkusyjnej, klawiszowej, gitarowej, basowej. Jeśli zapis nutowy zmieniał się w trakcie próby, trzeba było zapisać tę zmianę odręcznie ołówkiem, co również należało do moich obowiązków. Jak to zwykle bywa, początkowo nie przychodziło mi to łatwo, ale mieliśmy też sporo zabawy. Blisko współpracowałam z Rickeyem przy szeregu koncertów na obu wybrzeżach: *A Home for the Holidays* dla CBS, z okazji rozdania nagród Essence Awards, BET Awards, NAACP Image Awards, *Live at the Apollo*, na organizowanych przez telewizję VH1 dorocznych ceremoniach muzycznych czy imprezie Divas Las Vegas, gdzie natknęłam się na moją byłą szefową.

Zatrzymaliśmy się w hotelu MGM Grand, gdzie odbywał się koncert, a ja usłyszałam przez walkie-talkie, że Whitney Houston również tu jest. Poszłam do jej szatni, żeby się przywitać.

W szatni Whitney panowała atmosfera chaosu i zdenerwowania. Było tam za dużo ludzi, a kiedy wreszcie udało mi się skupić wzrok na Whitney, uznałam, że wygląda dokładnie tak jak wszyscy pozostali – przeciętnie. Nie pamiętam słów, jakie wymieniłyśmy, ale uściskałyśmy się i uznałyśmy, że porozmawiamy później.

Podczas próby Whitney wyszła na scenę w białej stożkowatej „masce" i z takim ustrojstwem na twarzy śpiewała. Stałam na scenie obok wokalistów przed scenicznym monitorem odsłuchowym, podczas gdy Rickey wprowadzał poprawki, zwracając się do muzyków. Bobby chodził po scenie tam i z powrotem, wykazując się jak zwykle nadmiarem energii. Podszedł do mnie i stanął tuż przed moją twarzą, ale nie odezwał się ani słowem.

– Cześć, Bobby – powiedziałam i przysiadłam na głośniku odsłuchowym, żeby się od niego uwolnić. Odwrócił się i odszedł. Często w podobny sposób zachowywał się wobec Whitney – podchodził do niej i stawał tuż przed jej twarzą, następnie przechylał lekko głowę i wgapiał się w nią. Nigdy nie lubiłam, kiedy robił jej coś takiego. Było w tym mnóstwo agresji i pogardy.

Podniosłam się i stanęłam z boku przy scenie. Whitney trzymała mikrofon i miała zaśpiewać solo *Try It on My Own*. Trzeba podkreślić, że jej głos brzmiał bardzo słabo. Wypadała jeszcze gorzej, starając się nadążyć za Bobbym po tym, jak we wspólnym występie dali pokaz wrzasków. Nie mogłam przestać wpatrywać się w nią z tą maską na twarzy. Co to w ogóle było? Było mi jej żal i żałowałam, że nie znalazłyśmy dla siebie chwili, żeby usiąść i porozmawiać – tylko we dwie.

Musiałam być oszołomiona, ale wyrwał mnie z tego stanu głos wołający:

– Robyn! Przestań patrzeć na mnie jak na wariatkę.

Po koncercie Whit zaprosiła Rickeya i mnie na kolację w Bellagio. W restauracji nachyliła się nad Bobbi Kristiną i zapytała:

– Jesteś zmęczona? Czy chcesz, żeby mamusia zamówiła ci jedzenie na górę?

Było mi szkoda tego dziecka.

Krissi wzruszyła ramionami, nie odpowiadając, ale wszyscy patrzyli na nią, więc po chwili skinęła głową i powiedziała:

– Tak.

Odezwałam się, zanim zdołałam się powstrzymać:

– Myślę, że ona chce ciebie, Nip. Chce swojej mamy.

Kiedy kolacja dobiegał końca, zanim odeszłam od stołu, powiedziałam:

– Nippy, chcę z tobą pomówić.

– A o czym chcesz rozmawiać, Robyn? – odparła rozbawiona.

– O niczym właściwie, po prostu chcę z tobą zamienić parę słów – powtórzyłam.

Wszyscy podnieśli się z miejsc, a ona stwierdziła:

– Pozwól mi stąd wyjść. Chodź, dziewczyno, powiedz, o co ci chodzi.

Zrobiłyśmy może trzy kroki, ale zanim zdołałam powiedzieć cokolwiek znaczącego, zjawił się Bobby, żeby ją porwać.

– Porozmawiamy później – rzuciła przez ramię.

• • • •

W maju 2005 roku Lisa zadzwoniła, żeby mi powiedzieć, że dyrektorka działu fotograficznego „Esquire" wspomniała jej o ofercie pracy w „ESPN The Magazine"*. Chcieli zatrudnić kogoś z doświadczeniem w branży rozrywkowej i znajomościami w przemyśle muzycznym i filmowym, jednocześnie znającego się na sporcie. Znając moje doświadczenia zawodowe, koleżanka Lisy zasugerowała swojemu przyjacielowi, dyrektorowi działu fotograficznego „ESPN", że powinni zgłosić się z tą propozycją do mnie.

---

* Wydawany od 1998 roku magazyn sportowy, początkowo tygodnik, później miesięcznik. Przestał się ukazywać drukiem w 2019 roku.

Wydawało się to zbyt piękne, by mogło być prawdziwe. Byłam przekonana, że to praca dla mnie. Moje życie zatoczyłoby pełne koło, a sport mógł przynieść mi odrodzenie, którego tak rozpaczliwie potrzebowałam, by znów stać się sobą. Na szczęście znałam ten świat tak doskonale, że podczas rozmowy kwalifikacyjnej wypadłam dobrze i dostałam pracę.

Byłam szczęśliwa, mogąc znów pracować w tym mieście. Lisa i ja budziłyśmy się w apartamencie w Chelsea, jadłyśmy śniadanie i wyruszałyśmy do swoich zadań w mediach. Codziennie maszerowałam do biura i z powrotem, co pomogło mi utrzymać ciało w dobrej kondycji.

Moja praca polegała między innymi na kojarzeniu osobistości ze świata popkultury ze sportowcami w projektach realizowanych dla miesięcznika „ESPN", a także dla internetu i telewizji. Podróżowałam z zespołem kreatywnym do ustalonej lokacji, robiłam sesje fotograficzne lub nagrania wideo z Shaunem Whitem, Misty May i Kerri Walsh, Dwyanem Wade'm czy LeBronem Jamesem. Dowiadywałam się, którzy sportowcy są ulubieńcami wybranych celebrytów i starałam się doprowadzić do ich spotkania, wspólnego zdjęcia i rozmowy. Niekiedy taka para trafiała na okładkę magazynu. Zawsze byłam wielką zwolenniczką kobiet realizujących się w sporcie, więc wpadłam na pomysł dla nowego magazynu internetowego espnW przeprowadzania rozmów z aktorkami sportsmankami. Wydawcy pomysł się spodobał, a ja miałam możliwość zrealizować wywiady z Gabriellą Union, Jessicą Biel i Kristen Bell.

Projekt, przy którym pracowałam z największą przyjemnością, nosił nazwę GameNight i pojawił się na wszystkich trzech platformach medialnych. Organizatorzy mieli pewne trudności z pozyskaniem do współpracy utalentowanych osób. Zauważyłam, że problemem najprawdopodobniej była ilość czasu, o jaki prosili – chodziło bowiem o cztery godziny. Dla PR-owców i menadżerów równie dobrze mógłby to być cały tydzień. Zasugerowałam, żebyśmy zredukowali ten czas do czterdziestu pięciu minut. W niektórych zrealizowanych produkcjach spod znaku GameNight udało się połączyć twórców i aktorów serialu *Prawo ulicy* z członkami zespołu futbolu amerykańskiego Baltimore Ravens, obsadę filmu *Czterej bracia* z Brendanem Shanahanem z klubu hokejowego Detroit Red Wings czy mistrzowską kobiecą drużynę koszykarską WNBA Seattle Storm z twórcami poświęconego koszykówce filmu dokumentalnego *The Heart of the Game*. W „ESPN" zostałam do 2009 roku.

• • • •

W ciągu tych lat podjęłam świadomą decyzję, by koncentrować się na własnym życiu i nie dać się znowu wciągnąć do świata Whitney. Lisa mówiła, że byłam tak bardzo zaangażowana w sprawy tamtej rzeczywistości, tak nimi pochłonięta, że nie byłam w stanie skupić się na sobie, na tym, co robiłyśmy i dokąd zmierzałyśmy. Od chwili mojego odejścia z Nippy Inc., za każdym razem, gdy Whitney znajdowała się w tarapatach, ktoś dzwonił do mnie, by mnie o tym powiadomić. Dlatego się odłączyłam. Przestałam rozmawiać z ludźmi Whitney, nawet z Silvią, i w końcu postawiłam siebie na pierwszym miejscu. Dopiero wówczas rzeczywiście mogłam skupić się na swoich problemach.

Przed świtem 9 kwietnia 2006 roku przesłuchiwałam pocztę głosową i usuwałam stare wiadomości. Miałyśmy wyjechać z Lisą na trzytygodniowe wakacje do Argentyny, a ja nie brałam ze sobą telefonu, więc robiłam miejsce w skrzynce głosowej. Stałam przy oknie i wpatrywałam się w ciemności, kiedy usłyszałam jej głos.

– Nippy? – szepnęłam, ale omyłkowo wybrałam przycisk „7" i usunęłam nagraną wiadomość, zamiast wcisnąć „4", by ponownie ją odtworzyć. Nie usłyszałam, co mi chciała powiedzieć. Pamiętam, że ton jej głosu był inny, jak gdyby miała do powiedzenia coś ważnego, ale nie zadzwoniła ponownie, więc nic już nie mogłam zrobić.

Dużo czasu zajęło mi przestawienie życia z powrotem na właściwe tory, uprzytomnienie sobie, że muszę skupić się na sobie, stworzyć autentyczną relację z Lisą. Musiałam ocalić samą siebie, zanim mogłabym podjąć się ocalenia Whitney. Ale kiedy ona mnie potrzebowała i dzwoniła do mnie, jakoś mi to umknęło.

• • • •

Jednym ze wspólnych życiowych celów, jakie wyznaczyłyśmy sobie z Lisą, było stworzenie rodziny. Jako młoda nowojorka Lisa nie chciała mieć dzieci. Kiedy była już sporo po trzydziestce, jej siostra, Laura, urodziła córeczkę, Helenę, i wtedy Lisa zaczęła kwestionować swoją decyzję. Były z Heleną bardzo blisko. Lisa zaczęła darzyć siostrzenicę głęboką miłością i uświadomiła sobie, że pragnie własnego dziecka. Kiedy powiedziała mi o tym, byłam gotowa założyć z nią pełną rodzinę.

Decyzję o adopcji podjęłyśmy w zasadzie równocześnie i przeprowadziłyśmy rozległą analizę wszelkich możliwych opcji. Wprawdzie wielu przyszłych rodziców woli korzystać z usług adwokata adopcyjnego, co podobno znacząco przyśpiesza proces, ale my nie czułyśmy się na siłach, żeby poddawać weryfikacji potencjalne matki biologiczne. Zdecydowałyśmy się na ścieżkę wiodącą do agencji adopcyjnej.

Wybrałyśmy Friends in Adoption, agencję z Vermont, która wspiera wszelkiego rodzaju otwarte adopcje, także przez pary jednopłciowe i osoby samotne. Kiedy już przebrnęłyśmy przez szereg wywiadów środowiskowych i całe góry roboty papierkowej, zbierania danych i listów referencyjnych i stworzyłyśmy starannie napisany profil, który miał pokazać potencjalnym matkom biologicznym, kim jesteśmy, rozpoczęło się oczekiwanie.

– Czy nie byłoby wspaniale, gdybyśmy miały bliźniaczki? – zauważyłam już na początku.

Wyobrażałam sobie nasze rodzinne wyprawy. Ja jak zwykle zajmowałabym miejsce za kierownicą samochodu, Lisa siedziała obok i nawigowała, a każda z nas obracałaby głowę, zerkając na jedno z dwojga dzieci przypiętych w fotelikach na tylnych siedzeniach. Co kilka miesięcy z ekscytacją przypominałam o tym marzeniu i za każdym razem Lisa przewracała oczami i mówiła:

– Robyn, jakie są szanse, że coś takiego się stanie?

23 stycznia 2009 roku, w urodziny Lisy, zadzwonili do nas z naszej agencji, by poinformować nas o – jak to określili – „pewnej sytuacji". Siedziałam przy biurku w „ESPN", kiedy Lisa, ze swojego gabinetu w „Esquire", połączyła się z naszą opiekunką agencyjną, która przekazała szczegóły. Matka biologiczna miała urodzić na początku maja; poznała biologicznego ojca na Uniwersytecie Georgii, mieszkali w Athens. Kobieta była objęta opieką prenatalną.

– Jest tylko jedna sprawa... – dodała opiekunka. – Dzieci jest dwoje.

Wyrwał mi się okrzyk szczęścia. Lisa milczała. Możliwe, że była w szoku.

Nawiązałyśmy kontakt e-mailowy i telefoniczny, a w połowie marca poleciałyśmy do Athens na spotkanie z rodzicami biologicznymi. Byli rozważni, zabawni i inteligentni, a kiedy zaczęliśmy lepiej się poznawać, podali nam wiele rozsądnych powodów, dla których zdecydowali się na oddanie dzieci do adopcji, zamiast samodzielnie je wychowywać. Wspaniałomyślnie zaprosili nas, żebyśmy były obecne przy narodzinach. Jednak Jeremy i Gillian przyszli na świat 31 marca, pięć i pół tygodnia przed terminem. Ojciec biologiczny zadzwonił, żeby przekazać nam wieści:

– Zachowują się dokładnie tak, jak powinny się zachowywać. Są doskonałe. Tylko po prostu małe.

Pragnęłam, by nasze marzenie się spełniło. Zapakowałyśmy się do nowiutkiego saaba sportcombi, którego wybrałyśmy ze względu na rozmiary i systemy bezpieczeństwa, i ruszyłyśmy do Georgii na spotkanie z naszymi dziećmi.

Następne pół roku ułożyło się w niewyraźny ciąg bezsennych nocy, nieprzeliczonych pieluszek, buteleczek służących do niemal nieustannego karmienia, jedzenia byle czego i sporadycznego brania prysznica. Ale stworzyłyśmy rodzinę i to było piękne.

• • • •

Sobotni poranek 11 lutego 2012 roku był zwykłym sennym początkiem weekendu z Lisą i naszymi trzyletnimi bliźniakami, Jeremym i Gillian. Nasz sąsiad i dobry znajomy Andy przystanął, żeby się przywitać i zobaczyć, jak się mają dzieci, co robił całkiem często. Stał w progu, rozmawiając z Lisą, zwrócony plecami do mnie. Zauważyłam, że miał na sobie czerwono-czarną kurtkę swojej drużyny zapaśniczej ze szkoły średniej – w stylu tradycyjnej sportowej bluzy uczelnianej.

– Nigdy nie widziałam cię ubranego w taką kurtkę – stwierdziłam.

Znaliśmy się od kilku lat i nigdy jej nie nosił.

Andy się roześmiał.

– Wiem. Ale przecież można ją nosić, kiedy tylko się zechce.

Powiedziałam mu, że to rozumiem, bo sama też miałam podobną. Postanowiłam ją odszukać, żeby może znów zacząć ją nosić. To była jedyna kurtka, której nie oddałam do magazynu i która nie zaginęła przed przeprowadzką: czerwono-czarna, którą zaprojektowałam na pierwszą trasę koncertową Whitney. Ale nie mogłam jej znaleźć.

Zastanawiałam się, czy przypadkiem się jej nie pozbyłam. Poprzedniego lata uznałam, że życie z przeszłością dosłownie wiszącą nad głową nie było dla mnie zdrowe. Dlatego opróżniłam strych, gdzie odkryłam wiele sprezentowanych mi przez Arista Records złotych i platynowych płyt upamiętniających rekordowe dokonania Whitney. Zdecydowałam się przekazać je jako darowiznę Whitney E. Houston Academy w East Orange – szkole, do której uczęszczała Whitney jako mała dziewczynka i którą ostatecznie nazwano jej imieniem. Czyżby kurtka znalazła się wśród tamtych darowanych rzeczy?

Tamtego wieczoru Lisa i ja miałyśmy w planach kolację z parą poznaną na imprezie zorganizowanej przez Philadelphia Family Pride[*]. Nieśpiesznie przeglądaliśmy menu, sącząc Pinot Noir i swobodnie rozmawiając. Odezwał się dzwonek mojego telefonu. Aparat leżał na stole obok Lisy na wypadek, gdyby zadzwoniła niania, więc Lisa zerknęła na ekran i przekazała mi, że dzwoni moja stara znajoma, koleżanka z drużyny, Paulette. Często z nią rozmawiałam, więc powiedziałam Lisie, że później do niej oddzwonię.

---

[*] Philadelphia Family Pride – działająca od 1993 roku organizacja non-profit zrzeszająca osoby zaprzyjaźnione i rodziny LGBTQIA+ z rejonu Filadelfii.

Dwie sekundy potem telefon odezwał się ponownie – dzwoniła inna przyjaciółka. W tym samym czasie rozległ się dzwonek telefonu naszej znajomej. Ta tylko zerknęła na ekran, po czym wróciła do przeglądania menu. Zauważyłam, że Lisa podnosi mój aparat i oznajmia:

– To znowu Paulette. A nie! Teraz to ktoś inny.

Wtedy nasza znajoma spojrzała na nas przepraszająco ponad stołem i powiedziała:

– Pozwolicie, że odbiorę? To moja siostra. Dzwoniła już kilkakrotnie. Chciałabym sprawdzić, czy nic się nie stało.

Oddzwoniła. Po jakiejś minucie spojrzałam na nią, a gdy nasze spojrzenia się spotkały, cicho westchnęła. Zapytałam, czy wszystko w porządku, a ona uniosła palec wskazujący, rzucając krótko:

– Chwileczkę.

Kiedy skończyła rozmawiać, wszyscy wpatrywaliśmy się w nią, zastanawiając się, co takiego się wydarzyło. Jej wyraz twarzy nie zdradzał, czy stało się coś złego, czy coś dobrego, ale niezwłocznie to wyjaśniła:

– Moja siostra jest wielką fanką Whitney Houston i podobno ona zmarła.

Poczułam, że rozpadam się od środka. Zwróciłam się do Lisy, która wciąż trzymała mój telefon, gdy ten znów zaczął dzwonić. Zerknęła na mnie i oznajmiła:

– To Dawanna.

Dawanna była prawniczką Sunday. Chwyciłam aparat, wstałam i przeszłam do foyer w pobliżu drzwi wejściowych do restauracji.

Odebrałam telefon i spokojnie zapytałam:

– Dawanno, czy to prawda?

– Niestety, obawiam się, że tak, Robyn – odparła. – Poczekaj, zdaje się, że właśnie wypowiada się jej rzeczniczka.

Zdrętwiałam.

Kiedy wróciłam do stolika, Lisa zdecydowała, że jedziemy do domu.

Zabrałam swoje rzeczy, wyszłam z lokalu, odruchowo usiadłam za kierownicą, ale Lisa, widząc, jak bardzo jestem roztrzęsiona, uparła się, że poprowadzi. W głowie kłębiły mi się myśli o tym, jak rozpoczął się mój dzień i co się stało z czerwono-czarną kurtką. To była Whitney – znak, że odchodzi na zawsze. Skończyło się. Wszystko się skończyło i przepadło. Sądziłam, że mamy jeszcze czas. I że ona ma czas. Ale przepadła, tak samo jak ta czerwono-czarna kurtka.

• • • •

Śmierć Whitney mnie rozzłościła. Prześladowały mnie szczegółowe opisy i zdjęcia przedstawiające, jak opuszcza imprezę w Los Angeles w otoczeniu obstawy kilka wieczorów przed feralnym dniem. Jeszcze większą irytację budził fakt, że w trakcie tej trasy Whit wynajmowała kilka pokojów hotelowych, które wypełniali towarzyszący jej ludzie, a jednak nie znalazł się nikt, kto byłby przy niej w dniu, kiedy miała tak drastycznie napięty harmonogram. Asystentka stwierdziła, że akurat wyszła po babeczki dla Nip.

Za każdym razem, gdy ktoś otwierał usta i wyjawiał rzekome fakty, nie wierzyłam w to, co słyszałam. Wszyscy bez końca przeczyli jeden drugiemu. Jedno, czego byłam pewna na 100 procent, to że nikt nie był przygotowany do wykonywania swojej pracy i nikt nie dbał o jej potrzeby.

• • • •

Nie powiadomiono mnie o pogrzebie – nie miałam żadnych wiadomości na ten temat od bliskich Whitney. W końcu zadzwoniła do mnie jej agentka, żeby zapytać, ile biletów potrzebuję, zupełnie jakbyśmy wybierały się na koncert. Poprosiłam o pięć: dla siebie, Lisy, Biny, Silvii i jej córki Vanessy.

Usłyszałam, że Silvia nie jest mile widziana na pogrzebie.

– Naprawdę? – zapytałam. – To podłe. Wiem, że Whitney by tego nie chciała.

To co powiedziałam nie miało żadnego znaczenia. Silvia, która pozostawała wierna i lojalna przez czternaście lat, która widywała Nip w najgorszych chwilach, która regularnie masowała jej stopy o świcie, by pomóc jej się zrelaksować, która tak dobrze ją znała i bezwarunkowo kochała, nie uzyskała pozwolenia na uczestnictwo w jej ostatnim pożegnaniu.

Kiedy dotarłyśmy do Baptystycznego Kościoła Nowej Nadziei w Newark, było w nim pełno ludzi. Celebryci i inne znaczące osobistości zajmowali prawą część świątyni, a rodzina, przyjaciele i współpracownicy wypełniali lewą. Mimo że dotarłyśmy tam z Lisą i Biną wcześnie, nie było już wolnych miejsc. Żona Rickeya siedziała po stronie przeznaczonej dla celebrytów i zaprosiła mnie, bym dosiadła się do niej, ale ja potrzebowałam trzech miejsc. Po stronie zastrzeżonej dla rodziny siedem rzędów oznaczono białą taśmą, a od ósmego rzędu całą przestrzeń ciasno wypełniali goście. Ósmy rząd udostępniono personelowi Nippy Inc. i dostrzegłam kilkoro znajomych z pracy, ale nikt nie odezwał się do mnie ani słowem.

Wreszcie zwyczajnie usunęłam taśmę i poleciłam Lisie i Robinie, by zajęły miejsca. Wówczas podszedł do nas jakiś mężczyzna i oświadczył, że musimy się stamtąd przenieść. Wyjaśniłam mu, że nie ma innych wolnych miejsc. Gdy sytuacja stawała się napięta, podeszła specjalistka od PR-u obsługująca to wydarzenie.

– To są miejsca dla rodziny – obwieściła.

– Nie należę do rodziny, ale wiem, gdzie Whitney chciałaby mnie posadzić – odparowałam.

Wówczas Lisa spostrzegła inną znajomą PR-ówkę, która była wspaniałą osobą i przekonała tamtą dwójkę, by pozwolili nam pozostać na miejscach.

Po kilku minutach zjawili się Bobby i jego towarzystwo. Doświadczyli dokładnie tego samego, przez co my dopiero przeszłyśmy. Zajęli rząd szósty, tuż przed nami. Przypatrywałyśmy się rozwojowi sytuacji. Tym razem podszedł ochroniarz, by wyjaśnić im, że miejsca, które zajęli, są zarezerwowane dla rodziny. Bobby'emu towarzyszyło dziewięć osób, a ja znałam je wszystkie. O dziwo, Bobby nie zamierzał robić awantury i dostosował się do poleceń.

Kilka minut później musiałam skorzystać z toalety. Kiedy wyszłam z Kościoła, zobaczyłam przy drzwiach Bobby'ego, rozmawiającego z grupką ludzi. Przeszło mi przez głowę, żeby powiedzieć mu o tym, co i nam się przed chwilą przytrafiło, i zapewnić go, że Whitney chciałaby, żeby został i uhonorował jej życie, lecz nie zrobiłam tego.

Dostrzegłam producenta Mervyna Warrena, który siedział sam na uboczu. Ten człowiek jako jedyny wyprodukował nagrania gospel Whitney i nawet jemu nie zapewniono godnego miejsca – nie zainteresował się nim nikt poza mną. Spytałam Mervyna, czy zechciałby usiąść z nami, na przedzie.

– Wszystko jest w porządku – odparł. – Tutaj jest mi dobrze.

• • • •

Whitney powiedziała, że chce, aby na jej pogrzebie grała muzyka. I żadnych kwiatów.

– Wiesz, że nie mogę oddychać – poinstruowała. – Uczcij moje życie muzyką.

Chór Baptystycznego Kościoła Nowej Nadziei, BeBe, CeCe i Carvin Winansowie, Alicia Keys oraz Stevie Wonder wyśpiewywali swoje serca przez cały dzień. To był naprawdę wielki spektakl. Moja przyjaciółka została uhonorowana, a ja byłam za to wdzięczna.

Gdy długie nabożeństwo zbliżało się do końca, zaległo milczenie. A potem usłyszeliśmy niosący się echem za sprawą nieskazitelnej akustyki tego kościoła głos Whitney śpiewającej a cappella czterdziestotrzysekundowe intro do *I Will Always Love You*, podczas gdy nawą główną ruszyli karawaniarze niosący złote kosze wypełnione mnóstwem białych kwiatów i róż Sterling Silver – ulubionej odmiany Nip.

Stypa została zorganizowana w Newark Club. Zobaczyłam Cissy siedzącą przy rodzinnym stole. Podeszłam do niej. Przyklękłam po jej prawej stronie, tak by mogła mnie dobrze słyszeć. Nie chciałam wygłaszać żadnych frazesów, raczej ująć coś jak najprościej:

– Myślę, że przeżyłyśmy dobre chwile.

Spojrzała na mnie i odparła:

– Ona też tak myślała.

Wkrótce potem mój chrześniak Gary Michael, syn Michaela i Donny Houstonów, ujął mnie pod ramię i wyprowadził z głównej sali do zacisznego korytarza.

– Ciociu, ciociu, muszę ci coś powiedzieć. Wyglądało to tak, jakby ona się tego spodziewała. Byłem z nią w trasie koncertowej The Nothing but Love Tour, zajmując się tym, czym wcześniej zajmował się mój ojciec. Byliśmy w pokoju hotelowym. Obmywała sobie twarz, a ja siedziałem w łazience, czekając, by wziąć od niej bagaże i je wynieść. Powiedziała mi wtedy: „Nie dbam o to, co mówią. Robyn jest moją ziomalką".

Po nabożeństwie zorientowałam się, że nigdzie nie widziałam Michaela Bakera, dyrektora muzycznego pracującego z Whit po rezygnacji Rickeya. Zadzwoniłam, żeby dowiedzieć się, dlaczego nie przyjechał na pogrzeb i zapytać, co do diabła stało się podczas tej ostatniej trasy koncertowej. Powiedział, że nikt do niego nie zadzwonił z informacją o śmierci Whitney.

– Przypuszczam, że ty dowiedziałaś się o niej w taki sam sposób jak ja.

Dodał też, że Whitney nie chciała jechać w tę ostatnią trasę.

– Jak ona sobie tam radziła? W jakim stanie ducha była? – dopytywałam.

Zrelacjonował mi jedną z opowieści z tego tournée. Wyszedł po coś do jedzenia, a kiedy wrócił do hotelu, zastał w lobby Donnę i Pat, żonę Gary'ego, które powiedziały, że Whitney jest zdenerwowana i Gary musiał do niej pójść i z nią porozmawiać. Choć Baker nie był przekonany, czy to dobry pomysł, tak bardzo na niego naciskały, że zignorował to, co podpowiadał mu instynkt, i poszedł do jej pokoju. Gdy dotarł na miejsce, Whitney powiedziała, że jest bardzo rozczarowana tym, że przychodzi do niej rozmawiać o występie. Zapytała go:

– Po czyjej jesteś stronie?

Zapytałam go, dlaczego jego zdaniem zadała mu takie pytanie.

– Nie wiedziała, do kogo może się zwrócić – odparł.

Sięgnęłam po mój adresownik z czasów współpracy z Nippy i zadzwoniłam do CeCe Winans. Rozmawiałyśmy o Whitney i o ostatnim razie, kiedy ją widziała. CeCe podzieliła się ze mną bolesną historią o tym, jak została wezwana do domu Whitney w Atlancie. Kiedy tam dotarła, znalazła ją leżącą w pozycji embrionalnej na podłodze pośrodku salonu. Przyklękła przy niej i położyła dłonie na jej ciele. Whitney była potwornie wychudzona. Powiedziała jej, że jeśli nie zmieni swojego postępowania, to się zabije. Ostatecznie CeCe zdołała przekonać Whitney do wyjazdu z nią do jej domu w Nashville, gdzie stan Nip trochę się poprawił. Nip poświęcała tam sporo czasu na studiowanie Biblii i modliła się o przebaczenie dla swojej rodziny. Jednak po kilku tygodniach zjawił się Bobby i zabrał żonę z powrotem do Atlanty.

Kiedy Whitney rozwiodła się z Bobbym, CeCe ponownie złożyła jej wizytę, lecz tym razem w ośrodku odwykowym w Kalifornii. Ten dom przypominał raczej klub towarzyski dla kobiet niż placówkę terapeutyczną. CeCe rozejrzała się i zapytała:

– To ma być odwyk?

W ciągu kilku lat po zlikwidowaniu Nippy Inc. zdarzyło mi się parokrotnie zadzwonić do osobistej rzeczniczki Whitney, Lynne Volkman, by spróbować dowiedzieć się, co się dzieje. Wybrałam jej numer po katastrofalnym wywiadzie, jakiego Nip udzieliła Diane Sawyer, a także po śmierci Nip oraz w dniu, w którym dowiedziałam się, że Bobbi Kristina trafiła do szpitala.

W początkach kariery Whitney Gene Harvey ściągnął Lynne z działu promocji wytwórni Arista Records i współpracowałyśmy blisko przez wiele lat. Lynne była ważną członkinią naszej drużyny, bo od środka poznała tajniki działania Aristy.

Nie umiem kłamać, słyszałam wołania Krissi. Po śmierci jej matki znaleźli się ludzie, zarówno w show-biznesie, jak i poza nim, którzy zwracali się do mnie na Facebooku, by dowiedzieć się, czy mam z nią kontakt lub wiem, jak się z nią skontaktować. Nie wiedziałam, ale przypuszczałam, że próba dodzwonienia się do niej byłaby niełatwym zadaniem. Mieszkała w Atlancie otoczona przez ludzi, którzy z niechęcią przyjęliby to, że mieszam się w ich sprawy. Przede wszystkim chciałam, aby wiedziała, że może na mnie liczyć, że jej matka życzyłaby sobie, bym o nią zadbała i naprawdę byłam gotowa jej pomóc. Byłam gotowa pojechać do Georgii, spakować ją i zapewnić jej schronienie w moim domu w New Jersey, o ile tylko by mi na to pozwoliła.

Skontaktowałam się z byłą żoną Tommy'ego Browna, Carolyn, która mieszkała w Atlancie. Zapytałam ją, czy widziała się z Krissi, a jeśli tak, to czy wie, jak się teraz czuje. Carolyn nie widziała się z nią od pewnego czasu, ale słyszała, że jest raczej w kiepskiej formie. Próbowałam podpytać mojego chrześniaka, Gary'ego, syna Michaela, lecz stwierdził, że również nie był w stanie się z nią spotkać. Tymczasem Silvia miała powracający koszmar, w którym córka Nip była w tarapatach. Miki Howard, piosenkarka, której nie widziałam od wielu lat, odszukała mnie, by mi powiedzieć, że ma podobne sny i chciała się dowiedzieć, czy mogę coś w sprawie Bobbi Kristiny zrobić.

Poprosiłam Nicole David, by przekazała Kristinie mój numer i adres e-mail wraz z wiadomością, by odezwała się do mnie, jeśli zechce porozmawiać. Chciałam również, żeby Nicole wyjaśniła, dlaczego ktoś uznał, że dobrym pomysłem było wysłanie Whitney w tę ostatnią katastrofalną trasę koncertową, kiedy najwyraźniej nie była w dobrej formie.

– Dlatego, że gdyby tego nie zrobiła, Whitney i jej córka wylądowałyby na ulicy – odpowiedziała Nicole.

– Czy właśnie to wszyscy jej wmawialiście? – rzuciłam.

Kiedy media przekazały wiadomość, że córka Whitney została znaleziona w wannie i przewieziona do szpitala w Georgii, zadzwoniłam do Lynne. Zdradziła mi, że nieco wcześniej odezwała się do niej Pat i poprosiła ją o znalezienie ośrodka odwykowego dla Bobbi Kris. Lynne zaznaczyła, że zrobiła to, bo Krissi zjawiła się przed drzwiami domu Pat z wybitymi zębami i krwawiąc z ust. Maska jej samochodu była wgnieciona.

Nie wiem, co i jak dużo powiedziała Whitney swojej córce na temat naszej relacji. Nie wiem, czy wspominała o tym, jak wyglądało nasze życie, kiedy pozostawałyśmy nierozłączne, zanim sława zawładnęła Nippy. Mam nadzieję, że napomknęła jej o tym, jak byłyśmy sobie bliskie, o tym, że zrobiłabym dla niej wszystko. Prześladuje mnie to, że nie mogę się tego już dowiedzieć. Na gali rozdania nagród Billboard Music Awards w 2012 roku Krissi przyjęła kondolencje i powiedziała coś, co wciąż nie daje mi spokoju.

– Naprawdę pragnę podziękować wszystkim, którzy nas wspierali przez cały ten czas. Nie tylko wtedy, gdy wszystko układało się dobrze, ale również wtedy, gdy było źle.

– Czy ktoś jej kazał tak powiedzieć? – zastanawiałam się. – I właściwie do kogo ona mówi?

• • • •

Wiele lat później, kiedy pisałam tę książkę, odczułam potrzebę odnalezienia doktora Richarda Francesa, głównego lekarza, którego spotkałam w ośrodku odwykowym Silver Hill. Nie pracował już tam, ale odszukałam go i zadzwoniłam do jego prywatnego gabinetu na Manhattanie. Nagrałam mu wiadomość, w której podałam nazwisko, przypomniałam, że odwiedziłam go wiele lat temu z ojcem pewnej celebrytki, i dodałam, że bardzo chciałabym z nim porozmawiać. Oddzwonił.

– Potrzebowałem trzydziestu sekund, żeby sobie ciebie przypomnieć – oznajmił. – Oczywiście, że pamiętam. Jak mógłbym zapomnieć?

Pojechałam pociągiem do miasta na spotkanie z doktorem Francesem. Skierowałam się do Upper East Side, decydując się na pokonanie pieszo czterdziestu przecznic dzielących mnie od jego gabinetu przy Osiemdziesiątej Szóstej Ulicy. Wykorzystałam ten czas na zrelaksowanie umysłu i przemyślenie tego, o co właściwie chciałam go zapytać. Mimo to dotarłam na miejsce ze sporym zapasem czasu. Gdy stałam na rogu, czekając na zmianę świateł ulicznych, zauważyłam staromodną aptekę i postanowiłam zajrzeć tam po jakieś odświeżające miętówki. Owładnęło mną poczucie déjà vu i wkrótce uprzytomniłam sobie dlaczego: w środku były wszelkiego rodzaju pastylki na kaszel, aerozole łagodzące podrażnienia gardła i najwyraźniej nieograniczony wybór rozmaitych drażetek do ssania – był to sklep z cukierkami dla wokalistów! Nippy i ja bywałyśmy tu, kupując całe pudła dropsów na kaszel Luden's z miodem i lukrecją oraz pastylki w metalowych puszkach. Kupiłam trochę takich słodyczy dla siebie i poszłam na spotkanie z doktorem Francesem, teraz już całkowicie przekonana, że znalazłam się w odpowiednim miejscu i że dowiem się tego, co powinnam wiedzieć.

Weszłam do jego gabinetu punktualnie. Przypomniał, że podczas naszego pierwszego spotkania uważałam, że mąż Whitney jej szkodzi, a jej bracia również są ciężko uzależnieni od narkotyków i wszyscy potrzebują pomocy.

Zapytał:

– Czy wiedziałaś, że ona do mnie zadzwoniła?

Opowiedział, że poprosiła, żeby po nią przyjechał. Wyjaśnił jej, że nie postępuje się w taki sposób i zaproponował, że wyśle do niej ambulans. Nie chciała. Powiedziała, że dojedzie sama. Nigdy nie dotarła. Nie pamiętał, kiedy to było dokładnie, ale z pewnością na początku pierwszej dekady XXI wieku, już po zamachu z 11 września 2001 roku. Rozmawiałam z Whitney mniej więcej w tym czasie i przeczytałam jej fragmenty listu, którego nigdy jej nie wysłałam. Powiedziałam jej, że naprawdę nie sprawiłoby jej aż tak wielkiej trudności, gdyby przestała wpatrywać się w górę i zamiast tego zaczęła na nią wspinać. Zaoferowałam jej swoją asystę w tej wspinaczce.

– Może powinienem był po nią pojechać – zastanawiał się doktor Frances. – Uzależnienie to ciężka przypadłość, a ona była osaczona, więc jeszcze trudniej przychodziło jej pomóc samej sobie. Spójrz, ile osób zmarło w zeszłym roku. Ponad siedemdziesiąt tysięcy. Gdyby Whitney dostała pomoc, jakiej potrzebowała, wyobraź sobie, jak wiele ludzkich istnień mogłaby ocalić. Płaczemy po niej codziennie.

EPILOG

Pierwszych osiem lat naszego życia rodzinnego spędziłyśmy w otynkowanym starym domu na prowincji, wsłuchując się w kojące dźwięki wody pluskającej o kamienie w strumieniu opływającym z dwóch stron granice naszej działki. Pragnęłyśmy z Lisą, żeby nasze dzieci, Gillian i Jeremy, miały pomyślny start w życie. Chciałyśmy, by mogły wybiec z domu tylnymi drzwiami, bawić się w lesie, łapać salamandry, brodzić boso i nago w strumieniu. Wychowywały się zupełnie inaczej niż my. Nasza działka była domem dla świstaków, jeleni, lisów, skorpuch, bażantów i czapli. Na początku 2010 roku uznałyśmy, że po trudach, jakich wymagało od nas zbudowanie rodziny, nie ma sensu, byśmy obie były obecne przy wszystkich ich „pierwszych razach". Choć niegdyś wydawałoby się to zupełnie nieprawdopodobne, to ja stałam się pełnoetatową matką. Nie wiem dlaczego uważałam, że posiadanie dzieci oznacza wyrzeczenie się zaledwie części własnego życia. W rzeczywistości bliźnięta zdominowały każdy moment każdego dnia i każdą część całego mojego świata, od świtu do nocy, dając mi możliwość zaledwie chwilowego wytchnienia podczas krótkiej drzemki. Naszej trójce zawsze dobrze robiło wyrwanie się z domu i czułam, że najlepiej będzie dla nich – nawet w tak młodym wieku – poznawanie parków oraz innych dzieci, które się w nich bawiły. Dlatego nie tylko chodziłyśmy na nasze lokalne place zabaw, ale też woziłam bliźniaki do parków na terenie całego New Jersey i Pensylwanii, a potem także do olbrzymiego Central Parku, gdzie mogły wchodzić w interakcje z dziećmi o wszelkich odcieniach skóry i mówiącymi różnymi językami. Gdy maluchy miały dwa lata, przestałam je wozić w wózku. Zabierałam je do miasta, jeździliśmy metrem i spacerowaliśmy chodnikiem, trzymając się za ręce, aż w końcu mogliśmy odebrać mamę z pracy i wrócić razem do domu. Lisa uważała, że jestem szalona, ale dzięki tym marszom nasze dzieci mają teraz wyjątkową wytrzymałość!

Dzieci odebrały edukację w stylu Montessori: skoncentrowaną na naturze, zabawie, książkach i sztuce. Zapoznaję je z rozmaitymi gatunkami muzycznymi, mając nadzieję, że przyniesie im to równie wielką radość jak mnie. Chcemy, żeby dużo podróżowały, poznawały świat i inne kultury. Mamy nadzieję zabrać je do Afryki, Japonii, Ameryki Południowej oraz wszelkich miejsc, jakie widziałam po tym, jak Whitney stwierdziła:

– Trzymaj się mnie, to zabiorę cię w podróż dookoła świata.

Niekiedy jacyś ludzie widują nas razem i mówią coś w stylu:

– Założę się, że już nie pamiętasz, jak wyglądał świat bez nich.

Uśmiecham się, ale nie dlatego, że w duchu się z tym zgadzam. Oczywiście, że pamiętam. Dane mi było poznać dwie różne odsłony wspaniałego życia.

Gdy dzieci podrosły, nadszedł czas, żebym znów skupiła się w większym stopniu na sobie. Postanowiłam zostać trenerką. Brakowało mi zadbania o własne ciało tak jak wtedy, gdy uprawiałam sport, i wyczułam, że mogłabym zainspirować innych do tego samego. Spędziłam sześć ostatnich lat całkowicie skoncentrowana na dzieciach i uznałam, że najwyższa pora wrócić do gry. Udało mi się osiągnąć taką siłę i sprawność jak kiedyś. Następnie rozpoczęłam studia i w 2015 roku zdobyłam dyplom Narodowej Akademii Medycyny Sportowej. Znalazłam zatrudnienie w Solebury Club, elitarnym klubie sportowym założonym w odnowionym budynku szkolnym. Mój sportowy partner, Colin Kirts, nauczył mnie, że kluczem do bycia znakomitym trenerem są zdolność do wypracowania kreatywności oraz nieustanne ćwiczenia. Stale się uczę, uczestnicząc w zajęciach, które pozwalają mi lepiej poznać funkcjonowanie mózgu i zrozumieć, w jaki sposób kieruje on ciałem. Wierzę, że wszyscy jesteśmy sportowcami. Po prostu niektórzy tworzą sportową elitę.

Dzisiaj żyjemy jak zróżnicowana, podobnie myśląca wspólnota, w której panuje miłość. Cała nasza czwórka wędruje, jeździ na rowerach i na nartach, a także urządza długie rodzinne spacery. Cotygodniowo organizujemy wieczorne seanse filmowe, a także wieczory gier w przeróżne gry planszowe. Nauczyłam wszystkich gry w uno – ulubioną grę Nip. Wspólnie gotujemy. Przepadamy za długimi wyprawami, zwłaszcza w okresie naszych letnich wakacji w Maine. Syn podziela moją miłość do koszykówki i chociaż jeszcze nie umie w nią grać, jest świetnym miotaczem. Córka jest znakomitą pływaczką i pragnie zostać piosenkarką.

Nie potrafię ująć w słowa tego, jak wdzięczna jestem Lisie, Jeremy'emu i Gillian za to, że pozwolili mi oderwać się od teraźniejszości, bym mogła uwolnić się od przeszłości i podzielić moją historią. Ufam, że przyjaźń, szacunek i miłość, jakimi Lisa i ja obdarzamy się nawzajem, właściwie ustawi poprzeczkę naszym dzieciom. Chcę, żeby miały zrozumienie również dla śmierci: dane jest nam tylko jedno ciało, w którym musimy przeżyć to życie. Narkotyki nigdy nie prowadzą do niczego dobrego. Życzliwość i empatia są ważne, ale istnieje różnica pomiędzy byciem samolubnym a byciem dla siebie. Pragnę, żeby w każdy dzień wkraczały szczęśliwe. Żeby wiedziały, iż prawdziwa przyjaźń trwa wiecznie. Ponad wszystko chcę, żeby moje dzieci wiedziały, że istnieje tylko jedno „ty". Ludzie mogą próbować cię zniszczyć, wtłoczyć w schematy, zaszufladkować, przylepić ci etykietki. Mogą zmyślać nieistniejące historie i starać się tobą zawładnąć. Ale wszystko zależy od ciebie. Możesz śpiewać solo lub możesz się wmieszać w grupę; możesz przyciągać światła reflektorów lub pracować za kulisami. Siła nie tkwi w jednej bądź drugiej opcji, lecz w podejmowaniu decyzji. Chodzi o wybory i dążenie do celu. Chodzi o ciebie i twoje marzenie. Ufam, że wraz z wydaniem tej książki wątpliwości przestaną istnieć. I że uczciłam pamięć Whitney, Kristiny, Marty'ego i Mamy.

PODZIĘKOWANIA

Oto osoby, którym chciałabym podziękować:

Jill Schwartzman, która uwierzyła we mnie i dostrzegła wartość w mojej opowieści. Dziękuję ci za twoje wsparcie, za cierpliwość i za rady.

David Kuhn – za natychmiastową reakcję, a potem pytania i mówienie samych słusznych rzeczy. Dziękuję za ochranianie mnie, mojej rodziny i Whitney.

Kate Mack – za życzliwe towarzyszenie mi przy pracy i za zachęcanie mnie do działania.

Retha Powers – za to, że pozwoliłaś mi na otwartość i okazywanie słabości, gdy nie przestawałam mówić. Czułam się komfortowo, opowiadając ci moją historię, i jestem wdzięczna za czas, jaki spędziłyśmy, i za to, co osiągnęłyśmy. Nie dokonałabym tego z nikim innym.

Marya Pasciuto – za twoją ciężką pracę i podtrzymywanie mnie na duchu.

Becky Sweren – za twoje przenikliwe pytania, wrażliwość i wsparcie w pierwszych dniach.

Lisa – moja nocna redaktorka i uspokajający głos rozsądku.

Silvia Vejar – jestem tak wdzięczna, że dostrzegłam twoją wartość. Dziękuję za twoją głęboką lojalność, siłę oraz miłość i czułość, jakie okazywałaś Nip. Czuję ból, myśląc o tym, jak bardzo za tobą tęskniła.

Raynelle Swilling – za to, że zawsze za mną nadążałaś i że zawsze byłaś, kiedy cię potrzebowałam.

Ian Beraunovich – mój braciszku, bez ciebie nie przeszłabym nawet na drugą stronę ulicy.

Khandi Alexander – za obdarowanie przyjaźnią mnie i Nip. Gdybyśmy tylko miały więcej czasu...

Michelle Zakee – wiesz, co to prawdziwa przyjaźń.

Stephen Kirklys – za dzielenie się nadzwyczajnym talentem zawsze, gdy prosiłyśmy.

Scott Beauchemin – za szczere i wartościowe opinie.

Vanessa Brinson – za kochanie Marty'ego za to, kim jest, i za pomaganie mi, bym mogła lepiej go poznać i zrozumieć.

Anne i Andy Fredericksowie – za tak wielką miłość do nas.

Usha Gilmore – za uaktualnianie mojej muzyki i rozbudzanie śmiechu!

Tara i Erin – nasza miłość do was jest nieskończona.

Moja rodzina – mama Glass, Kenny, Derrick, Robert, Joyce, Dollie, Larry, Genie, Joey, Roy, Kyle, Kevin, Kent i Gayle – przesyłam wam samą miłość.

Mój tata, którego nigdy nie rozumiałam ani nie lubiłam, ale zawsze kochałam.

Moja druga rodzina – Laureen Hintelmann, Pat, Mal, Diane, Dann, wuj Phil, Laura, Scott, Helena i Kylie – kocham was wszystkich.

Doktor Richard Frances – za twoją wrażliwość i empatię.

Narada Michael Walden – za tak wspaniałe opiekowanie się nami, kiedy byłyśmy małe. Whitney kochała cię tak samo jak ja. Pokój, miłość, szczęście.

Marc Hom – to wielki zaszczyt móc być fotografowaną przez ciebie.

Moja siostra, Nancy Weisman.

D'Arcy Hyde i Kristin Berkvist – za wasze wielkie serca i podzielenie się swoimi talentami.

Maria Padula – za skrupulatne przywiązywanie wagi do drobiazgów i za trzymanie wszystkiego w garści; jesteś nie do przecenienia.

Michael Baker – nigdy nie zapomnę twojego kojącego usposobienia.

Firoz Hasham – za twoją szczerość i lojalność.

Rose Hunt – za twoją szczerość i uczciwość.

Carol Clark – za to, że zmieniłaś bieg mojego życia i to nie raz, lecz dwukrotnie.

Pracownicy Nippy Inc. – Kim, Michelle, Wade, Cindy, Jerry, Steve, Kerry i Tommy.

Patti Wilson, Randee St. Nicholas, Dana Lixenberg, Kevin Costner, Loretta Divine, Lela Rochon, Lala, Wyclef Jean, Jerry Duplessis, Quincy Jones, Justo Artigas.

Marcelle Banks – za twoją piękną przyjaźń.

Specjalne podziękowania kieruję do Emily Canders, Amandy Walker i całego zespołu Dutton.

Shakira Atily i Tiffany Squire (moi Walter & Scotty), T.C. Carr, Shanna Wylie, i Sunday.

Dionne, David, Damon i Barry Warwick – za to, że wierzyliście *All the Time*, że *Love Will Find a Way*.

Gene Harvey – za przekazanie mi w młodości wiedzy o artystycznym managemencie i reprezentowaniu, i za Ingrid Kvan.

Susan, Jamila i Kenon Perry – za to, że jesteście tak serdecznymi, cudownymi ludźmi.

Billy Baker, Carol Porter, John Simmons, Olivia McClurkin, Quiet Fire, Michael Weeks, Roxanna Floyd, Kevyn Aucoin, Luther Vandross, Penny Marshall, Kashif Saleem, Jerry List, Donald Leon, Cynthia Madnick – nigdy o was nie zapomnę.

Benny Whitworth, Ann Blanchard, Tom Lebron.

Paulette Bigelow wraz z rodziną – przyjaciele na zawsze.

Trenerka Joan Martin, Sharon Mitchell, Bonita Spence, Rosie Strutz, Tammy Strutz, Barbara Rapp i cała reszta ekipy Hawk.

Sheila i Pierre Coutinowie – nasza rodzina z Sandbrook.

Dawanna Williams, Ann Sweeney, Kristian Summerer, Lorrisa Lock, Alisa Tager, Nancee Levin, Gail Deery, Marc Rosenquist i Abby West – za obecność i wsparcie.

Andy Ward – za doskonałą radę na początku.

Pete Martino i Juliet Weber – cieszę się, że mam takich sąsiadów i przyjaciół.

Felicia Morris – za wsparcie.

Carmen, Vonchetta i Tiajuana Rawls.

The Solebury Club, Rob i Ann Marie DeAngelis oraz Colin Kirts – za zachęcanie mnie do rozpoczęcia nowego rozdziału życia.

Lois Smith – bez ciebie nie byłoby Lisy i mnie.

Eileen Berger – jestem wdzięczna za to, że cię znam.

Michelene King – za miłość do mojego brata.

Rodzina Gittelmanów – za miłość, jaką okazujecie.

Knute – tęsknię za tobą.

Oczywiście dziękuję również fanom Whitney z całego świata. Ona naprawdę was kochała.